LE
PÉRIL FINANCIER

PAR

RAPHAËL-GEORGES LÉVY

PARIS

LIBRAIRIE LÉOPOLD CERF

13, RUE DE MÉDICIS, 13

Tous droits réservés

LE
PÉRIL FINANCIER

LE

PÉRIL FINANCIER

PAR

RAPHAËL-GEORGES LÉVY

PARIS

LIBRAIRIE LÉOPOLD CERF

13, RUE DE MÉDICIS, 13

1888

Tous droits réservés.

AVANT-PROPOS

Il y a six ans paraissait un livre qui n'a eu qu'une partie du succès qu'il méritait. Il est aujourd'hui à sa sixième édition. Il devrait être à sa six centième et faire le bréviaire de chaque chef de famille. C'est le *Péril National* de M. Frary. Rarement on a tenu à une nation un plus mâle langage que celui dont M. Frary s'est servi à notre égard; rarement un écrivain a dépouillé aussi courageusement les artifices de la parole et de la pensée pour aller à la réalité des choses, découvrir les sources des actions humaines, les causes de force et de faiblesse des individus et des peuples; jamais on n'a plus clairement indiqué à la France les dangers au milieu desquels elle vit et l'énergie dont elle a besoin pour y faire face.

Depuis l'époque où retentit cette trompette d'alarme, comment avons-nous vécu? avons-nous fait des progrès en art militaire, en colonisation, avons-nous su imprimer un nouvel essor à l'accroissement de notre population, si faible en comparaison de celui des nations

voisines? Avons-nous imposé la naturalisation à tous
ces fils d'étrangers, nés en France, qui jouissent des
charmes et des avantages de la vie sur la « douce
terre de Gaule » et qui, grâce à leur situation équi-
voque, échappent aux charges du service militaire?
Avons-nous donné à nos enfants une éducation qui les
prépare à la lutte sauvage, qui semble étendre de plus
en plus sur l'Europe anxieuse sa menace sanglante?
Nous n'osons répondre à ces points d'interrogation. —
Mais ce que nous pouvons dire, c'est qu'il est un terrain sur lequel nous avons terriblement reculé, celui
des finances. Nul ne saurait plus énoncer comme un
axiome les ressources inépuisables de la France, et
tracer hardiment un plan de réformes, sans souci
de ce qu'il coûterait. Nous étions jadis assez riches
pour payer notre gloire ; il y a quelques années nous
prétendions encore au superflu, sous forme de colonies
sans colons, de chemins de fer sans trafic, de ports sans
vaisseaux. Aujourd'hui nous avons à peine de quoi
subvenir au nécessaire. Il reste donc malheureusement
un chapitre à ajouter au livre de M. Frary. Le péril
financier n'était pas alors de nature à inquiéter son
clairvoyant patriotisme : les temps ont changé. Nous
croyons remplir un devoir de bon citoyen en poussant,
nous aussi, notre cri d'alarme : car si des armes bien
trempées et de vaillantes poitrines sont nécessaires
pour faire un rempart à la patrie, l'or qui paiera ces
armes et achètera le pain dont se nourriront les soldats, n'est pas moins indispensable.

Tous les ressorts du crédit ont été tendus jusqu'à leur dernière limite, nous sommes écrasés d'impôts ; nos rentes, sous le coup d'émissions incessantes, ont vu leurs cours rester inférieurs à ceux d'États, dont le crédit était jadis bien éloigné du nôtre, et le flot des dépenses monte sans interruption. Il suffit, pour s'en convaincre, de jeter les yeux sur le résultat des deux derniers exercices et sur le résultat probable de l'exercice en cours. Le budget *ordinaire*, c'est-à-dire celui auquel théoriquement doivent suffire les rentrées des impôts, se solde, en 1885, par un déficit de 186 millions :

	Ressources générales.	Ressources exceptionnelles.	Total.
Recettes...	2,979,724,000	78,520,000...	3,058,244,000
Dépenses..	3,246,331,000	78,520,000...	3,324,851,000
En plus aux dépenses.................			266,607,000
Dont il faut déduire les annulations de crédit.......................			79,998,000
Excédant de dépenses......			186,609,000

Le budget *extraordinaire*, c'est-à-dire celui qui se solde au moyen de l'emprunt, s'élève pour la même année 1885, déduction faite des crédits annulés ou à annuler, à 263 millions, dont :

Crédits législatifs.....................	170,700,000
Crédits de fonds de concours...........	92,934,000
	263,634,000
Si l'on y ajoute le déficit ci-dessus du budget ordinaire......................	186,609,000
On arrive au total de.........	450,243,000

Nous avons donc, en 1885, dépensé 450 millions au-delà de nos revenus.

Pour 1886, les dépenses ont été de........ 3,136,155,000
Les recettes............................. 2,946,600,000

        Déficit du budget ordinaire....   189,555,000

Le budget extraordinaire de la même année s'est élevé :

En crédits législatifs à.................. 174,448,000
En crédits de fonds de concours à........   47,615,000

        Total   222,063,000
Si on y ajoute le déficit ordinaire........   189,555,000

       On arrive à un total de........fr.   411,618,000

que nous avons dépensés en 1886 au-delà de nos revenus.

Pour l'exercice courant, le chiffre *prévu*
  des dépenses est de..................   2,976,000,000
Et le chiffre *prévu* des recettes........... 2,957,000,000

      Insuffisance...........   19,000,000
Mais il y a déjà un déficit dans le rendement des impôts de...................   27,000,000
Les dépenses extraordinaires sont inscrites
  au budget pour.......................   326,000,000

On peut donc s'attendre, pour 1887, à un
  excédant de dépenses sur nos ressources
  normales d'au moins..................   372,000,000

En trois ans, nous aurons dépensé douze cents millions de plus que nous n'aurons encaissé d'impôts.

Cette gestion des finances publiques finit par avoir son contre-coup sur les entreprises particulières : on hésite à bâtir sur un sol que l'on sent miné ; ou, si l'on s'y aventure, on ne veut rien faire sans la garantie de ce même Trésor, déjà si obéré, mais que mille sangsues s'efforcent encore de sucer cruellement. Et pendant ce temps, nos rivaux gèrent leurs deniers avec sagesse et prudence. Le chancelier de l'Échiquier anglais, M. Goschen, présente à la Chambre des communes un budget qui se solde par un excédant de soixante-dix millions de francs, grâce auquel il diminue l'impôt sur le revenu d'un penny par livre $\left(\frac{1}{240^{e}}\right)$, consacre dix millions à des subventions aux communes, réduit de quatre pence par livre $\left(\frac{1}{60^{e}}\right)$ le droit d'entrée sur le tabac et ramène de trois pence et à un penny par 100 livres le droit sur les assurances maritimes. Il soulage toutes les classes de la nation et donne une élasticité nouvelle à leurs forces productives. C'est le moment que notre avant-dernier ministre des finances avait choisi pour soumettre aux Chambres un projet bâtard d'impôt sur le revenu : comme si nos revenus de toute sorte n'acquittaient déjà pas leur dîme au fisc avant d'entrer dans notre bourse, comme si le contribuable français n'était pas le plus lourdement taxé du monde entier, comme si nos coupons d'actions et d'obligations n'acquittaient pas un ensemble de droits qui représentent environ cinq pour cent de leur importance, comme si la cote mobilière n'était pas un véritable impôt progressif, frappant l'habitant, non pas proportionnellement à son loyer, mais d'autant plus que ce loyer est plus cher. Et cette cote s'élève tous les jours, puisque l'habitant de Paris, qui payait, il y a 5 ans, 10 0/0 de ce chef, en paie aujourd'hui 12 1/2.

Ceux de nos hommes d'État que les turbulences de la vie parlementaire n'empêchent pas de songer à l'avenir, doivent être effrayés de la situation de nos finances. Les pages qui vont suivre prouveront combien sont justifiées les craintes de ceux qui ont le courage de regarder en face la réalité et de dire tout haut ce qu'ils croient la vérité. Après les Léon Say, les Leroy-Beaulieu, les Henri Germain, et maints autres orateurs et écrivains de talent, il n'est guère d'arguments nouveaux à découvrir en ces matières, qu'ils ont en quelque sorte épuisées. Mais, comme il s'agit d'une question vitale pour notre pays, il ne saurait être inutile d'en remettre une fois de plus les éléments sous les yeux du public, de lui rappeler les avertissements donnés, de lui montrer les conséquences des fautes signalées et prévues. Nous venons donc à notre tour, et en invoquant l'autorité des économistes éminents qui n'ont cessé de prédire ce qui s'accomplit sous nos yeux, exposer à nos concitoyens un certain nombre de faits, dont le lecteur le plus étranger au domaine économique ne pourra pas, croyons-nous, ne pas tirer les mêmes conclusions que nous.

Lorsque les hommes se plaignent d'être nés à une

époque pire que la plupart de celles qui l'ont précédée, on peut généralement leur répondre que c'est, faute d'avoir bien connu toutes les angoisses au milieu desquelles leurs pères ont vécu, qu'ils envient leur sort. Il semble cependant qu'aujourd'hui la mesure moyenne soit dépassée et que notre génération soit soumise à des épreuves exceptionnelles. Le malaise au milieu duquel se débat l'Europe s'aggrave pour notre pays du voisinage d'un ennemi brutal et puissant, qui nous force à ne pas perdre une minute de vue l'éventualité d'un duel à mort. Dans ces circonstances, quel est l'état d'esprit de chacun de nous? Quels projets pouvons-nous former? Quels rêves d'avenir pour nos enfants? Quelle place pouvons-nous faire au long espoir et aux vastes pensées, qui sont le charme de la vie et qui nous aident à maintenir la chaîne des traditions entre ceux qui nous ont précédés ici-bas et ceux qui nous y survivront? Plus nous creusons la situation présente, et plus nous arrivons à cette triste conclusion qu'il ne nous est plus permis de jouir de la vie comme à d'autres époques, plus fortunées, de notre histoire, lorsque la politique étrangère se réduisait à des querelles de cabinets, et que l'existence même d'une grande nation n'était jamais mise en jeu. Il n'en est plus de même aujourd'hui.

Condamnés à la lutte, à l'âpre lutte pour la vie, nous devons faire tous nos efforts pour n'y pas succomber : chacun, dans sa sphère, doit tâcher de travailler, non seulement pour soi-même, mais en même temps pour la chose publique. Le moindre citoyen n'est-il pas une parcelle de ce grand tout qui se nomme la patrie, et celle-ci ne profite-t-elle pas de chaque progrès de l'un d'entre nous, de même qu'elle souffre de chaque injure infligée à ses enfants? Il faut nous efforcer, sur tous les terrains, d'être les mieux armés, les plus forts. Il nous faut aussi, et toujours en vue du même but, avoir le courage de signaler les dangers que, par métier, nous sommes peut-être à même de mieux pressentir que d'autres. C'est faire œuvre de défense nationale que de crier « garde à vous » quand il est temps encore.

La force d'un pays ne consiste pas seulement dans le nombre de soldats qu'il met en ligne au jour du combat. Elle est bien loin d'être proportionnelle à ce chiffre : que dirait-on d'un statisticien qui voudrait mesurer l'importance de l'Angleterre dans le monde à l'effectif de sa petite armée ? La grandeur d'une nation résulte avant tout de l'énergie physique et morale de chacun de ses enfants : et c'est affaire aux pères de famille et aux éducateurs de la jeunesse d'amener cette énergie à son maximum. Elle dépend encore des ressources économiques et financières accumulées dans les patrimoines par la sagesse des individus et dans les caisses du Trésor par l'habileté et la prévoyance des hommes d'État. Or, s'il est un pays où le contraste soit frappant entre le bon ordre des finances privées et le gaspillage des deniers publics, c'est bien, hélas ! le nôtre : où rencontrer un meilleur esprit d'économie et d'épargne qu'entre le Rhin et l'Atlantique ? où trouver aussi un exemple d'abus de la fortune publique, comparable à ce qui s'est pratiqué chez nous depuis une dizaine d'années?

Il est tard pour arrêter le fléau. Il en est encore temps, mais il faut porter le fer rouge sur la plaie. Si nous ne réduisons pas nos dépenses avec une féroce brutalité, si nous ne fermons pas, pour une longue période, le Grand-Livre de notre dette, si nous ne nous interdisons pas d'une façon absolue tous les emprunts avérés ou déguisés, que nous ne cessons depuis des années de contracter, nous finirons par ébranler le merveilleux édifice du crédit de la France, longuement et laborieusement élevé par de patientes générations.

Il ne s'agit pas de combler les déficits du budget en inventant des impôts nouveaux : le contribuable est surchargé et paie au fisc à peu près tout ce qu'il peut payer. L'imposer davantage serait arrêter le développement de la richesse générale. Nous ne faisons d'exception que pour l'alcool, lequel nous paraît pouvoir supporter une élévation de droits. En dehors de cela, nous inscrivons deux articles sur notre programme : faire des économies ; assurer la rentrée intégrale des impôts existants.

Nous avons un budget hors de proportion avec celui de tous les autres peuples. Ni un Européen, ni un Asiatique, ni un Américain ne paient une somme de contributions égale à celle que supporte chacun de nous. Il y a là une cause d'affaiblissement considérable. Chercher les moyens de réduire nos dépenses et par conséquent nos charges formera l'objet de la dernière partie de ce volume. Il ne suffit pas en effet de pleurer sur les ruines du Temple, il faut chercher virilement les moyens de le reconstruire. Une nation peut, aussi bien qu'un individu, remonter une pente et se raidir contre un mauvais courant. Nous ne croyons pas aux budgets « incompressibles » et nous pensons que des administrateurs de la trempe du comte Mollien, de M. de Villèle, du baron Louis, de M. Thiers, sauraient bien vite procéder à un élagage salutaire dans l'ivraie qui étouffe nos budgets. En attendant qu'un retour de la fortune, ou, pour parler en prose, que des élections raisonnables mettent ou maintiennent aux affaires des hommes qui s'inspirent des exemples que nous venons de rappeler, nous voudrions démontrer à nos lecteurs que c'est uniquement par notre faute, ou, ce qui revient au même, par celle de nos mandataires, que nous sommes exposés à de tels dangers.

La grande loi de la responsabilité humaine s'applique aux peuples de même qu'aux individus. Or, lorsque cette responsabilité est supportée par le plus grand nombre, par l'universalité des citoyens comme chez nous, il importe que chacun ait les moyens de s'éclairer sur les questions desquelles il aura à décider. Soumettre au public, avec le moins de termes techniques et la plus grande simplicité possible, un résumé de nos finances, aligner sous les yeux de l'électeur un certain nombre de chiffres de nature à le faire réfléchir, n'est peut-être pas superflu. L'indication de quelques-uns des

progrès accomplis dans ce dernier quart de siècle par
d'autres peuples, rendra la démonstration plus saisis-
sante. C'est de l'ignorance et non du mauvais vouloir
que découlent presque toujours les erreurs humaines. Il
ne suffit donc pas d'exhorter la foule, il faut l'instruire.
La tâche est assez belle pour tenter un bon citoyen :
c'est le seul titre que nous demandions au lecteur la
permission de nous octroyer. Si nous y insistons, c'est
que nous allons, sans ménagement pour l'amour-propre
national, montrer les étapes parcourues par d'autres
que nous, et l'enrichissement considérable de nos voisins. On semblait jadis énoncer un axiome lorsqu'on
parlait de notre opulence pour l'opposer à leur pauvreté.
Il faut renoncer à ce lieu commun comme à tant d'autres, qui ont pu être vrais, mais qui, tout au moins au
point de vue de la fortune publique, ne le sont plus
aujourd'hui. Qui de nous n'entend encore s'écrier autour de lui : les armements nous pèsent, mais ils rui-
nent les Allemands ? Eh bien non ! cela est faux. Les
Allemands peuvent les supporter mieux que nous, car
l'entretien annuel d'un soldat leur coûte beaucoup
moins qu'à nous, leurs budgets ne sont pas en déficit,
leur dette est infinitésimale par rapport à la nôtre,
leurs fonds publics sont cotés plus haut que nos rentes.
Ils ont à Spandau et ailleurs des « Trésors de guerre »
qui forment une réserve puissante, prête à être employée au premier jour des hostilités, et à l'image desquels nous devrions bien tâcher de constituer, nous
aussi, des ressources pour les mauvais jours. Mais,

quand on a augmenté sa dette de moitié en pleine paix, il est malaisé d'accumuler les disponibilités.

Le lecteur sent déjà que, dans ce livre, il ne trouvera ni paroles de gloriole, ni flatteries à l'adresse du pays. L'auteur a toujours fait profession d'un ardent patriotisme, mais il croit le prouver en parlant un rude langage, dont il exagèrera peut-être la sévérité, tant il a peur des illusions, qui se traduisent à un moment donné par des écrasements. Il dira, comme celui dont il a cité le nom à la première ligne de cet avant-propos : « Le présent ouvrage s'adresse aux hommes qui aiment la France d'un amour assez éclairé, assez sain, assez robuste, pour regarder virilement un avenir qu'on n'écartera pas en fermant les yeux. » Ajoutons qu'il dépend de nous d'en atténuer les menaces, en travaillant à nous améliorer et à nous fortifier.

R. G. L.-

PREMIÈRE PARTIE

LES AUTRES MARCHENT

CHAPITRE IER

CAMPAGNE COMMERCIALE ET FINANCIÈRE
DE L'ALLEMAGNE DEPUIS 1870

Il est impossible de ne pas être frappé des progrès
faits, depuis quelques années, par l'industrie et le
commerce allemands. Ces progrès ont eu leur
contre-coup naturel dans l'ordre financier : car les
bonnes finances ne proviennent pas seulement de la
bonne politique, elles sont aussi la conséquence du
développement de la richesse publique. Or, à mesure que les charbonnages allemands augmentaient
leur production et leur exportation, que les industriels de toute sorte s'efforçaient d'imiter les pro-

duits de leurs concurrents étrangers, que les commerçants, par une activité incessante et l'envoi aux quatre coins du monde de commis-voyageurs, se créaient des débouchés nouveaux, les marchés financiers d'outre-Rhin et celui de Berlin, en particulier, prenaient une importance plus grande.

Dans les derniers temps, la Bourse berlinoise a donné des preuves singulières d'activité, malgré les entraves apportées aux transactions par l'impôt sur les affaires, impôt plus vexatoire que pesant, puisqu'en ce moment même il ne produit pas, pour tout l'empire d'Allemagne, un million de francs par mois[1]. Cette activité s'est manifestée tout spécialement par l'énergie avec laquelle les financiers allemands ont envisagé, accepté et appliqué les conséquences de la baisse de la valeur et, par conséquent, du loyer des capitaux, caractéristique ordinaire des périodes de paix, comme celle que l'Europe a traversée depuis un certain nombre d'années. L'impulsion première est venue de haut: le crédit de l'État a servi de point de comparaison; et, comme il n'a cessé de s'améliorer, puisque le 3 1/2 allemand est aujourd'hui au cours où était le

---

[1] Pour toute l'année 1886 l'impôt sur les transactions (Umsatzsteuer) n'a donné à l'empire d'Allemagne que 8,193,000 marcs (10,241,000 francs) — pour les cinq premiers mois de 1887 3,070,000 marcs (3,837,000 francs).

5 0/0 il y a quelques années, les compagnies de
chemins de fer et les autres sociétés industrielles
ont pu graduellement obtenir des ressources à un
taux de plus en plus modéré. De là une amélioration générale de la situation de ces entreprises.
Telle société ayant à payer un million de marcs
pour le service annuel d'obligations 5 0/0 a fait
une économie de 200,000 marcs, soit 250,000 francs,
en ramenant l'intérêt à 4 0/0. Si les porteurs de
titres croyaient pouvoir trouver ailleurs un emploi
plus fructueux, ils acceptaient le remboursement
offert à ceux qui refusaient de souscrire à la réduction d'intérêt.

Voici le relevé, fait au hasard, d'un certain
nombre d'opérations de conversion de valeurs-alle-
mandes ou étrangères entreprises sur les marchés
allemands depuis un an :

Conversion des obligations :

	en obligations.
4 1/2 des chemins de fer Central et Nord-Est suisse......................	4 0/0
4 0/0 du grand-duché de Mecklembourg..	3 1/2
4 1/2 du Crédit foncier d'Autriche........	4 0/0
4 1/2 de la Würtembergische Vereinsbank à Stuttgart......................	4 0/0
5 et 4 1/2 du Crédit foncier central prus-sien..........................	3 1/2
4 0/0 de la Caisse provinciale de la Prusse orientale	3 1/2

4 0/0 de 26 lignes de chemin de fer rache-
    tées par l'Etat prussien 3 1/2
    (Pour un montant total de 102
    millions de marcs.)
5 0/0 du chemin de fer russe Rjasan-
    Koslow........................... 4 0/0
5 0/0 du chemin de fer Kaschau-Oderberg. 4 0/0
4 0/0 de la Banque territoriale de Nassau. 3 1/2
5 0/0 de la Société autrichienne de naviga-
    tion du Danube................... 4 0/0
4 0/0 de la Banque hypothécaire rhénane. 3 1/2
4 0/0 de la Caisse rurale (Landschaftliche
    Central Pfandbriefe)............. 3 1/2
4 1/2 de l'Union hypothécaire de Finlande. 4 0/0
4 0/0 du chemin de fer de la Saale........ 3 1/2
4 1/2 du canton de Zurich................ 4 0/0
4 0/0 de l'emprunt Solms-Braunfels 3 1/2
4 1/2 de la ville de Munich.............. 3 1/2
4 0/0 de la Caisse rurale hessoise........ 3 1/2
5 0/0 du Crédit foncier mutuel russe..... 4 1/2
4 0/0 de la ville de Hambourg 3 1/2
4 1/2 du royaume de Wurtemberg....... 4 0/0
5 0/0 de la Société russe des chemins de
    fer Kursk-Kiew........ .... 4 0/0

Devant ces réductions constantes d'intérêt, les
capitalistes recherchèrent les placements en fonds
étrangers rapportant un intérêt supérieur à celui
des rentes ou des obligations allemandes : mais
cette recherche fit peu à peu sentir son influence
sur la cote de ces rentes étrangères, en sorte
que certains États, voyant le cours de leurs rentes
monter grâce à ces achats des capitalistes alle-

mands, tournèrent leurs regards vers le marché de Berlin. Ils s'adressèrent à lui, les uns pour emprunter, les autres pour convertir, c'est-à-dire pour obtenir de l'argent nouveau à des conditions moins onéreuses que précédemment. C'est ainsi que la Suède et la Norwège, dont le 4 1/2 et le 4 0/0 avaient eu beaucoup d'acheteurs parmi les capitalistes français, ont trouvé preneurs à Hambourg et à Berlin, pour leur 3 1/2 0/0.

Quant aux fonds russes, le marché principal en a émigré de Londres à Berlin, où les banquiers les plus influents ont émis des emprunts de chemins de fer 4 0/0 aux environs de 90, c'est-à-dire à un taux depuis longtemps inconnu au crédit moscovite ; il est vrai que nous avons vu, depuis, les journaux officieux d'outre-Rhin mener une campagne de dénigrèment contre ce crédit, exalté par eux, peu de temps auparavant, alors que les guichets d'un établissement officiel allemand (la Seehandlung) s'ouvraient pour recevoir les souscriptions à un emprunt russe. Nous ne pensons pas que ces attaques doivent être discutées au point de vue financier.

La Turquie, qui n'avait guère eu recours jusqu'ici, qu'à la France et à l'Angleterre (nous nous serions passés de la préférence) demande à l'Allemagne, non seulement des officiers pour son armée, mais des financiers pour son administration. Elle s'adresse à Berlin en même temps qu'à Paris et à Londres pour les opérations nouvelles qu'elle prépare et qui doivent lui procurer quelques ressources, tout en commençant à dégager la situation de la Banque ottomane, dont le crédit finissait par souffrir de l'incessant accroissement de ses avances à la Porte.

Bien que ses chemins aient été construits par des capitaux français, la Serbie n'a guère de créanciers pour sa rente qu'en Allemagne. — La Bulgarie espérait bien, jusqu'en ces derniers temps, être aussi favorisée à cet égard que son ennemie d'hier, redevenue aujourd'hui son alliée, et il a fallu les refus réitérés des banquiers berlinois pour la décider à s'adresser à la Banque privilégiée des pays autrichiens à Vienne.

Le marché de plusieurs chemins de fer autrichiens est plus large à Berlin qu'à Vienne. Ceux-là mêmes qui avaient été fondés exclusivement par des capitaux français ne se contentent plus aujourd'hui du seul marché de Paris pour leurs émissions d'obligations. Certaines des nouvelles séries sont libellées en francs et en reichsmark ; d'autres le sont même exclusivement en reichsmark : c'est ce qui est arrivé pour la Société I. et R. privilégiée des chemins de fer autrichiens, fondée jadis par les Pereire, et présidée encore aujourd'hui par un de nos premiers financiers.

Les actions de certains chemins de fer suisses, comme le Saint-Gothard, sont presque entièrement la propriété des capitalistes allemands ou autrichiens. D'autres compagnies, telles que l'Union suisse, commencent à appeler des Allemands dans le sein de leurs conseils d'administration. Leurs titres ont un marché considérable à Francfort ou à Berlin. Les actions du chemin de fer de la Suisse occidentale et du Simplon, qui n'intéressaient jusqu'ici que la Suisse romande et la France, forment maintenant un objet de spéculation pour les marchés allemands. Ceux-ci ont mené à bonne fin les émissions et conversions d'obligations du Saint-Gothard, les conversions des obligations du Nord-Est suisse.

L'Italie, dont les grandes affaires étaient jadis notre monopole, dont nous avions construit les chemins de fer et les canaux, dont nous avons affermé les tabacs, a subi l'attraction commune. Lors du rachat des chemins de fer par l'État et de la constitution des deux grands réseaux, tout le réseau occidental, celui qu'on appelle le Méditerranéen, a pris son point d'appui extérieur à Berlin. Ses actions y ont été souscrites.

L'émission des 700 mille obligations de chemins de fer italiens, garanties par l'État, qui vient d'avoir lieu en Italie, en Suisse, en Angleterre, en Belgique et en Allemagne, marque un nouveau progrès fait par les marchés voisins aux dépens du nôtre. Cette émission embrasse, en effet, la totalité des lignes italiennes rachetées par l'État il y a deux ans et exploitées par trois compagnies fermières : le réseau méditerranéen, le réseau sicilien et celui de l'Adriatique, plus connu en France sous le nom de *Chemins de fer méridionaux*. Or ce dernier intéressait autrefois exclusivement le marché de Paris, sur lequel la souscription n'a cette fois même pas été ouverte. Les 325 millions de francs que l'État italien, à l'exemple du Gouvernement français, emprunte sous le couvert des compagnies de chemins de fer au moyen des obligations de ces dernières, absolument garanties par lui, s'appliqueront pour environ 45 millions aux Méditerranéens, 145 aux Méridionaux et 35 aux Siciliens. Ces trois réseaux comprennent, entre autres, les chemins de fer romains, les chemins de fer méridionaux, les chemins de fer lombardo-vénitiens, qui sont en grande partie l'œuvre des capitaux français. Il n'est donc pas naturel de voir le marché de Paris fermé à ces titres. Nous examinerons plus loin si nous n'avons pas un *mea culpa* à faire et si les conditions de cherté de notre cote ne contribuent pas à éloigner d'elle les titres des sociétés étrangères, autant et plus que les séductions du marché berlinois. Il est utile, en tout cas, de constater, dès à présent, les succès remportés par ce dernier.

Il n'est pas jusqu'à l'Espagne qui ne ressente en ce moment, elle aussi, le besoin de donner à son crédit le baptême prussien. Bien qu'un décret royal ait interdit il y a un demi-siècle la négociation des rentes espagnoles sur les rives de la Sprée, l'orgueil castillan a oublié cette offense, et M. Puygcerver y a installé une commission financière sur le modèle de celles qui fonctionnent à Paris et à Londres : le 4 0/0 espagnol, celui qu'on désigne communément à Paris du nom de rente extérieure, se négocie en Prusse, et tel est en ce moment l'effet de ces mots magiques « introduction à Berlin » que le cours d'un fonds monte dès qu'on en fait circuler la rumeur. Et pourtant les chemins de fer espagnols sont l'œuvre exclusive des capitaux et des ingénieurs français; une grande partie des mines de la péninsule sont la propriété de nos compatriotes et exploitées par eux. Mais le commerce hispano-allemand a quadruplé depuis quinze ans, et les rentiers brandebourgeois, à qui M. de Scholze ne paie plus que 3 1/2, sont désireux d'augmenter la moyenne de leur revenu en mettant en portéfeuille quelques valeurs étrangères leur rapportant encore plus de 6 0/0.

Si nous continuons notre tour d'Europe, nous voyons le même phénomène se produire en Portugal, le client jusqu'ici fidèle de l'Angleterre et de la France, où toutes ses rentes étaient placées, où ses chemins de fer comptaient la plupart de leurs actionnaires et de leurs obligataires. Pour assurer à son dernier emprunt un succès éclatant, il a cru nécessaire de lui ouvrir le marché de Francfort : et, en fait, depuis que les capitalistes allemands s'y sont largement intéressés, les rentes portugaises ont monté de 8 à 10 0/0, sans que rien indique que le mouvement soit à la veille de s'arrêter. Il est juste d'ajouter que cette hausse a été consolidée par les achats très sérieux des capitalistes français, dont l'attention a été particulièrement attirée vers le royaume lusitanien, depuis que la fille du comte de Paris est devenue la femme du duc de Bragance, depuis aussi que le ministère progressiste a déployé une très grande activité dans le domaine financier et économique. La Compagnie royale des chemins de fer portugais s'est adressée exclusivement aux marchés allemands pour émettre ses nouvelles obligations 4 1/2 0/0. La ville de Lisbonne a fait de même pour ses obligations municipales 4 0/0, cotées aux environs de 78 0/0 à Berlin.

Mais ce n'est pas à notre continent que nous devons borner cette revue rapide. L'Égypte, ce grenier de l'ancienne Rome, qui a été aussi, à un point de vue un peu différent, celui des financiers modernes, l'Égypte a ressenti à son heure l'influence de l'intervention allemande dans le domaine de son crédit. Depuis qu'un Allemand siège parmi les commissaires de la Dette, les obligations 4 0/0 unifiées se négocient outre-Rhin, et l'ouverture à ce titre des marchés de Francfort et de Berlin n'a pas été étrangère à la stabilité relative de ses cours dans les derniers temps.

Passons les mers. Les actions des chemins de fer américains et canadiens, objets de spéculations colossales à New-York et à Londres, sont introduites les unes après les autres à Berlin. Leurs obligations ont trouvé depuis longtemps place dans les portefeuilles des capitalistes francfortois.

L'Amérique du Sud partage le sort commun. Nous avons à Buenos-Ayres et dans la République Argentine une colonie importante, une de ces colonies vraiment utiles comme il nous en reste en Egypte et sur certains points de l'Asie-Mineure, et qui se composent d'un nombre plus ou moins grand de négociants, de cultivateurs, de travailleurs dans le sens le plus large du mot, qui édifient leur fortune

personnelle tout en contribuant à la prospérité du
pays où ils sont établis et à l'agrandissement d'influence de la mère-patrie. Si donc il semblait que
les affaires de la Plata dussent être accaparées,
c'était bien par nous. Les Anglais nous en ont cependant déjà pris une bonne part, mais voici que
les Allemands entrent en lice. Une première tentative faite il y a deux ans pour introduire à Berlin
un emprunt argentin 5 0/0 n'avait. pas donné de
résultats ; mais le dernier emprunt 5 0/0 de la province de Buenos-Ayres vient d'y être émis, et cela
avec un tel succès que certains souscripteurs n'ont
reçu que 1/4 0/0, soit le quatre-centième de ce
qu'ils avaient demandé. La Société d'escompte de
Berlin a fait ensuite au gouvernement argentin
une avance qui a été à son tour consolidée et a
donné naissance à un emprunt argentin réservé
exclusivement aux places allemandes. Cet emprunt
de 40 millions de marcs émis au cours de 90 0/0 .
par les premières maisons d'outre-Rhin, au nombre
desquelles figurent les Rothschild de Francfort, a
été couvert plus de dix fois le 25 août dernier. La
Deutsche bank, établissement des plus actifs, fonde
une banque d'outre-mer (Deutsche übersee bank), et
celle-ci vient d'établir une succursale dans la République Argentine, où il existe une seule société de
crédit français, la banque française du Rio-de-la-

Plata, au capital de 15 millions de francs, qui inaugure à peine ses opérations.

La République du Transvaal, qui porte aujourd'hui le nom officiel de République du Sud de l'Afrique, demande au marché de Berlin les capitaux dont elle a besoin pour construire des chemins de fer. Une des grandes maisons de banque et une des principales sociétés de crédit berlinoises ouvrent leurs guichets pour la souscription à six millions de florins d'obligations de la Compagnie du chemin de fer néerlandais-sud africain, et ne craignent pas d'émettre à 95 ce cinq pour cent garanti par la jeune République.

Ce n'est pas seulement le marché des fonds publics, des obligations et des actions de sociétés de crédit et des compagnies industrielles que les Allemands cherchent à développer. Ils font des efforts considérables pour attirer et animer chez eux les transactions commerciales. Hambourg voudrait rivaliser avec le Havre pour les cafés. Moins de deux mois après le 11 juin 1887, date à laquelle les opérations à terme sur cette marchandise ont été inaugurées dans l'ancienne ville libre, plus de 2 millions de sacs avaient déjà été traités et avaient passé par les livres de la caisse hambourgeoise de liquidation des marchandises. Celle-ci cherche à étendre le plus possible son champ d'action, en se portant ga-

rante non seulement des achats et des ventes fermes,
mais des opérations à primes, primes simples,
doubles primes, droit de livrer ou de recevoir la
double quantité, etc... Elle voudrait également établir un marché à terme sur d'autres sortes de café
que sur le bon ordinaire (good average Santos),
qui jusqu'ici l'alimente exclusivement. Elle songe
enfin à créer un marché à terme sur le sucre et le
coton.

A l'autre extrémité de l'empire, à Mannheim, un
puissant syndicat des fabriques d'huile vient de
se constituer. Il y a dix ans encore, l'Allemagne
tirait de France presque toute son huile à man-
ger : cette industrie semblait un véritable monopole
de Marseille, où les produits du Levant, pavot, sé-
same, noix, arrivent en masse, et de Lille, où
l'œillette se fabrique en quantités énormes. Il semblait particulièrement difficile de nous faire concurrence dans cette branche d'industrie, où l'analyse de la marchandise par l'acheteur est fort
délicate et où les affaires reposent à peu près
exclusivement sur la réputation commerciale du
vendeur et la confiance qu'il inspire. Or, des maisons françaises, universellement connues, se voient
arracher leur clientèle par les fabricants allemands,
qui, encouragés par les droits protecteurs, ont fait
des efforts considérables pour améliorer leur pro-

duction. Ils prétendent être aujourd'hui en possession du meilleur outillage et compenser ainsi l'infé-
riorité géographique dans laquelle ils se trouvent
par rapport à Marseille, pour l'arrivée de la matière
première. Non seulement ils nous chassent de leur
marché indigène, mais ils nous font concurrence en
Hollande, en Suisse, en Autriche. Les fabriques
allemandes, avec leurs installations nouvelles, travaillent annuellement un million de quintaux de
graines ; elles procurent à l'agriculture, par surcroît, plusieurs centaines de milliers de quintaux
de tourteaux, qui constituent pour le bétail une
nourriture excellente et à très bas prix.

L'exportation allemande en Italie par le tunnel
du Saint-Gothard n'a cessé de se développer, elle
a doublé en cinq ans : 66 millions en 1881, 120 millions en 1886. À Milan, les charbons rhénans ont
fait baisser le prix de la tonne de houille de 45 à
30 francs. Pour tâcher de faire encore de nouveaux
progrès, les Allemands veulent se créer une voie
navigable de Mannheim à Bâle, soit en faisant des
travaux d'amélioration dans le Rhin, soit en creu-
sant un canal latéral. Ils espèrent par ce moyen,
non seulement augmenter leur exportation en Italie,
mais arriver à approvisionner la Suisse occidentale, qui tire encore aujourd'hui ses houilles de
Saint-Etienne.

Comme autre signe de la richesse publique, voici les chiffres principaux des bilans des banques d'émission allemandes à la fin de juin 1887 (en marcs, les chiffres doivent donc être augmentés du quart pour être traduits en francs) :

Capital social	262,932,000
Fonds de réserve	41,655,000
Circulation des billets	1,152,899,000
Billets non couverts par l'encaisse.	216,763,000
Dépôts exigibles à vue	373,219,000
Dépôts à échéance	43,304,000
Encaisse métallique	885,453,000
Bons de la caisse de l'Empire	22,783,000
Portefeuille	732,099,000
Avances sur titres	105,336,000
Titres	44,103,000
Réserve en billets	177,237,000

Si nous envisageons l'ensemble des banques allemandes, nous trouvons 114 établissements dont le capital s'est élevé depuis 1883 jusqu'en 1886 de 1,257 à 1,291 millions de marcs. Les réserves se sont élevées de 13,9 0/0 à 14,9 0/0 du capital, et les opérations ont suivi une marche ascendante qui se traduit par une augmentation de près d'un milliard de marcs, soit près du quart :

	Millions de marcs.			
	1886	1885	1884	1883
Créditeurs et bénéfices à répartir...	1072	1030	973	798
Dépôts	608	613	596	514
Acceptations	426	400	387	351
Billets et lettres de gage	3314	3004	2919	3770
	5420	5047	4875	4433

Les Sociétés de crédit proprement dites avaient
un capital de 743 millions, et leur bénéfice moyen
était de 6,41 0/0 ; les banques hypothécaires
avaient prêté 2,210 millions et réalisé un bénéfice
de 6,83 0/0.

La banque de l'Empire (*Reichsbank*) qui est
pour l'Allemagne ce qu'est pour nous la Banque
de France, et qui a d'ailleurs été en grande partie
constituée à son image [1], voit le mouvement de ses
comptes s'accroître sans cesse. Dans les huit premiers mois de 1887, le total des compensations effectuées par son intermédiaire a dépassé de plus de
7,1/2 0/0 celui de la période correspondante de l'an
dernier. Voici les chiffres de ce seul chapitre pour
les quatre dernières années exprimés en marcs :

[1] Son privilège est cependant beaucoup moins étendu et peut
être révoqué tous les dix ans. L'Empire participe pour moitié aux
bénéfices entre 4 1/2 et 8 0/0, pour les trois quarts au-delà de 8 0/0.

MOUVEMENT total en :	1884	1885	1886	1887
Janvier........	930,707,700	1,185,532,300	1,091,936,100	1.268,014,100
Février......	930.094,800	985,628,000	1,015,736,600	1,096,256,100
Mars........	946,096,600	1,054,898,700	1,120,958,500	1,082,412,700
Avril........	1,024,290,600	1,033,866,000	1,134,976,500	1,155,514,300
Mai.........	1,125,928,600	947,167,600	1,054,062,300	1,108,978,200
Juin........	949,582,700	1,190,943,200	1,063,928,800	1,216,753,300
Juillet.......	1,017,019,300	1,107,257,700	1,162,058.200	1,281,679,800
Août........	873,199,300	975,493,200	979,188.100	1,127,203,300
Année totale.	12.130,196,100	12,554,441,300	13,356,686,500	

Les revenus généraux de la Prusse ont passé de
1872 à 1882 de 6,969,400,000 à 8,301,500,000 marcs.
Le mouvement des marchandises sur les chemins
de fer allemands était :

En 1872, de 8,195 millions de tonnes-kilomètres.
En 1885, de 15,564   —   —   —

Le mouvement commercial général :

En 1872, de 23,400,000 tonnes.
En 1884, de 38,969,000   —

Le mouvement maritime :

En 1872, de 7,554,000 tonnes.
En 1884, de 16,453,000   —.

Postes et télégraphes :

Lettres................... 1872.   504,948,000
— 1884.   1,048,000,000
Dépêches............... 1872.   9,710,000
— 1884.   15,687,000

Bureaux de poste........ 1872.   7,518
   — 1884.   15,428
Bureaux télégraphiques. 1872.   2,359
   —   —   1884.   12,273

Le nombre des distilleries, dans la même période, a passé de 8,456 à 30,409 : il est vrai que ce chiffre a été brusquement grossi en 1874 de celui des distilleries alsaciennes, restées jusque là en dehors du dénombrement.

De 1872 à 1884, la production de la bière a passé de 33 à 43 millions d'hectolitres, l'importation des marchandises de 28 à 38 millions, l'exportation de 21 à 41 millions de tonnes.

L'exportation allemande de fer et d'acier s'est élevée, en juillet 1887, à 107,334 tonnes, soit une augmentation de 8,000 tonnes sur 1886 et près de 20,000 sur 1885.

La longueur des chemins de fer était de 16,367 k. en 1868, de 38,678 en 1886, c'est-à-dire qu'au lieu de 31 kilomètres de lignes par 1,000 kilomètres carrés de territoire, l'Allemagne en possédait 68, et, au lieu de 42 par 100,000 habitants, 79.

Les assurances sur la vie ne cessent de se développer. Le dernier rapport paru sur les résultats obtenus en 1886 par les 34 principales sociétés indique que le nombre des individus assurés a augmenté dans cette dernière année de 28,211 et la somme des capitaux assurés, de près de 200 millions de francs. Ces chiffres sont ceux des augmentations nettes, déduction faite des morts et des remboursements [1].

Les capitaux assurés par les 38 compagnies d'assurances sur la vie se sont élevés, pour 1886, à 3,228 millions de marcs, soit une augmentation de 179 millions sur l'année précédente. Sur ce chiffre, les quatre principales compagnies, la Mutuelle de Gotha, la Germania de Stettin, la Société de Leipzig et celle de Stuttgart assuraient à elles quatre 1,359 millions, soit plus des deux cinquièmes. Le montant des primes encaissées par l'ensemble des compagnies, en 1886, a été de 147 millions de marcs, qui se sont répartis comme suit : 49 millions ont fait retour aux assurés, à qui ils ont été payés comme dus en cas de décès ou de vie; 19 millions ont été distribués aux assurés participant aux bénéfices ; 5 millions ont servi à indemniser les assurés cessant de payer leurs primes, et 52 millions ont été portés aux fonds de réserve. L'ensemble de l'avoir des sociétés s'élève à 975 millions de marcs, dont plus des deux tiers sont placés en hypothèques et à peine le quinzième en valeurs mobilières.

[1] Hildebrand Conrad, *Jahrbücher für National Œkonomie und Statistik.*

Le budget de l'empire allemand s'élève à 698 millions de marcs en recettes, et 692 en dépenses, soit 6 millions de marcs (7 1/2 millions de francs) d'excédant.

Le produit des douanes et impôts de consommation a passé, de 1872 à 1886, de 164 à 392 millions de marcs, celui du timbre de 5 à 30 millions, celui des postes de 14 à 28.

De 1872 à 1885, la production du sel s'est élevée de 505 à 815 mille tonnes.

Enfin, de 1871 à 1884, la population a passé de 41 millions à 46,690,000 d'âmes, et le capital représenté par les chemins de fer a plus que doublé : 4,298 millions de marcs en 1871 ; 9,619 millions en 1885[1].

L'industrie s'est développée dans toutes les directions. Quelqu'opinion que l'on professe à l'égard de la politique économique du prince de Bismarck, qui a tenu à remplir lui-même, pendant une période récente, les fonctions de ministre du commerce, on ne peut que constater le grand nombre de fabriques qui se sont créées outre-Rhin depuis vingt ans, et dont beaucoup jouissent d'une prospérité exceptionnelle. Celles par exemple de produits chi-

---

[1] Chiffres empruntés au Mémoire de M. Franz Kral, *Geldwert und Preisebewegung im Deutschen Reiche* — et principalement au *Statistiches Jahrbuch für das Deutsche Reich*, 1886.

miques, d'aniline, donnent des dividendes colossaux. Les brasseries ont fait et font des affaires merveilleuses. Il s'en fonde encore tous les jours, et il ne semble pas que rien vienne encore mettre un terme à leur succès. Telle action vaut 350 0/0, soit 3 1/2 fois son capital nominal; au 15 septembre 1887, le cours moyen des actions des 29 principales brasseries, constituées en sociétés anonymes, était de 169,70 0/0. Ici, cependant, les effets d'une concurrence excessive commencent à se faire sentir, par la baisse du prix de la marchandise et par la hausse de celui de la matière première, le houblon. En outre, la consommation de la bière, durant l'année fiscale 1885-86 (du 1er avril au 31 mars), a un peu diminué, par rapport à l'année précédente : elle est tombée de 41,235,000 hectolitres à 40,730,000, soit de 90 litres par tête d'habitant à 88. Cette tendance à mettre les brasseries en actions se manifeste en ce moment à Londres comme en Allemagne : durant le premier semestre de 1886, quatorze établissements se sont ainsi transformés en Angleterre. Ils ne représentent pas un capital moindre de 132 millions, dont 83 pour la seule maison *Allsopp*. Depuis, la célèbre maison *Guinness* s'est également transformée en société au capital de 150 millions de francs.

Les fonds publics se ressentent naturellement de

cette expansion générale et voient leur cours s'améliorer d'une façon constante et conserver cette stabilité, qui est le meilleur signe d'un papier de premier ordre et de tout repos. En 1870, le 5 0/0 était le type de la rente allemande. Aujourd'hui le 3 1/2 est au pair et c'est en 3 1/2 que l'empire d'Allemagne vient d'émettre son nouvel emprunt de cent millions de marcs qui a été couvert sept fois. Ce simple rapprochement indique le chemin parcouru. Il convient d'ajouter, pour être tout à fait exact, que le 3 1/2 n'est pas encore accepté volontiers par les capitalistes d'outre-Rhin, qui se contentent malaisément d'un revenu inférieur à 4 0/0.

Au point de vue du commerce extérieur, on sait la bataille acharnée que les Allemands nous livrent sur bien des points du globe ; les Anglais eux-mêmes, qui ont pourtant en quelque sorte le monopole des transports maritimes, qui fournissent les quatre cinquièmes du transit du canal de Suez et dont le pavillon flotte dans toutes les mers, commencent à regarder avec une certaine inquiétude les progrès de nos voisins. Ils ne craignent pas une concurrence immédiate, mais ils l'entrevoient dans l'avenir. En ce moment même, les gouverneurs de l'archipel Bismarck, du Cameroon et du Tagoland se sont réunis à Berlin pour coordonner et réformer la législation qui régit les colonies allemandes : ils travaillent sous la présidence de M. Schmidt, consul allemand au Caire, un des hommes les plus compétents en la matière.

Chaque jour, un fait nouveau vient nous rappeler que M. de Bismarck est jaloux d'étendre partout son influence. Il envoyait, hier, des armes aux Herreros, peuplade du sud-ouest de l'Afrique qui guerroie contre les Hottentots et que l'Allemagne a prise sous son protectorat. Aujourd'hui, c'est aux îles Samoa que les marins de l'empereur Guillaume débarquent et font prisonnier le roi Militoa qu'ils emmènent à bord de leur canonnière.

Ce n'est pas que M. de Bismarck trouve au Reichstag un accueil très empressé pour ses idées de colonisation officielle : on se souvient de l'échec qu'il subit lors de sa demande de subvention pour les îles Samoa. Mais les Allemands savent faire de la besogne utile sans l'intervention de leur gouvernement : ils émigrent, et leurs enfants vont multiplier au dehors les familles, les idées et l'influence germaniques. C'est ainsi qu'à New-York et sur d'autres points de la grande République américaine, le parti allemand commence à jouer un rôle et à être un facteur important avec lequel les hommes politiques doivent compter.

En même temps se poursuivent à l'intérieur les travaux qui peuvent servir utilement le développement de la richesse et la sécurité publiques. L'empereur vient d'inaugurer solennellement le percement du canal qui reliera la mer du Nord à la Baltique, en partant de Burnsbuttel, près de l'embouchure de l'Elbe, pour aboutir dans la baie de Kiel près de Holtenau. Cette voie aura soixante mètres de large et huit mètres et demi de profondeur : elle coûtera 200 millions de francs environ. On compte que la moitié des 35,000 navires qui traversent par an le détroit du Sund prendra la nouvelle route pour profiter du raccourcissement de près de 650 milles marins qu'elle réalisera, et gagner trois jours par voilier, un jour par vapeur. Les navigateurs éviteront le dangereux passage du Sund, où 92 navires allemands, d'ensemble 20,000 tonnes, se sont perdus depuis cinq ans ; les ports allemands de Lubeck, Wismar, Stettin, Dantzig, Kœnigsberg, Pillau, tous sur la Baltique, seront sensiblement rapprochés de la mer du Nord ; le trajet entre eux et Hambourg, dont le commerce a quadruplé depuis un quart de siècle, sera abrégé de 44 heures. Enfin il est inutile d'insister sur les avantages militaires du canal, qui permettrait toujours à une flotte menacée de venir s'abriter dans un refuge inattaquable.

Ailleurs, la chambre de commerce de Francfort se préoccupe de relier Anvers au Rhin par une grande voie navigable et insiste pour prolonger sur le territoire allemand le canal belge de la Campine, qui rejoint le canal de Maëstricht à Bois-le-Duc et auquel il ne manque qu'un tronçon dans le Limbourg hollandais pour atteindre la frontière prussienne, réunir le Rhin aux canaux belges, hollandais, français, et raccourcir de 137 kilomètres la distance que les charbons allemands ont à parcourir pour arriver à Paris.

Le transit des navires sous pavillon allemand par le canal de Suez s'est élevé dans la proportion de 1 à 23 pendant les quinze dernières années. Au lieu de 7 navires qui traversèrent le canal en 1871, il y en a eu 161 en 1886. L'augmentation de tonnage a été plus considérable encore.

Les lignes de navigation allemandes, qui vont prendre pour port d'attache dans la Méditerranée Gênes au lieu de Trieste, manifestent une grande activité. L'association coloniale à Berlin demande la création d'une nouvelle ligne postale subventionnée entre Aden et Zanzibar. Les territoires placés sous le protectorat allemand dans l'Afrique orientale ont, dès maintenant, une superficie de 2,500 milles carrés. Des négociations en cours doivent la porter à 20,000 milles carrés (soit le double de la surface de l'Allemagne) entre la côte et les grands lacs de l'intérieur [1] : cette région produit d'excellents cotons qui sont, dès maintenant, à l'essai dans les filatures alsaciennes.

Les statistiques du port de Hambourg donnent une idée claire de ce développement. En 1886 il a reçu 2,762 navires jaugeant plus de 2 millions de tonnes contre 2,180 navires jaugeant 1,550,000 tonnes en 1882. Nous avons montré plus haut les efforts faits par la ville hanséatique pour attirer à elle les commerçants comme elle a déjà les armateurs. De nouvelles lignes de paquebots en correspondance avec la côte occidentale et septentrionale de l'Afrique, avec l'Asie-Mineure, ont été créées ; et l'affluence des marchandises d'exportation a été telle pendant l'automne 1886 que plusieurs lignes durent encore entreprendre des voyages supplémentaires. Le *Norddeutscher Lloyd* organise une traversée régulière entre Singapour et Sumatra. La Compagnie de navigation à vapeur Hambourg-Amérique du Sud (*Hamburg - Südamericanische Dampschifffahrts-Gesellschaft*), augmente son capital et émet pour 5 millions de marcs d'actions nouvelles, pour 11 1/4 d'obligations 4 0/0, en se fon-

---

[1] La *Gazette de Cologne* annonce la création de deux stations nouvelles à Epapua et à Avansha.

dant sur l'accroissement incessant de l'exportation vers le Brésil et la Plata. Au fort de l'été, qui est généralement la morte saison, la Compagnie a dû multiplier ses voyages ; elle va mettre deux nouveaux vapeurs en service, et veut être désormais en mesure d'effectuer quatre départs par mois pour Montevideo, Buenos-Ayres, Rosario et Saint-Nicolas. Les banques hambourgeoises, désireuses d'encourager le plus possible cette expansion, se sont disputé l'honneur d'émettre les nouveaux titres.

Que si l'on essaie de décomposer le budget allemand et de chercher les éléments qui l'alimentent, on constate combien les contribuables sont relativement peu chargés. D'après le très intéressant travail présenté en avril 1887 par le commandeur Cerboni à la réunion de l'Institut international de statistique, les recettes de ce budget proviendraient :

De revenus patrimoniaux pour..	806,305,000
D'impôts directs..................	341,234,000
De taxes diverses	217,942,000
D'impôts indirects...............	648,685,000
De produits de services publics..	273,084,000
De recettes diverses.............	125,805,000
Total..... francs.	2,383,055,000

La France, au contraire, ne retire de ses revenus
patrimoniaux que   42,708,000
mais demande aux impôts directs.....   472,837,000
                 aux taxes diverses......   793,629,000
                 aux impôts indirects ...   1,428,574,000
                 aux produits des ser-
                     vices publics........   194,778,000
                 aux recettes diverses...   82,224,000
                                            —————————
                 Total..... francs.   3,014,742,000

Or l'Allemagne a 47 millions d'habitants et la
France 37, ce qui fait ressortir les différences suivantes entre les charges de l'habitant des deux
pays. Nos voisins paient par tête :

En impôts directs..   7 fr. 28 c. et nous 12 fr. 39
    —   indirects. 13   24   —   37   45
En taxes directes...   4   65   —   20   84

On voit combien de sacrifices M. de Bismarck
pourrait encore demander aux sujets de l'empereur Guillaume avant de leur en imposer d'équi-
valents à ceux que nous supportons. Et ce n'est
pas seulement par rapport à nous que nos voisins
jouissent de cette heureuse supériorité ; ils la pos-
sèdent également vis-à-vis de la plupart des grands
Etats européens. L'Anglais paie 13 fr. 50 d'impôts
directs, l'Autrichien 11 fr. 89, l'Espagnol 14 fr. 54,
l'Italien 13 fr. 28, le Russe 15 fr. 02 ; — les impôts

indirects sont pour les mêmes pays de 30 fr. 43,
19 fr. 96, 21 fr. 43, 18 fr. 87, 15 fr. 13.

Ces chiffres confirment ce que nous avancions
tout à l'heure, à savoir que nos rivaux sont moins
chargés d'impôts que nous, moins appauvris par
les besoins de l'Etat : une administration à la fois
économe et intelligente leur permet au contraire
de donner un plein essor à leurs qualités d'initiative et de hardiesse commerciales. Il n'y a certes
pas encore chez eux ces accumulations de richesses
qui font la force financière de la France : mais les
progrès accomplis dans tous les sens sont frap-
pants. Un correspondant sagace qui a envoyé au
journal *le Temps* des lettres fort instructives sur
l'état social de l'Allemagne, signalait récemment
l'avènement outre-Rhin d'une bourgeoisie riche et
intelligente, en voie de s'élever au premier rang,
à côté de l'aristocratie militaire, et de donner au
corps social ces puissantes assises que plusieurs
générations ont édifiées chez nous. L'auteur ano-
nyme de ces études très topiques contait une visite
qu'il fit récemment à un industriel berlinois : il
ne fut pas médiocrement surpris d'apercevoir
dans sa demeure une collection d'objets d'art,
d'antiquités de la plus haute valeur, formant un
véritable musée et offrant au goût le plus délicat
l'occasion de s'affiner dans l'étude des modèles clas-

siques. Ne nous endormons pas dans l'illusion de la durée indéfinie de notre supériorité artistique : elle existe, elle nous permet encore de lutter, souvent avec succès, contre le bon marché des produits allemands. Mais partout où il ne s'agit que de copier exactement l'œuvre d'autrui, n'oublions pas que nos voisins ne reculent devant aucun sacrifice pour se procurer les originaux et pour les reproduire fidèlement.

Qui sait d'ailleurs la place que la brutalité de la vie moderne laissera à l'esthétique ? Le XIXe siècle, dont la fin est ensanglantée par autant de guerres que les précédents, ne voit-il pas les haines des peuples s'aiguiser avec une violence presque inconnue depuis les temps barbares ? Qui aurait cru qu'en cet âge de vapeur, d'électricité, de chemins de fer, de télégraphe et de téléphone, les nations en viendraient à expulser de leur territoire les sujets étrangers, à leur interdire d'y posséder aucun domaine, à élever une muraille de Chine, non pas seulement contre les marchandises, mais contre les personnes ? Que deviennent au milieu de ces méfiances et de ces haines les préoccupations artistiques, qui ont fait la gloire et la joie des sociétés policées d'autrefois ? Elles reprendront leur place un jour ou l'autre dans l'ordre des choses humaines ; mais, en attendant ce retour à la sérénité, il faut que les générations nouvelles s'arment pour des épreuves de toute nature. La lutte pour la vie s'impose plus que jamais, aujourd'hui que le globe terrestre est à la portée de tous, que les ambitieux peuvent être tentés de rêver tous les rêves, que la matière va presque aussi vite que la pensée. L'homme ne saurait vivre paisible, sur le coin de terre où il est né, indifférent aux convoitises de ses semblables, que des distances jadis infranchissables, aujourd'hui presque nulles, séparent de lui. Il ne suffit plus d'être sage, il faut être fort, il faut être prêt, et pour cela tendre l'oreille aux bruits qui viennent des quatre coins de l'horizon.

CHAPITRE II

RÉVOLUTION ÉCONOMIQUE DE L'ANCIEN ET DU NOUVEAU-MONDE

Pour bien nous rendre compte de l'avance que d'autres nations ont prise sur nous depuis quelque temps, il ne faut pas nous arrêter à l'Allemagne, qui nous fournirait d'ailleurs, à l'appui de notre thèse, d'autres exemples que ceux de l'Empire et du royaume de Prusse. La Bavière, la Saxe, le Wurtemberg jouissent d'un crédit supérieur au nôtre : le 4 0/0 bavarois est à 105, le 3 0/0 saxon à 92, le 3 1/2 badois au pair, le 4 0/0 du même pays à 107, le 3 1/2 wurtembergeois au pair. Dans le reste de l'Europe, nous trouvons le 3 1/2 belge à 102, le 3 1/2 hollandais à 99, le 3 1/2 danois à 99 1/2, le 3 1/2 suédois à 97, le 3 1/2 norwégien à 96. Tous ces fonds sont donc cotés bien plus haut que les nôtres. D'autres, qui leur restent encore un peu inférieurs, ont fait cependant depuis quelque temps des pas de géant pour se rapprocher de leur niveau: voici le 4,34 (vulgairement dit 5 0/0) italien aux environs du pair, le 4 0/0 autrichien à 90, le 4 0/0 hongrois à 82, le 4 0/0 espagnol à 68, le 5 0/0 portugais à 98. Or, il y a quelques années, le 4 0/0 autrichien était introduit sur le marché, de Paris à 56, le *six* pour cent hongrois était à 72, c'est-à-dire dix points plus bas que n'est aujourd'hui le quatre, le *trois* pour cent espagnol (qui ne payait il est vrai que 1 0/0) valait 20, le 5 0/0 portugais 83. Notre rente 3 0/0 au contraire, après s'être élevée un moment à 85, est revenue aux environs de 82. Ce dernier cours, qui représente une avance sur celui d'il y a douze ans, est inférieur notablement au plus haut cours touché vers 1881 ; il est resté stationnaire, pendant que ceux de tous les fonds d'Etat, presque sans exception, avançaient considérablement. Or, en pareil cas, ne pas suivre une marche égale à celle des autres, c'est reculer. Voici les fonds chiliens, brésiliens qui donnent à peine plus de 4 1/2 0/0 et dont le crédit n'est plus séparé du nôtre que par quelques unités. Les fonds argentins 5 0/0 sont à 92, et, si des émissions incessantes ne venaient retarder le classement de ces titres, ils auraient déjà atteint le pair. Les financiers de la Plata prétendent même ne plus payer désormais un intérêt supérieur à 4 1/2 0/0. Leur progrès s'est d'ailleurs suffisamment manifesté en une période très courte par le passage du type six au type cinq pour cent.

Pendant que nous sommes en Amérique, n'oublions pas de saluer d'un regard d'envie la grande République des Etats-Unis, dont les emprunts quatre pour cent sont à 133, et dont la dette fond avec une rapidité telle que le secrétaire du Trésor à Washington ne sait que faire de ses excédants budgétaires : aussi paie-t-il six mois d'avance les coupons de la dette, sous le modique escompte de 2 0/0 l'an, afin de sortir des caves du Trésor un peu du numéraire qui s'y accumule, sans profit pour la fortune publique et au détriment même du marché monétaire. Les rentes canadiennes sont à peu près cotées au prix des consolidés Anglais. Celles des autres colonies anglaises se capitalisent pour la plupart à moins de quatre pour cent. L'Inde trouve que son crédit vaut mieux que ce taux, puisqu'elle vient de rembourser son quatre et d'émettre un trois et demi pour cent au pair : son 3 0/0 est à 91, le 3 1/2 à 102.

Le crédit de pays, dont le nom seul il y a quelque temps encore aurait fait sourire plus d'un financier, a conquis sa place au soleil : les Chinois, à qui les Anglais consentaient timidement, il y a

quelques années, des avances à huit pour cent,
obtiennent des Allemands de l'argent à 5 1/2, et le
nouveau titre, à peine introduit à Francfort et à
Berlin, s'élève bien au-dessus du pair et se fixe aux
environs de 111. En même temps les prêteurs ont
soin de stipuler que le montant de l'emprunt servira à payer des commandes faites exclusivement
aux industriels de leur pays.

Au moment même où nous écrivons ces lignes,
un fait économique capital et dont les conséquences
se feront probablement sentir à travers les siècles
est à la veille de se produire. La Chine est, dit-on,
en voie de donner à un syndicat américain la concession d'une banque, qui serait chargée d'installer
des téléphones et de construire plusieurs lignes de
chemins de fer. La nouvelle a été démentie, puis
affirmée à plusieurs reprises : quoi qu'il en soit,
trop de leviers s'efforcent maintenant de faire sau-
ter la muraille de Chine pour que celle-ci ne cède
pas un jour, et personne ne peut prévoir l'influence que prendra dans le monde cet empire
habité par 400 millions d'individus, lorsqu'il se
servira de toutes les armes que la civilisation a
forgées.

Les fonds japonais 7 0/0 sont à 119. Le gouvernement des îles Hawaï a pu émettre dernièrement à
Londres un emprunt 6 0/0 qui s'est immédiatement

élevé au-dessus du pair. Il n'est pas jusqu'aux Etats de l'Amérique centrale qui ne fassent des efforts pour améliorer leur crédit. Nous avons vu cette année les fonds 3 0/0 du Vénézuela s'élever à 41, le 5 0/0 de Costa-Rica à 74 0/0 ; le Mexique va reprendre le paiement au moins partiel des intérêts de sa dette et des subventions aux Compagnies de chemins de fer ; la fondation d'une Banque nationale à Mexico au moyen de capitaux français contribue à faciliter le relèvement économique du pays. Aussi le président Diaz, dans son message au Congrès en avril 1887, a-t-il pu annoncer l'amélioration constante des recettes du trésor, coïncidant avec une vive reprise du commerce. Les exportations qui, en 1878, n'atteignaient pas 30 millions de dollars, ont dépassé 46 millions en 1885. Les premiers résultats de l'année courante font prévoir une nouvelle augmentation.

Les mouvements des fonds de l'État ne sont d'ailleurs que la conséquence plus ou moins directe de la gestion financière et économique des gouvernements. Pourquoi voyons-nous, par exemple, les fonds belges cotés 10 0/0 plus cher que les nôtres, si ce n'est parce que des conversions sagement opérées ont fait successivement disparaître de la cote le 4 1/2, puis le 4 0/0 belge, pour ne laisser subsister que le 3 1/2 et le 3 0/0 ? La Hollande a agi de même en convertissant récemment tous ses emprunts 4 en 3 1/2 0/0 ; et encore le budget des Pays-Bas est-il devenu beaucoup plus difficile à équilibrer, depuis que les colonies exigent annuellement des subsides toujours croissants, au lieu d'enrichir comme autrefois la métropole par des excédants de recettes.

La Suisse n'a qu'une dette minuscule, non seulement comme chiffre total, mais proportionnellement à sa population et à sa richesse. Bien mieux, la Confédération possède un actif liquide de plus de 20 millions, parmi lequel se trouve un portefeuille de 4 millions de titres suisses et de 10 millions de valeurs étrangères : au nombre de ces dernières, nous relevons des consolidés anglais pour 2 millions de francs, prussiens pour 1,600 mille francs, allemands pour 1,400 mille, un million de bons du trésor français, 620 mille francs en rente italienne, 500 mille en fonds russes, sans compter des montants moindres en fonds saxons, bavarois, hessois, belges, hollandais, suédois, norwégiens, danois, autrichiens et hongrois. Aussi le crédit de la Confédération est-il tel qu'elle a décidé de convertir son 4 0/0 en 3 1/2, et que, malgré l'annonce de cette conversion, le cours du 4 0/0 qui n'était déjà plus virtuellement qu'un 3 1/2, s'est maintenu au-dessus du pair. La très grande majorité des porteurs du 4 0/0 vient d'accepter la réduction d'intérêt et s'est bien gardée de demander le remboursement, n'ignorant pas que, dans l'état actuel des choses, on ne saurait guère espérer un intérêt supérieur à 3 1/2 pour un placement de toute sécurité.

Le Danemark n'a qu'une dette de 194 millions de couronnes (271 millions de francs), sur laquelle il ne sert plus qu'un intérêt de 3 1/2 0/0, et en regard de laquelle il présente un actif réalisable de 241 millions de couronnes (337 millions de francs), c'est-à-dire supérieur au passif de 66 millions : cet avoir se compose de valeurs mobilières de premier ordre, titres d'emprunt, obligations fon- cières, pour 141 millions, et de divers chemins de fer pour 196 millions de francs. Pendant les cinq derniers exercices, le budget danois s'est soldé par un excédant annuel moyen de 8 millions de francs, bien que l'Etat ait consacré chaque année une somme à peu près égale à des constructions de che- mins de fer.

La Suède et la Norwège sont dans le même cas. Le gouvernement norwégien, en face d'une dette totale de 136 millions de francs, possède un actif presque égal en espèces, actions de chemins de fer, actions de la banque de Norwège, fonds de réserve des mines d'argent de Kongsberg, fonds de la banque hypothécaire de Norwège, créances pour biens-fonds vendus par l'Etat, etc.

La Suède, dont la dette ne dépasse guère 300 millions de francs, y oppose un actif de près de 800 millions, tant en biens meubles qu'immeubles, dont 250 millions en valeurs de chemins de fer et 60 millions en actions de la banque d'Etat de la Suède.

On voit que les petits pays ne donnent pas les plus mauvais exemples.

Ailleurs, en Portugal par exemple, on peut critiquer l'augmentation rapide de la dette publique, mais elle a pour excuse un développement considérable de travaux utiles. A côté de l'activité officielle, celle des entreprises particulières ne se ralentit pas. La compagnie royale des chemins de fer joint ses efforts à ceux de l'Etat pour faire de Lisbonne un port modèle et s'engage à construire une gare au centre même de la ville, que la ligne doit traverser en souterrain. On la dédommage en lui attribuant la propriété du sol à conquérir sur le Tage par les travaux d'endiguement, et les 100,000 obligations 4 0/0 qu'elle vient d'émettre reçoivent une sorte d'hypothèque à venir sur ces terrains.

L'Italie, qui souffre comme nous de la maladie des armements et des travaux publics exagérés, voit cependant son industrie se développer. La

Société des hauts-fourneaux, fonderies et aciéries
de Terni, au capital de 16 millions de francs, a pu
émettre pour 16 millions d'obligations 4 1/2 0/0
à une fraction au-dessous du pair. La société de
navigation générale (provenant de la fusion des
anciennes sociétés Florio et Rubattino), émet à 97
des obligations 4 0/0. La Banque nationale d'Italie,
qui vient d'inaugurer l'an dernier une branche hypothécaire, place à 98 3/4 des obligations foncières
4 0/0. La ville de Milan a pu convertir en 4 0/0
tous ses emprunts. Le jeune royaume transalpin
sent peu à peu les forces lui venir, et après avoir
longtemps été tributaire de l'étranger, croit aujourd'hui son industrie assez puissante pour se
suffire à elle-même et prétend s'entourer d'une
barrière douanière formidable. La commission
chargée de la révision du tarif général propose, par
l'organe de son rapporteur, M. Luzzatti, 20 francs
de droits par hectolitre au lieu de 4 sur les vins en
fûts et 60 francs par hectolitre au lieu de 4 sur les
vins en bouteilles, 25 à 122 francs par cent kilogrammes de tissus de lin et de chanvre au lieu de
23 à 57,700 francs au lieu de 300 sur les dentelles
et tulles de laine, 700 francs au lieu de 400 sur
les soies, 1,200 francs au lieu de 650 sur les ve-
lours de soie. Les douanes ont donné les résultats
suivants du 1ᵉʳ janvier au 30 juin 1887, comparés

à ceux de la même période de l'année dernière :

	1887	1886
Droits d'importation...	107.473.515 fr.	65.401.065 fr.
Droits d'exportation....	2.994.681	3.056.700
Surtaxes de fabrication.	2.845.840	2.459.666
Droits de timbre.......	1.055.821	514.561
— maritimes......	2.963.174	2.702.589
Recettes diverses......	936.741	509.718
Total.........	118.269.772 fr.	74.644.299 fr.

L'exportation a une tendance manifeste à augmenter : alors que l'ensemble des importations a diminué en 1886 (lire 1,452 millions contre 1,457 en 1885), celui des exportations s'est élevé de 945 à 1,020 millions. La fabrication des alcools, des produits chimiques, les tissages et filatures de fil et de coton, la construction des machines sont particulièrement en progrès. L'importation croissante des matières premières indique bien le développement de l'industrie nationale.

Il est vrai que l'Italie, désireuse d'assurer ou de conserver des débouchés à ses produits, cherche à renouer avec nous, comme avec l'Autriche, des négociations pour le renouvellement des traités de commerce et de navigation. MM. Luzzatti, Ellena et Branca sont venus à Paris, chargés d'une mission à cet effet. Mais leurs efforts n'aboutiront pas s'ils prétendent maintenir contre nos marchandises des tarifs presque prohibitifs. Un pays ne saurait avoir le double bénéfice de la protection à sa propre frontière et de la porte ouverte chez le voisin.

Si nous quittons le continent et que nous nous arrêtions un instant en Angleterre, c'est là que nous verrons le plus saisissant exemple peut-être du développement que peuvent atteindre en un demi-siècle la richesse et la puissance d'une nation. A l'occasion du jubilé par lequel la reine Victoria vient de célébrer si glorieusement, le 20 juin dernier, le cinquantième anniversaire de son avènement au trône, on a remis sous les yeux du monde entier les progrès accomplis depuis 1837 par l'empire britannique. Son territoire est huit fois ce qu'il était ; le nombre de ses sujets est de trois cents millions ; la population de la Grande-Bretagne a augmenté de moitié [1] ; son commerce avec l'Inde a

[1]

POPULATION.	1887.	1837.
Angleterre......................	28,250,000	15,000,000
Ecosse.........................	4,000,000	2,500,000
Irlande........................	4,750,000	8.000,000
Total du Royaume-Uni	37,000,000	25,500,000
Colonies	277,000,000	161,500,000
Empire britannique...........	314,000,000	187,000,000

Le seul point noir est la dépopulation de « l'île sœur ».

Ces chiffres contrastent cruellement avec ceux que nous pouvons leur opposer. Dans le dernier demi-siècle, la population de passé de 22 à 150 millions de livres sterling (trois milliards sept cent cinquante millions de francs); son domaine asiatique vient de s'étendre jusqu'à la frontière chinoise, par la conquête de la Birmanie; la cession de l'île de Chypre a été une précieuse compensation à la perte des îles Ioniennes, que Gladstone avait rendues à la Grèce; elle a complété la chaîne des stations navales que les flottes anglaises sont assurées de trouver sur toutes les mers du globe et qui s'appellent Gibraltar, Malte, Perim, Aden, Socotora, Pointe-de-Galles, Singapour, Hong-Kong.

La production industrielle atteint des chiffres qui tiennent du merveilleux :

	Livres sterling.	
	1886.	1836.
Valeur des importations...	349,400,000	57,300,000
Valeur des exportations de produits britanniques et irlandais..............	212,400,000	85,200,000
Valeur des réexportations des produits étrangers et coloniaux...............	56,100,000	12,400,000
	647,900,000	154,900,000
Soit par tête d'habitant....	17 liv. st.	6 liv. st.

la France n'a guère augmenté de plus du quart, en tenant compte des provinces que la guerre de 1870 nous a arrachées, et l'accroissement se ralentit malheureusement chaque jour : en 1886 il n'a été que de 52,560 âmes; dans 37 de nos départements, le nombre des décès a dépassé celui des naissances.

Ainsi, tandis que la population du Royaume-Uni s'accroissait de 46 0/0, son commerce extérieur augmentait de 300 0/0 :

	Livres sterling.	
	1886.	1836.
Consommation de coton..	1,475,000,000	347,000,000
— de fonte de fer	7,000,000	1,000,000
— de charbon..	159,000,000	30,000,000

Les importations de laine, dans la même période, se sont élevées de 64 millions à 281 millions de livres, sans compter 68 millions de déchets importés en 1886 pour être utilisés comme laines.

	Livres sterling.	
	1885.	1835.
Droits de succession	181,000,000	44,000,000

Mais la richesse n'a pas seulement augmenté, elle est beaucoup mieux distribuée ; les objets de première nécessité ont été considérablement dégrevés.

	Livres sterling.	
	1886.	1836.
Le produit des douanes est tombé à..................	20,200,000	au lieu de 23,000,000
Tandis que les accises ne s'élèvent qu'à............	25,300,000	16,000,000
	45,500,000	39,000,000

Soit par tête d'habitant : 24 schellings 1/2 en 1886, au lieu de 30 schellings 1/2 en 1836.

Chaque Anglais paie trois fois moins de taxes qu'il y a cinquante ans, sur sa nourriture et son vêtement, si l'on fait abstraction des spiritueux et du tabac, car si des chiffres ci-dessus

	1886.	1836.
	45,500,000 et	39,000,000
on déduit les droits sur les tabacs et les spiritueux...	36,000,000	19,500,000
il reste......	9,500,000	19,500,000

Soit par tête d'habitant : 5 schellings en 1886, au lieu de 15 schellings 1/2 en 1886. (= 6 fr. 25 au lieu de 18 fr. 90.)

L'aisance a augmenté : il n'y a plus que 27 individus par mille habitants inscrits sur la liste des indigents, tandis qu'en 1849, année où l'on a fait, pour la première fois une statistique complète des pauvres, il y en avait 53. L'avoir des caisses d'épargne, de 19,000,000 liv. st., en 1834, a passé à 98,000,000. Celui des banques populaires et des magasins coopératifs est aujourd'hui de 60,000,000 livres sterling (un milliard et demi de francs). Ces derniers présentent de tels avantages que nous connaissons des familles françaises qui vont s'y approvisionner à Londres.

Livres sterling.

	1886.	1836.
Capitaux des Sociétés de chemin de fer du Royaume-Uni..........	820,000,000	20,000,000
Propriétés soumises à la taxe des pauvres	1,940,000,000	930,000,000
Capital versé des Sociétés à responsabilité *limitée*.	550,000,000	néant.

Le livre bleu du *Postmaster General*, publié pour l'année officielle finissant le 31 mars dernier, nous apprend que, durant ces douze mois, la poste a distribué 1,459,900,000 lettres, ce qui constitue une augmentation de 4 0/0 et une moyenne de 40 lettres par personne ; 180,120,000 cartes postales : augmentation de 5,1 0/0, moyenne 5 ; 368,900,000 livres et circulaires : augmentation 7,8 0/0, moyenne 10; 151,200,000 journaux : augmentation 2,4 0/0 et moyenne 4. Il a été ouvert 386 nouveaux bureaux de poste et créé 764 boîtes aux lettres, ce qui en porte le total à 35,380.

Les caisses d'épargne postales, dont l'organisation remonte à septembre 1861, possédaient au 31 décembre 1862 au crédit des déposants 1,698,221 liv. st. Au 31 décembre 1886, ce compte s'élevait à 50,874,338 liv. st. : en une seule année, l'accroissement avait été de 3,176,500 liv. st. De plus, 35,305 déposants possédaient entre eux pour 2,896,941 liv. st. de valeurs du gouvernement, de sorte que le chiffre total dû par les caisses postales était de 53,771,279 liv. st., réparties entre 3,731,421 comptes. Il a été délivré pour 35 millions de livres sterling de *postal* ou de *money orders* ne dépassant pas les limites du royaume. Il a été transmis 40,137,175 dépêches télégraphiques, ce qui représente une augmentation de 3,30 0/0 sur l'année précédente. Il a été ouvert 232 bureaux télégraphiques, ce qui en porte le nombre à 6,514. Enfin, les revenus de toutes sortes de cette immense administration se sont élevés à 10,715,998,000 liv. st., et les dépenses à 8,201,343 liv. st., laissant un revenu net de 2,514,633 liv. st.

Mais quittons l'Europe, et voyons l'essor merveilleux pris par le Nouveau-Monde, où de jeunes nations conquièrent leur place au soleil et parcourent parfois, en des années, le chemin que leurs aînées du vieux continent ont mis des siècles à franchir! Aux Etats-Unis d'Amérique, dont l'exemple est dans tous les esprits et sur toutes les lèvres, la population augmente tous les ans dans des proportions inconnues au vieux continent, le réseau des chemins de fer atteint 222,000 kilomètres (au 31 décembre 1886, 137,986 milles, soit exactement 222,150 kilomètres); quatre lignes vont maintenant de l'océan Atlantique à la mer du Pacifique (Canadian Pacific, — Northern Pacific, — Union and central Pacific, — Southern Pacific).

Déjà, en 1880, on évaluait la richesse totale des habitants des Etats-Unis à 43 milliards de dollars, soit 223 milliards de francs, alors que celle des Français n'en atteint probablement pas 200. Cette richesse se décomposait comme suit :

	Millions de dollars.
Fermes	10,197
Immeubles urbains	11,881
Chemins de fer et matériel d'exploitation.	5,536
Télégraphe, navires, canaux	419
Animaux et outillage agricole	2,406
Mobiliers, approvisionnements	5,000
Mines, carrières	781
Produits de l'agriculture et de l'industrie.	6,160
Numéraire	612
Total	42,992

Or ce même total n'était évalué en 1850 qu'à 7 milliards; en 1860 à 16 milliards, en 1870 à 30 milliards de dollars. On voit les pas de géant accomplis. Il y a sept ans la fortune moyenne de chaque habitant était de 4,400 francs.

Il existe dans le pays 2,852 banques nationales, dont l'actif s'élève à 2 milliards et demi de dollars.

et qui ont des dépôts pour un et demi milliard de dollars. Elles ont toutes le droit d'émettre des billets de banque au porteur. Les banques d'Etats (*state banks*) sont autorisées par les Etats particuliers et n'émettent pas de billets. Il en existe 672, leurs capitaux s'élèvent à 110 et leurs dépôts à 370 millions de dollars. Les banques dites *Loan and Trust Companies* (Compagnies de prêts et de gages) et qui ont surtout pour objet de placer les fonds provenant de fidéicommis, sont au nombre de 42, avec 22 millions dollars de capital et 144 de dépôts. 3,600 banquiers privés avaient reçu plus de 300 millions de dollars de dépôts.

Enfin les banques d'épargne, au nombre de 638, avaient 1,142 millions de dollars de dépôts, 120 millions de réserve, employaient 418 millions en prêts hypothécaires, 128 millions en prêts mobiliers, possédaient 197 millions de bons fédéraux, 242 millions de bons des Etats et des villes, 63 millions d'obligations de chemins de fer, 39 millions d'actions de banque, 30 millions de propriétés foncières.

Les opérations du *Clearing-house* (chambre de compensation) de New-York, se sont élevées, en 1886, à 34 milliards de dollars.

Les tableaux du commerce à l'importation et à l'exportation des Etats-Unis, dans les dix dernières années, donnent mieux qu'aucune autre statistique l'idée de ce mouvement colossal d'affaires [1] :

Année fiscale s'arrêtant au 30 juin.	Importation totale.	Exportation totale.	DÉTAIL DE L'EXPORTATION DE :				
			Blé.	Farine.	Autres céréales.	Coton	Pétrole.
1887....	692	716	89	51	165	206	45
1886....	635	679	50	38	125	205	50
1885....	577	724	72	52	160	202	50
1884....	667	740	75	51	162	197	47
1883 ...	723	823	119	54	207	247	44
1882....	724	750	111	36	182	199	51
1881....	642	902	167	45	269	247	40
1880....	668	835	190	35	286	211	36
1879....	445	710	130	29	209	152	40
1878....	437	694	96	25	180	180	46

On voit que l'année dernière encore l'importation a augmenté de 57 millions de dollars et l'exportation de 37. Celle-ci s'élève à un des chiffres les plus considérables enregistrés jusqu'ici, abstraction faite des années 1880 et 1881, durant lesquelles il fallut fournir à l'Europe de quoi combler le déficit énorme de sa récolte. Il est à remarquer que l'augmentation des quantités de blé exportées est

[1] Tous les chiffres représentent des millions de dollars.

bien plus forte que celle de la valeur représentée par ces mêmes quantités. Ainsi, de 1886 à 1887, le nombre de quintaux a doublé, tandis que, à cause de la baisse des prix, le tableau ci-dessus n'accuse qu'une augmentation de 78 0/0. -

Mais il est d'autres Etats américains, dont le développement, pour avoir moins frappé l'imagination européenne que celui de la grande République, n'en a pas moins été extrêmement remarquable. Cet élan extraordinaire est dû, en grande partie, au courant d'immigration qui a déversé sur ces territoires le trop plein de la population européenne, à la fécondité d'un sol que la charrue n'avait pas encore remué, et à l'absence presque générale de charges militaires de quelque importance. La population valide tout entière peut se livrer aux entreprises productives, et les dépenses publiques, en dehors de celles d'administration, consistent presque uniquement dans l'exécution des grands travaux.

Arrêtons-nous, d'abord, au Canada, cette vieille terre française, où le souvenir de la mère patrie est resté vivant dans tous les cœurs, mais n'exclut pas un véritable sentiment de fidélité à la reine d'Angleterre, qui laisse sa florissante colonie jouir d'une très large autonomie. La population y a augmenté du tiers (4,700,000 contre 3,600,000 en

1871) depuis seize ans, ce qui, soit dit en passant, réfute victorieusement l'argument de ceux qui prétendent que notre race n'est plus assez prolifique pour coloniser : là où il y a de l'air à respirer, de la terre à cultiver, les familles françaises se développent autant et plus que les familles anglo-saxonnes. Le chemin de fer Canadien-Pacifique qui, une fois terminé, doit s'étendre sur une longueur de plus de 4,000 milles, soit 6,800 kilomètres, va maintenant d'une mer à l'autre : il traverse des territoires presque déserts il y a dix ans et qui se remplissent d'immigrants. La province de Manitoba entre autres, où la terre est d'une fertilité extraordinaire, est en voie de devenir un nouveau grenier de blé, comme le far-west américain l'a été depuis le dernier quart de ce siècle. Elle se développe tellement que le réseau du Canadien-Pacifique ne lui suffit déjà plus et qu'elle veut avoir une ligne directe qui la relie au réseau des Etats-Unis. Le gouvernement canadien s'oppose jusqu'ici à ce désir, car il prétend avant tout augmenter les recettes du Canadien-Pacifique, pour lequel il a fait des sacrifices considérables.

En descendant vers le sud, nous trouvons le Mexique, qui avait tant souffert sous la domination espagnole, en pleine voie de relèvement. Ce relèvement se traduit par la réforme budgétaire, qui per-

met de reprendre peu à peu le service des intérêts
de la dette suspendu depuis 1866, par la construction de lignes de chemins de fer qui relient la capitale, Mexico, d'une part aux ports de l'Atlantique,
de l'autre, vers le Nord, au système des lignes des
Etats-Unis d'Amérique. Le Central Mexicain com-
prendra 3,140 kilomètres de voies ferrées, dont plus
des deux tiers sont déjà terminés. La fondation
d'une Banque nationale, que nous avons signalée
plus haut, banque administrée sévèrement par des
négociants notables du pays et par des financiers
français, indique la confiance que les capitaux
étrangers reprennent dans les affaires mexicaines,
puisque le capital a été presque entièrement souscrit en France : elle atteste aussi la reprise sérieuse
des transactions indigènes, qui alimentent assez
la banque pour lui permettre de distribuer des
dividendes de 10 0/0.

Cette création de Banques privilégiées d'émission
a du reste été la caractéristique de la naissance ou
de la renaissance financière de la plupart des Etats
contemporains. C'est ainsi qu'en Roumanie la
Banque nationale, fondée en 1881, a vu ses actions
de 500 francs s'élever jusqu'à 1,900 : elles valent
encore aujourd'hui 1,000 francs. L'amélioration
persistante du crédit roumain n'a guère subi de
recul depuis cette époque : le 6 0/0 est coté au-

jourd'hui au-dessus du pair et le 5 0/0 s'en approche. La Banque nationale serbe ne date que de trois ans environ, et ses actions, libérées de 125 francs seulement, valent déjà une prime importante. Le crédit serbe, bien que fort jeune, ne s'est pas défavorablement ressenti de cette création, puisque son 5 0/0 se maintient à Berlin aux environs de 80 0/0 et que les obligations de ses chemins de fer sont cotées à Paris à peu près au même taux. La Banque nationale bulgare vient de se fonder, mais elle ne prendra son essor que lorsque les conditions politiques de la principauté auront été réglées.

A l'autre extrémité du monde, dans l'île de Saint-Domingue, la banque nationale d'Haïti a vu le jour grâce à l'initiative et aux capitaux français. Une administration intelligente a su à la fois rendre de véritables services au gouvernement nègre et assurer pleine sécurité aux actionnaires, en mettant leur actif à l'abri de toute surprise. Les actions de la Banque nationale de la République Argentine valent 240 0/0 et l'importance de l'établissement est telle qu'il double son capital et le porte de 20 à 40 millions de piastres (200 millions de francs). Dans l'Uruguay, le nouveau président Tajes, parmi les nombreuses réformes dont il a pris l'initiative, décrète l'établissement à Montevideo d'une banque nationale au capital de dix millions de piastres : cette nouvelle a fait monter les fonds 5 0/0 du pays, cotés à Londres, de 40 à 70 0/0, tant les rentiers y voient le gage d'une amélioration financière durable. D'autres Etats de l'Amérique du sud, dont le crédit est en voie de s'établir ou de se rétablir à la bourse de Londres, suivront certainement cet exemple.

Nous voici amenés à parler d'un des Etats les plus florissants du Nouveau-Monde et, on peut le dire sans être taxé d'exagération, du globe ; car les progrès de la République Argentine ont pris dans les derniers temps une allure absolument extraordinaire. Grâce aux flots d'immigrants que chaque steamer débarque à Buenos-Ayres, l'exploitation agricole ne cesse de s'étendre sur les immenses territoires de la République. Qui ne connaît l'importance qu'ont prise aujourd'hui les exportations de la Plata, dont les laines font sur nos marchés du nord une concurrence souvent victorieuse à celles des Etats-Unis et de l'Australie ? Le bétail y abonde au point qu'une société se forme à cette heure même pour importer en France des bœufs et des vaches achetés sur pied à la Plata et qui viendront, après avoir achevé leur engraissement sur nos herbages, fournir à nos populations une nourriture à bas prix. Une autre société (Sansinena et Cie) s'y est constituée pour exporter en Europe de la viande de mouton congelée par la compression de l'air ; elle alimente déjà 80 boucheries en Angleterre et possède au Havre un magasin à congélation et des wagons spéciaux pour le transport à Paris [1]. On sait qu'aujourd'hui la question du refroidissement par la détente de l'air a fait de tels progrès qu'on commence à préférer les machines réfrigérantes à air sec (appareils Haslane et Hall) à l'emploi de la glace : on économise ainsi dans les navires tout l'emplacement qu'il fallait pour emmagasiner celle-ci, et on évite tous les inconvénients pouvant résulter de l'humidité. Les exportations de maïs atteignent des chiffres considérables. Aussi les Argentins ont-ils pu contracter des emprunts extérieurs en or pour 550 millions de francs, en papier pour 150 millions, sans cesser de voir le niveau de leur crédit s'élever. Et encore ne donnons-nous là que le chiffre de la dette fédérale : les diverses provinces ont également pu se créer des ressources à très bon compte ; celle de Buenos-Ayres, dont le crédit n'est pas inférieur à celui de l'État, a des emprunts inscrits à la cote de Londres pour 300 millions de francs ; le marché de Berlin vient de s'ouvrir à son 5 0/0. Les provinces de Cordoba,

---

[1] Voir les *Débats* du 16 août 1887.

d'Entre-Rios, de Santa-Fe sont également connues au *stock exchange* anglais, où on cote leur 6 0/0 aux environs du pair.

Si nous voulions entrer dans le détail des autres valeurs argentines, nous verrions quel vaste marché a déjà pu se créer sur les obligations hypothécaires de la Banque provinciale de Buenos-Ayres et sur celles de la Banque nationale. La première a érigé une de ses branches en Crédit foncier et émet des lettres de gage, dites *cedulas*, en représentation des prêts qu'elle consent jusqu'à concurrence de moitié de la valeur des immeubles. En six ans, il a été vendu aux particuliers vingt mille lieues carrées de terrain, c'est-à-dire une surface égale à celle de la France. Les divers titres des chemins de fer argentins forment un chapitre important de la cote anglaise, où nous voyons les actions du *Grand-Sud de Buenos-Ayres* à 177 0/0, celles du *Buenos-Ayres-Rosario* à 166 0/0.

Depuis qu'en 1854 la première voie ferrée de Buenos-Ayres fut construite par des ingénieurs français, qui l'exploitèrent ensuite et en firent une véritable école de chemins de fer pour le pays, le réseau s'est développé considérablement. Il a rayonné, d'une part, autour de Buenos-Ayres, de l'autre, autour de Rosario, port situé sur le Parana et qui, bien qu'éloigné de 160 lieues de la mer, reçoit des steamers de trois à quatre mille tonnes. De Buenos-Ayres partent les lignes suivantes :

1º Le Grand-Sud, exploité par une compagnie anglaise, divisé en trois tronçons, l'un allant au port maritime, l'autre à Bahia-Blanca, le troisième à Tres Arroyos : 1328 kilomètres ;

2º Le Grand-Ouest, ligne de l'Etat, qui produit de 12 à 14 0/0 de revenu : 1,094 kilomètres ;

3º La ligne anglaise de Rosario, presque parallèle au Parana : 675 kilomètres ;

4º La ligne anglaise de l'Ensenada et de la Plata qui réunit à Buenos-Ayres. la nouvelle capitale de cet État et se prolonge jusqu'à Magdalena : 120 kilomètres ;

5º La ligne transandine qui doit traverser la grande chaîne des Cordillères et relier la République argentine au Chili : elle a déjà 1,176 kilomètres en exploitation.

De Rosario part le Central argentin, ligne anglaise continuée par la ligne nationale de Cordoba à Tucuman : de cette ligne se détache un tronçon qui va à Santiago de l'Estero et à Salta, ensemble 1,410 kilomètres.

En résumé, les lignes existantes représentent un capital de plus d'un demi-milliard, auquel elles donnent un revenu de plus de 10 0/0. Mais ces 6,500 kilomètres ne sont que le point de départ. D'ici à

quelques années cette longueur doit être augmentée
de moitié : il reste à terminer le transandin, à pousser une ligne à travers les territoires nationaux
du sud jusqu'au port chilien de Valdivia, sur le
Pacifique, à compléter le réseau de l'Est jusqu'au
fécond territoire des Missions, resté isolé depuis
l'expulsion des jésuites et les guerres qui l'avaient
ensanglanté avant 1830. Toutes ces entreprises
sont à l'étude ou déjà en voie d'exécution.

Cette prospérité n'étonne plus quand on songe
aux ressources qu'offre ce pays, dont les quatorze
provinces couvrent une superficie de 45,392 milles
géographiques carrés [1] et où l'immigration suit la
progression suivante :

47.000	âmes en	1881
59.000	—	1882
73.000	—	1883
103.000	—	1884
130.000	—	1885

Le total des importations et exportations a passé
de 162 millions de piastres en 1884 à 176 en 1885
et à 196 en 1886.

Malheureusement nos compatriotes n'ont pas
contribué à ce mouvement dans la mesure qu'ils
étaient en droit d'espérer et d'obtenir, s'ils avaient
mis plus d'énergie et de promptitude à offrir leurs

---

[1] Le mille géographique a une longueur de 7,422 mètres.

services aux gouvernements et aux particuliers et
s'ils avaient plus souvent passé l'océan pour aller
se rendre compte de la situation par leurs propres
yeux. D'autres ont agi pendant que nous nous en-
dormions, et voici ce que nous lisions hier dans
une correspondance de Buenos-Ayres qui résume
éloquemment la situation :

« L'Angleterre possède déjà 4,803 kilomètres de
chemins de fer qu'elle a construits ou rachetés ;
avant peu, elle aura racheté, en outre, les 1,418
kilomètres du chemin de fer national du Nord,
et terminé la construction de 1,000 kilomètres de
plus. Comme si le capital anglais trouvait insuffisante cette mainmise sur les transports terrestres,
il s'est aussi assuré le monopole des transports flu-
viaux. Il y a un an, il acquérait à 50 0/0 de perte
le matériel et la clientèle de la Compagnie française de navigation, la Platense. Il a fait, de cette
entreprise ruinée, le noyau d'une grande Compagnie qui a racheté toute la flotte d'environ 80 steamers du Lloyd argentin, et qui vient de traiter, au
prix de dix millions de francs, avec le dernier concurrent, un Français, M. Ribes, qui fut le premier
à battre pavillon français sur les fleuves intérieurs
et qui aura été le dernier. Dorénavant, la navigation de la Plata, du rio Parana, de l'Uruguay,
du Paraguay est anglaise, comme l'est la banque,

comme le sont les usines à gaz, les eaux de ville, les tramways, les chemins de fer... Et, cependant, il y a cinquante ans la France tenait le premier rang dans ce pays ! »

Nous avons cité tout à l'heure, en passant, l'empire du Brésil et la République chilienne, dont les premiers banquiers d'Europe se disputent les emprunts. Nous voudrions donner le Chili en exemple à nos ministres des finances, et leur montrer qu'aux bords du Pacifique on est moins timide qu'eux pour ramener les intérêts des dettes publiques au taux mérité par le crédit du débiteur. Le Chili avait emprunté à 6 0/0 en 1867, à 5 0/0 de 1870 à 1875. L'année dernière, il a hardiment converti tous ces emprunts en 4 1/2, c'est-à-dire a remboursé ceux des porteurs qui n'ont pas acquiescé à la réduction d'intérêt et sert maintenant aux autres une rente inférieure d'un quart ou d'un dixième à celle qu'ils touchaient antérieurement. Le nouveau fonds se maintient au-dessus du pair, ce qui prouve la parfaite opportunité de l'opération. Aussi le ministre des finances a-t-il pu soumettre au Congrès pour l'année 1888 un budget qui s'établit par 44 millions de dollars en recettes et 32 millions en dépenses, soit un excédant de 12 millions de dollars. Toute la dette chilienne s'élève à 84 millions de dollars, dont 49 en dette intérieure et 35 en dette extérieure. On s'explique déjà, à la seule inspection de ces chiffres, comment le Chili a pu venir à bout de la Bolivie et du Pérou et triompher de l'héroïsme de ses adversaires.

On a souvent appelé les Chiliens les Prussiens de l'Amérique du Sud. Ils paraissent avoir, comme ces derniers, l'esprit d'ordre et de sage administration des deniers publics, et mériter qu'on leur applique l'éloge que M. Thiers faisait déjà dans son discours du 27 mai 1846 à la Chambre, de l'administration brandebourgeoise : « Lorsque les courtisans du grand Frédéric », rappelait le futur président de la République, « venaient le féliciter de ses conquêtes et de ses victoires, il leur répondait modestement : « Oui, j'ai conquis la Silésie, mais mon père m'avait donné l'armée et le trésor qui m'ont servi à la conquérir », les avertissant ainsi que les succès des peuples, comme ceux des individus, veulent être préparés par de longs et persévérants efforts.

Le merveilleux développement de l'Australie, ce continent grand comme les quatre cinquièmes de l'Europe et dont l'intérieur est aussi mystérieux que celui de l'Afrique, est connu de tous. Les seuls établissements sur les côtes constituent déjà un Etat puissant, avec un commerce prospère.

La Nouvelle-Galles du Sud compte un million d'habitants, a dépensé six cents millions de francs en constructions de chemins de fer, a vu en 1884, 5,945 navires jaugeant 4,661,000 tonnes entrer dans ses ports et en sortir : ses vignobles couvrent 5,000 acres et ses vins commencent .à se répandre dans le monde entier ; c'est par millions de douzaines que s'y récoltent les oranges. Les mines d'or, depuis 1851, y ont fourni une valeur d'un milliard de francs.

La colonie de Victoria, située au sud de la Nouvelle-Galles, dont elle ne s'est séparée qu'au milieu de ce siècle, forme la pointe sud-est du continent australien : son budget dépasse 150 millions de francs, sa population un million d'habitants, et ses 1,700 milles de chemins de fer (2,737 kilomètres), tous propriété de l'Etat, lui rapportent environ 4·0/0. Depuis 1851, Victoria a produit de l'or pour plus de cinq milliards de francs. Elle a retrouvé un élément de prospérité dans le relèvement du prix de la laine, qui était tombée au début de 1886 à un cours qu'elle n'avait jamais connu, et qui remonta de près de 60 0/0 dans le courant de l'année.

Le Queensland, l'Australie du sud et l'Australie occidentale occupent, avec les deux précédentes provinces, les deux tiers environ des côtes australiennes. Leur développement n'a pas été moins remarquable.

L'île de Tasmanie, les deux îles qui forment la Nouvelle-Zélande, l'archipel des îles Fiji, sont également des contrées prospères, dont le rapide accroissement ajoute tous les jours quelque chose à la puissance de l'empire britannique. Aussi le Royaume-Uni a-t-il, avec ses diverses colonies, un commerce d'importation et d'exportation qui représente à peu près huit fois le nôtre avec nos colonies. Le diagramme suivant fait ressortir cette proportion pour divers pays d'Europe :

Commerce de chaque pays avec ses colonies d'après les moyennes des années 1881–1885.

Royaume-Uni, fr. 4,750,539,500.

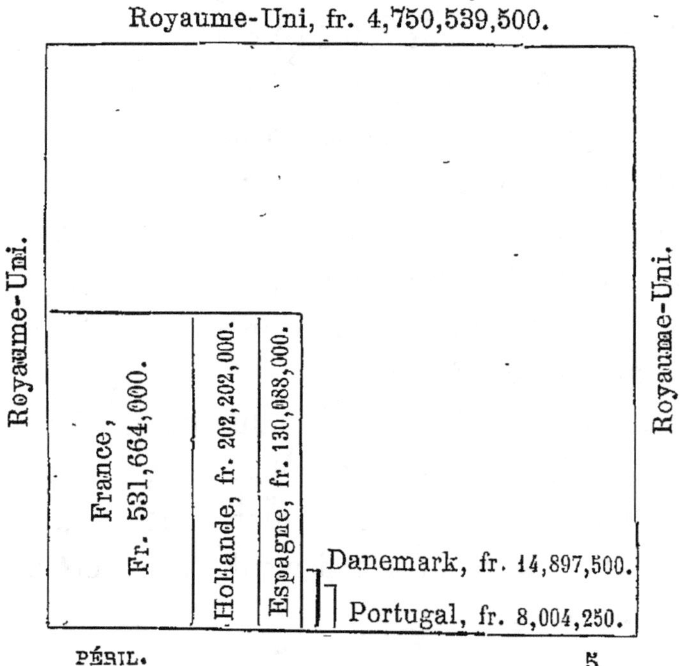

En présence de ce développement économique du monde entier, n'avions-nous pas raison de dire tout-à-l'heure que nous n'avons pas le droit de rester indifférents, d'ignorer les pas de géant faits tout autour de nous, ni surtout de laisser mettre en péril les ressources encore si grandes de notre pays, mais qui finiraient par s'épuiser si l'épreuve était par trop prolongée? Or qu'avons-nous fait pendant que d'autres s'outillaient et combattaient? Nous n'avons pas la prétention d'examiner l'état de l'industrie et du commerce français à cette heure. Chacun de nos lecteurs peut d'ailleurs en avoir une notion exacte, soit par sa propre expérience, soit par ce qu'il voit et entend autour de lui.

Nous n'avons garde non plus de méconnaître l'énergie déployée de tous côtés. Ainsi, les efforts des Lyonnais leur ont permis de conserver à la France le premier rang dans le commerce et l'industrie des soieries. Le mouvement des soies grèges et ouvrées s'est élevé chez nous, en 1886, à 7,161,067 kilogrammes, c'est-à-dire près de la moitié du mouvement total européen. Les entrées en condition des soies (c'est-à-dire à l'établissement chargé de les peser), à Lyon et à Saint-Étienne, accusent un total de 6,215,140 kilogrammes, en augmentation considérable sur l'année précédente, tandis qu'il n'a été à Milan que de 3,928,245 et à Turin que de 719,513. Le compte rendu de la chambre de commerce de Lyon constate que cette place a pris une part beaucoup plus considérable que le marché milanais, non seulement d'une manière absolue, mais, proportion gardée, au mouvement d'affaires du dernier exercice, et que son importance comme grand marché international s'est également accrue en 1886. Les exportations lyonnaises ont augmenté de 32 millions par rapport à 1885, soit 32 0/0, et la production lyonnaise de 38 millions, soit 11 0/0. Dans d'autres régions, à Roubaix, des efforts considérables ont été faits par les fabricants de laine pour soutenir et vaincre la concurrence étrangère.

Nos grandes compagnies de navigation ont un outillage égal et même supérieur à celui des sociétés anglaises. La Compagnie transatlantique, en particulier, a, pour le service du Havre à New-York, des paquebots d'un tonnage et d'une vitesse hors de pair. On sait les triomphes éclatants remportés par le Creusot toutes les fois qu'il s'est agi de fournir aux gouvernements étrangers des plaques d'acier pour le blindage des navires ou des fortifications. Nos sociétés de constructions maritimes ont reçu des commandes du Japon, de Russie, d'Espagne.

À Reims, de jeunes fabricants énergiques ont

été eux-mêmes à New-York, à dix reprises différentes, s'enquérir des besoins et des exigences de
la clientèle américaine ; ils ont créé de nouveaux
modèles et réussi à conserver à leurs tissages des
débouchés indispensables.

De toutes parts, une lutte énergique arrête ou
fait reculer le phylloxera. Avant l'invasion néfaste,
nous possédions 2,500,000 hectares de vignobles
parfaitement sains. Malgré les ravages du fléau
qui, l'année dernière encore, a détruit 52,000 hectares et en a attaqué 39,000, nous avons toujours
le plus grand vignoble du monde, soit deux millions
d'hectares environ, dont 600,000, il est vrai, sont
plus ou moins attaqués. Il est des départements,
comme l'Indre-et-Loire, où de nouvelles surfaces
sont chaque année mises en culture de vigne. Le
premier moment de stupeur passé, les vignerons
se sont mis à la tâche courageusement, et, en
même temps que le phylloxera diminue ses ravages et semble avoir épuisé en partie sa force
destructive, l'œuvre de réparation fait de rapides
progrès. On replante plus de vignes que l'insecte
n'en tue. L'Hérault, par exemple, avait perdu
130,000 hectares de vigne : il en a depuis 1879
reconstitué 79,000 ; il a reconquis le premier rang
parmi nos départements comme producteur de
vin : dans trois ans il en fournira 8 à 10 millions

d'hectolitres, c'est-à-dire les deux tiers de ce qu'il donnait à l'époque de sa plus grande prospérité. Dans ces conditions nous allons voir diminuer nos importations de vins qui depuis quelques années avaient pris un développement anormal, et augmenter au contraire notre exportation qui restait stationnaire. Le tableau suivant résume la situation :

VINS DE TOUTE SORTE.

ANNÉES.	RÉCOLTES ANNUELLES.	IMPORTATION.	EXPORTATION.
	hectolitres	hectolitres	hectolitres
1881..	34,138,715	7,848,807	2,572,186
1882..	30,886,352	7,537,138	2,618,316
1883..	36,029,182	8,890,080	3,093,500
1884..	34,780,726	8,129,952	2,470,360
1885..	28,536,151	8,181,976	2,604,321
1886..	25,063,345	11,010,895	2,709,253

La perte réelle est moins forte pour nous que ces chiffres ne sembleraient l'indiquer, parce que, le prix des vins que nous exportons étant très supérieur à celui des vins importés, l'écart entre la valeur des uns et des autres n'est nullement proportionnel aux quantités. En 1885, la douane estimait celle des premiers à 255 et celle des seconds à 338 millions de francs, en sorte que nous n'étions en débours que de 83 millions. Nous espérons fermement que, grâce à l'énergie de nos viticulteurs, la proportion sera bientôt renversée [1].

Ce n'est pas seulement dans le domaine industriel et commercial que nos compatriotes prouvent de quoi ils sont encore capables. Une dépêche annonçait dans les premiers jours d'octobre que notre canonnière *le Niger* avait atteint Kabara, le port de Tombouctou, où notre compatriote Réné Caillé arriva le premier, le 19 avril 1828. Cette nouvelle expédition avait été confiée au lieutenant de vaisseau Caron, par le colonel Galliéni, commandant supérieur du Soudan français. L'ouverture des marchés de l'intérieur de l'Afrique pourrait avoir pour notre commerce les plus heureuses conséquences. C'est en effet par cette voie du Sénégal que se résoudra la question de la pénétration du Soudan. Le général Faidherbe, plus compétent que personne en ces matières africaines, vient de le rappeler une fois de plus dans une lettre qu'il adressait en octobre dernier au Président de la Société de géographie de Lille.

Lorsqu'on voit de pareilles missions menées à bon terme par nos compatriotes, on sourit d'entendre dire que le vieil esprit français d'entreprise a disparu. On se reprend à espérer et à penser

[1] P. Leroy Beaulieu, *Économiste français*, 10 et 17 septembre 1887.

qu'il suffirait d'une direction persévérante, d'une
orientation politique qui inspirât quelque confiance et d'une certaine stabilité dans l'ensemble
de nos institutions pour mettre en œuvre toutes
les forces latentes du pays. On trouve donc bien
des sujets de consolation et d'espérance dans l'activité déployée autour de nous par les particuliers,
isolés ou réunis en sociétés ou en syndicats. Mais
ce qui est peut-être moins généralement connu,
bien que l'on commence à en parler beaucoup,
c'est l'état véritable des finances publiques. Or,
dans un pays comme le nôtre, où l'État dépense au
moins le tiers du revenu total de la nation, celles-ci
sont la véritable clef de voûte de l'édifice. Démontrer qu'elles sont malades, c'est expliquer le
malaise général. Chercher à les améliorer, c'est
travailler au retour de la prospérité pour chacun
de nous.

DEUXIÈME PARTIE

DANGER INTÉRIEUR

CHAPITRE III

LE QUATRIÈME MILLIARD

La vérité commence à se faire jour. Après avoir vécu dans l'illusion d'une richesse inépuisable, la France ouvre les yeux et mesure avec terreur le fardeau que des mains inexpérimentées ont accumulé peu à peu sur ses robustes épaules. Le pays, lent à se pénétrer des idées nouvelles, commence cependant à laisser s'infiltrer en lui la notion du danger couru. Déjà, lors des dernières élections parlementaires, le succès d'un grand nombre de députés de l'opposition a été dû à la mauvaise situation économique et, en particulier, aux dépenses excessives provoquées par les expéditions lointaines. Aujourd'hui, les journaux, la tribune retentissent des inquiétudes aussi légitimes que tardives dont chacun commence à se sentir atteint.

Mais on n'est pas encore assez frappé de la grandeur et de l'imminence du péril, pour envisager hardiment les solutions hors desquelles il n'est point de salut. Il faut donc, quitte à répéter ce que des voix plus autorisées n'ont cessé de proclamer, rappeler encore une fois quelles furent nos erreurs, montrer comment elles persistent et adjurer le pays, c'est-à-dire ceux qui le représentent, ceux qui gèrent sa fortune, de s'arrêter net dans la voie des dépenses démesurées, des budgets en déficit, de l'accroissement incessant de la dette.

L'augmentation extravagante des dépenses : telle est la principale plaie qui nous ronge. Notre budget actuel, en additionnant celui de l'Etat, des départements et des communes, est de trois milliards neuf cents millions, c'est-à-dire que chaque Français, homme, femme, enfant, adulte, vieillard, indigent, riche, ouvrier, prolétaire, paie au gouvernement, en moyenne, plus de cent francs par an. Encore convient-il de rappeler que ce total ne comprend pas le montant des octrois qui s'élevait, en 1885, à 286 millions, (144 pour Paris, 142 pour le reste de la France). A priori et avant toute discussion de détail, il est évident que le chiffré est extrêmement lourd.

Le tableau qui suit en indique à grands traits la décomposition :

PREMIER TABLEAU [1].

BUDGET TOTAL.

TITRE Ier.

BUDGET ORDINAIRE.

Dette publique	1,337,275,671
Pouvoirs publics	13,257,360
Justice	37,369,901
Affaires étrangères	44,304,900
Intérieur et Cultes	124,786,197
Finances	16,856,605
Postes	1,998,058
Guerre	694,934,530
Marine et Colonies	261,724,642
Instruction publique et Beaux-Arts	145,713,695
Commerce et Industrie	22,270,028
Agriculture	23,473,470
Travaux publics	175,981,604
Frais de régie, de perception et d'exploitation des impôts et revenus publics	332,602,737
Remboursements et restitutions, non-valeurs et primes	20,555,340

Total à reporter... 3,253,104,738

[1] Ces chiffres sont ceux du premier projet de budget présenté pour 1888. Nous indiquerons, chemin faisant, les principales modifications qu'il a subies.

Report...... 3,253,104,738

TITRE II.

Budget des dépenses sur ressources spéciales............................ 474,500,000

TITRE III.

Budgets annexes rattachés pour ordre au budget général.	Monnaies.............. 1,790,000	
	Imprimerie nationale.. 9,400,000	
	Légion d'honneur..... 16,000,000	
	Invalides de la marine. 13,070,000	
	Ecole centrale......... 670,000	
	Chemins de fer de l'Etat 32,880,000	
	Caisse d'épargne...... 9,300,000	
	84,000,000	84,000,000

TITRE IV.

Services spéciaux du Trésor :
Avances aux chemins de fer français... 70,000,000
—   algériens.. 18,500,000

Total général des dépenses publiques... 3,900,000,000

De ces 3,900 millions, 3,435 millions forment proprement le budget de l'Etat : là-dessus 1,337 millions représentent le service de notre dette, dette perpétuelle, dette amortissable, dette flot-tante, dette viagère, obligations du trésor à court terme ; plus d'un quart, soit 955 millions, les dé-penses de la Guerre et de la Marine. Les frais de régie, de perception et d'exploitation des impôts et revenus publics absorbent 332 millions. Il reste 640 millions pour les services civils, dont moitié pour les Travaux et l'Instruction publique, moitié pour les autres ministères.

Sur ce total, 3,253 millions forment ce qu'on appelle fort improprement notre budget ordinaire : car si le budget extraordinaire a été supprimé de nom, M. Dauphin laissait subsister dans son projet 139 millions de dépenses dites extraordinaires à la Guerre, 30 millions à la Marine, 70 millions aux Travaux publics — et, pour donner au lecteur une idée de ce qui se classait sous cette rubrique de travaux extraordinaires, nous citerons parmi les dépenses ainsi qualifiées 2,700,000 francs consacrés aux réparations des chaussées nationales : voilà bien une dépense d'un caractère anormal, destinée à ne se pas représenter dans le cours des siècles. Depuis, le ministère Rouvier a fait un premier pas dans la voie de la réorganisation de la comptabilité budgétaire en supprimant le budget extraordinaire des Travaux publics. Il conserve encore ceux de la Guerre et de la Marine, réduits toutefois à 100 millions de francs.

Mais le budget ordinaire, dont nous donnons ci-contre le projet détaillé (second tableau), ne représente pas le total de ce que nous coûte notre administration.

78

DEUXIÈME TABLEAU. — DÉTAIL DU BUDGET ORDINAIRE DES DÉPENSES DE L'EXERCICE 1888.

MINISTÈRES ET SERVICES.			MONTANT des crédits demandés.
1re Partie. — Dette publique. — Ministère des finances..........................francs.			1,337,275,671
2e Partie. — Pouvoirs publics. — Ministère des finances........................			13,257,360
Justice..			37,369,901 f
Affaires étrangères....	Service ordinaire...............	13,678,600 f	44,304,900
	— des protectorats.........	30,626,300	
Intérieur et Cultes....	Service de l'Intérieur...........	71,533,259	124,786,197
	— du gouvt gl de l'Algérie .	7,509,375	
	— des cultes..............	45,743,563	
Finances..			16,856,605
Postes et télégraphes.......................................			1,998,058
Guerre.................	Service ordinaire...............	555,934,530 f	694,934,530
	Travaux extraordinaires	139,000,000	
Marine et Colonies....	Service marine.................	189,178,311	261,724,642
	Travaux extraordinaires........	30,705,000	
	Service colonial...............	41,841,331	
Instruction publique et beaux-arts.........	Service de l'instruction publique .	133,048,190	145,713,695
	— des beaux-arts.........	12,665,505	
Commerce et industrie			22,270,028
Agriculture..			23,473,470
Travaux publics	Service ordinaire	106,803,054 f	175,981,604
	Travaux extraordinaires........	69,178,550	
4e Partie. Frais de régie, de perception et d'exploitation des impôts et revenus publics.	Finances......................	185,138,211	332,602,737
	Affaires étrangères.............	60,000	
	Postes et télégraphes..........	131,324,323	
	Agriculture (forêts)...........	16,080,203	
5e Partie. Remboursements et restitutions, non-valeurs et primes.	Finances......................	12,707,340	20,555,340
	Intérieur.....................	4,000,000	
	Postes et télégraphes..........	3,798,000	
	Agriculture (forêts)	50,000	
Total général...................			3,253,104,738

3e Partie. Services généraux des ministères.

Un deuxième budget « des dépenses sur ressources spéciales », c'est-à-dire en grande partie alimenté par les centimes additionnels aux contributions directes, s'élève au modeste total de 475 millions de francs. Il s'applique aux dépenses des départements et des communes. Un troisième budget, « annexe et rattaché pour ordre au budget général », s'élève à 84 millions et comprend : les Monnaies, l'Imprimerie nationale, la Légion d'honneur, la Caisse des invalides de la marine, l'Ecole centrale des arts et manufactures, les Chemins de fer de l'État, la Caisse d'épargne nationale. Enfin, un quatrième budget des « Services spéciaux du Trésor » et dont l'existence séparée ne s'explique que par l'impuissance où l'on est de trouver dans nos ressources normales de quoi y faire face, comprend les sommes que le Trésor verse aux compagnies de chemins de fer français et algériens en vertu des garanties d'intérêt qu'il leur a octroyées. On arrive ainsi à compléter, à une fraction près, le quatrième milliard. Les crédits supplémentaires en cours d'exercice se chargeront de parfaire la différence. C'est-à-dire que si on plaçait des pièces d'un franc les unes à côté des autres tout autour de notre globe, suivant la ligne de l'équateur, il faudrait faire ainsi près de deux fois et demie le tour de la terre pour réunir la somme que nous dépensons du 1er janvier au 31 décembre de chaque année. Le beau collier que cela ferait à la vieille Cybèle ! En estimant à dix milliards les revenus de la France, ce qui est une évaluation large, car des économistes éminents en ont fixé le chiffre à huit et même sept milliards, on voit que 40 0/0 de nos revenus seraient dévorés par les dépenses publiques.

Examinons successivement les principaux chapitres, voyons quelle progression ils ont subie depuis vingt ans, demandons-nous s'ils sont susceptibles de réduction et dans quelle mesure.

Notre dette publique a triplé depuis 1870. En effet, avant l'emprunt de M. Magne, contracté en août 1870, le service annuel en exigeait moins de 400 millions de francs. Les deux emprunts de 1871 et 1872, dont le produit a servi à payer l'indemnité de guerre de cinq milliards, ont fait inscrire à notre Grand livre une annuité de 345 millions qui a été ramenée, en 1883, à 310 millions par la conversion du 5 0/0 en 4 1/2. En admettant qu'une somme égale à celle de la rançon payée aux Prussiens nous ait été indispensable pour réparer les dommages causés par la guerre, refaire notre matériel, construire des forteresses, remplir les arsenaux, il faudrait ajouter 300 millions d'intérêt aux 400 que nous payions avant 1870 et aux 300 qui proviennent des emprunts de libération du territoire, ce qui nous donnerait un total d'un milliard. C'est à peu près le chiffre de la rente que l'Angleterre paye à ses créanciers ; c'est, nous n'hésitons pas à le dire, celui qui devrait être le nôtre : nous aurions encore ainsi une dette double de celle de l'Italie, triple de celle des États-Unis d'Amérique, quadruple de celle de l'Allemagne, et encore celle-ci possède-t-elle un réseau de chemins de fer dont la valeur considérable doit être portée en déduction du total de sa dette et la ramène à un chiffre bien inférieur. Mais nous n'avons eu garde de nous en tenir à ce passif d'un milliard de rente : nous l'avons augmenté du tiers. Nous payons plus de 300 millions d'intérêt pour des capitaux empruntés depuis dix ans, sous les formes les plus diverses, 3 0/0 amortissable, 3 0/0 perpétuel, bons du Trésor à court et à long terme.

Ainsi se trouve réfutée, dès l'abord, l'erreur communément répandue, selon laquelle toute l'augmentation de notre dette proviendrait des désastres de 1870. Cela est vrai pour une partie, et tout aussi faux pour l'autre : au budget de 1870, le service de la dette publique et des dotations s'élevait à 526 millions ; il en absorbe aujourd'hui 1,337, dont nous donnons le détail au tableau n° 3.

TROISIÈME TABLEAU.

DETTE PUBLIQUE.

DETTE CONSOLIDÉE.

	Francs.
Rentes 4 1/2 p. 0/0 (nouveau fonds). (Loi et décret du 27 avril 1883.)....	305,540,359
Rentes 4 1/2 p. 0/0 (ancien fonds). (Décret du 14 mars 1852.)................................	37,432,534
Rentes 4 p. 0/0. (Loi du 19 juin 1828.)..........	446,096
Rentes 3 p. 0/0. (Loi et ordonnance du 1er mai 1825.)...	396,672,809
TOTAL..........	740,091,798

DETTE REMBOURSABLE A TERME OU PAR ANNUITÉS.

Intérêts et amortissement des obligations à court terme	54,256,502
Annuités d'amortissement et de reconstitution des capitaux affectés aux dépenses extraordinaires..	20,660,746
Intérêts des obligations du Trésor émises pour les garanties d'intérêt aux compagnies de chemins de fer.....................................	8,440,000
Rentes 3 p. 0/0 amortissables par annuités. (Loi du 11 juin 1878 ; décret du 16 juillet 1878.)....	141,901,385
Intérêts et amortissement des obligations trentenaires. (Lois des 23 juin 1857, 29 juin et 4 juillet 1861 ; loi du 29 décembre 1876 ; décret du 12 juin 1877.).............................	6,616,660
Intérêts et amortissement des obligations émises pour l'achèvement des chemins vicinaux et la construction des établissements scolaires. (Lois du 22 juillet 1885 (art. 5) et du 8 août 1885 (art. 16.).............................	10,437,000
Intérêts et amortissement de l'emprunt contracté par le Gouvernement sarde pour l'amélioration	
A reporter.........	242,312,293

Report..........	242,312,293
de l'établissement thermal d'Aix. (Décret du 20 octobre 1860 ; loi du 5 août 1874.)..........	36,000
Rachat de concession de canaux. (Lois des 28 juillet et 1ᵉʳ août 1860, et 20 mai 1863.)..........	3,064,608
Annuités aux compagnies de chemins de fer.....	33,227,416
Annuité à la compagnie algérienne.............	4,997,765
Annuités aux départements, aux villes et aux communes pour remboursement d'une partie des contributions extraordinaires et réparations des dommages résultant de la guerre..........	17,429,500
Annuités pour réparations des dommages causés par le génie militaire........................	1,841,500
Annuités de remboursement aux communes et aux départements des avances faites pour le casernement. (Loi du 4 août 1874.)................	5,241,000
Annuité à la compagnie des chemins de fer de l'Est. (Loi du 17 juin 1873.)................	20,500,000
Annuité de conversion de l'emprunt Morgan. (Loi du 31 mai 1875 ; décret du 5 juin 1875.).......	17,300,000
Redevance annuelle envers l'Espagne pour droit de dépaissance sur les deux versants de la frontière des Pyrénées...........................	20,000
Intérêts de la dette flottante du Trésor..........	25,675,000
Intérêts et capitaux de cautionnements. (Loi du 4 août 1844, art. 7.).......................	9,250,000
TOTAL de la dette remboursable à terme ou par annuités...........................	380,895,082

DETTE VIAGÈRE.

Pensions-civiles. (Loi du 22 août 1790.).........	1,180,000
Rentes viagères d'ancienne origine. (Loi du 23 floréal an II.).............................	1,685
Pensions de la Pairie et de l'ancien Sénat. (Loi du 4 juin 1814.)...........................	48,000
Pensions de donataires dépossédés. (Loi du 26 juillet 1821.)...........................	480,000
Pensions militaires de la guerre...............	91,200,000
Pensions militaires de la marine...............	28,500,000
A reporter..........	121,409,685

Report............	121,409,685
Secours aux pensionnaires de l'ancienne liste civile des rois Louis XVIII et Charles X. (Loi du 8 avril 1834.)......................	18,000
Pensions et indemnités viagères de retraite aux employés de l'ancienne liste civile et du domaine privé du roi Louis-Philippe. (Loi du 8 juillet 1852.)...............................	47,000
Pensions à titre de récompense nationale. (Loi du 13 juin 1850.).........................	164,000
Traitements viagers des membres de l'ordre de la Légion d'honneur et des médaillés militaires...	10,225,706
Pensions civiles. (Loi du 9 juin 1853.)...........	62,506,000
Pensions des grands fonctionnaires. (Loi du 17 juin 1856.)............................	138,000
Pensions ecclésiastiques sardes. (Convention internationale du 23 août 1860.)...............	25,400
Anciens dotataires du Mont-de-Milan. (Décret du 18 décembre 1861.)......................	252,000
Annuité à la Caisse des dépôts et consignations pour le service des pensions aux anciens militaires de la République et de l'Empire. (Loi du 5 mai 1869.)...........................	3,668,000
Annuité à la Caisse des dépôts et consignations pour le service des suppléments de pensions aux anciens militaires ou marins et à leurs veuves. (Loi du 18 août 1881.)......................	9,325,000
Indemnités viagères aux victimes du coup d'État du 2 décembre 1851. (Loi du 30 juillet 1881.)..	7,200,000
Pensions et indemnités de réforme de la magistrature. (Loi du 30 août 1883.).................	1,310,000
Total de la dette viagère.....	216,288,791
Total général du service de la dette publique.	1,337,275,671

C'est un fait qu'il importe d'avoir constamment présent à l'esprit, pour ne pas céder à la tentation de s'écrier que le mal est sans remède et que la nouvelle génération n'a fait que subir les conséquences des fautes de celle qui l'a précédée. Rien n'est plus inexact. Nos torts ont même été bien plus graves que ceux de nos pères, car ils sont nés uniquement de nos propres entraînements. Eux payèrent la rançon de la patrie. Nous, en véritables enfants prodigues, nous avons gaspillé nos ressources, et, ne trouvant pas à puiser assez selon notre gré dans le produit annuel des impôts, nous avons emprunté, à jet continu, comme de véritables fils de famille.

L'Assemblée nationale de 1871 n'avait cependant pas marchandé les ressources : elle avait courageusement voté, pour faire face aux dépenses de la guerre, pour 750 millions d'impôts nouveaux ; élevé de 28 0/0 les contributions directes, de 49 0/0 les contributions indirectes. Le poids de ces charges nouvelles ne se fit pas tout d'abord sentir aussi cruellement qu'il le méritait, à cause de l'ère de prospérité économique dans laquelle le pays entra après 1871 : ce phénomène est fréquent à la suite des grands cataclysmes qui ont arrêté la production pendant un temps plus ou moins long et détruit du même coup une quantité notable de richesse accumulée : il faut regagner ensuite le temps perdu et reconstituer les capitaux disparus. Mais, à la longue, la nation grevée aussi lourdement, ressent les fâcheux effets de ces impôts excessifs. Quel est le pays, par exemple, où les transports en grande vitesse supportent une taxation de 23 0/0 ? Tel est cependant le taux auquel, en 1871, fut porté chez nous cet impôt, qui était avant 1870 de 13 0/0.

Voilà donc la plus grosse de nos fautes financières, celle qui les résume toutes : nous nous sommes endettés en pleine paix de huit milliards, au lendemain d'une guerre qui, directement ou indirectement, nous en avait coûté autant. On peut, en effet, évaluer à 247 millions les arrérages de rente consolidée (142 en amortissable, 105 en perpétuelle), que nous payons aujourd'hui par suite d'emprunts contractés depuis 1878 et destinés à solder les comptes dits de liquidation de la guerre et à alimenter les travaux publics. Nous écrivons les comptes *dits* de liquidation parce qu'on a fini par les faire dévier de leur but primitif et par y inscrire un certain nombre de dépenses, qui, en bonne comptabilité, auraient dû figurer aux budgets ordinaires. Au taux de 4 0/0, qui est à peu près celui auquel nous avons obtenu de l'argent, cette annuité représente un capital effectif de plus de six milliards et demi, et, comme tous ces emprunts ont été émis en type 3 0/0, le capital nominal n'est pas inférieur à huit milliards.

Mais ce n'est là que le premier article de notre acte d'accusation. Longue est, malheureusement, la liste des griefs. Nous ne nous sommes pas contentés de dépenser ce capital considérable, provenant des ressources extraordinaires de l'emprunt ; en même temps que nous nous grevions à perpétuité, ou tout au moins pour soixante-quinze ans, lorsque nous empruntions en rente amortissable, de centaines de millions d'intérêt et de remboursement, nous inscrivions, parallèlement, au budget, des sommes annuelles de plus en plus considérables ; nous ne dévorions pas seulement le capital de nos emprunts ; nous ajoutions constamment des dépenses nouvelles à celles que nous considérions comme normales, l'année précédente. Nous avons ainsi grossi, sans relâche, les budgets de tous les ministères : parmi ceux-ci, il en est quatre qui ont eu la part du lion : la Guerre, la Marine, l'Instruction et les Travaux publics. Ce n'est pas à dire que les 45 millions absorbés par l'Agriculture et le Commerce soient à l'abri de toute critique. Mais les dépenses des quatre premières catégories sont tellement formidables en elles-mêmes et par rapport aux autres, que c'est à elles qu'il convient de nous arrêter tout d'abord.

CHAPITRE IV

INGÉNIEURS ET ARCHITECTES

Examinons en premier lieu la question des travaux publics.

Ceux-ci n'occupaient qu'une place bien modeste dans les premiers budgets du gouvernement parlementaire. De 1822 à 1830, le chiffre total des crédits de ce ministère varie de 30 à 38 millions, c'est-à-dire de 3 à 3 1/2 0/0 du budget général. Sous la monarchie de juillet, au début des chemins de fer, le budget des travaux publics s'accroît rapidement, et la place qu'il occupe dans les dépenses totales devient bien plus forte. En 1840, il est de 125 millions : 9,20 0/0 du budget général ; en 1845, de 184 millions : 12,40 0/0 du budget général. Sous l'Empire, la progression ne se poursuit pas : ce département ministériel ne réclame plus que 99, 100 et 125 millions en 1858, 1859 et 1860 ; c'est-à-dire

5,30, 4,55 et 6,05 0/0 du budget général. Ensuite, il y eut de nouveau un relèvement. Néanmoins en 1869 le budget des travaux publics n'était encore que de 177 millions, soit 8 0/0 du budget général, proportion inférieure du tiers à celle de 1845 [1].

Après la guerre franco-allemande, sous l'influence d'une politique qui tendait à restaurer nos finances par la sagesse et l'économie, le budget des travaux publics se réduit, en 1872 et 1873, à 142 et 145 millions : 4,80 et 4,65 0/0 du budget total. Puis il se relève jusqu'à atteindre :

En 1874.... 191 millions ; 6,43 0/0 du budget général.
   1875.... 196   —   6,50   —
   1876.... 218   —   7,10   —
   1877.... 233   —   7,40   —

Mais c'est en 1878 qui s'ouvre une ère nouvelle. A cette époque prospère, la France a ressaisi toute son ancienne confiance dans ses forces, au moins dans ses forces financières ; la facilité avec laquelle le pays a supporté ses nouvelles charges a été un

---

[1] Cependant l'Empire a été, en ce qui concerne les chemins de fer, une période capitale. Mais la plus grande partie de ces travaux s'est faite par les Compagnies, et n'a laissé de trace dans les budgets de l'Etat que par les garanties d'intérêt. Si l'on voulait comparer les prélèvements que les travaux publics ont fait, à différentes époques, sur l'épargne nationale, il faudrait ajouter aux emprunts de l'État ceux des grandes Compagnies. Nous ne croyons pas qu'on s'écarte beaucoup de la vérité en évaluant ces derniers à une moyenne de 300 millions par an, sous l'Empire.

sujet d'étonnement et d'admiration pour le monde ; les budgets se soldent chaque année par de plus gros excédants. Alors naît et se propage, parmi les hommes qui arrivent au gouvernement de nos destinées, cette idée singulière que plus un pays dépense, plus il devient riche, et qu'il suffit de semer des millions pour en recueillir. Quand les milliards de l'indemnité de guerre paraissent avoir apporté plus de prospérité au peuple qui les a payés qu'à celui qui les a reçus, quel développement nouveau de cette prospérité ne convient-il pas d'attendre d'autres milliards encore dépensés, mais cette fois en travaux publics ?

Cette confiance dans les ressources inépuisables de la France, était si générale à cette époque dans la plus grosse partie du public, que le gouvernement, lorsqu'il apporta, aux premiers jours de janvier 1878, comme un don de joyeux avènement fait à la jeune République, son programme grandiose des travaux, ne prit pas la peine de discuter les produits probables, ni de réfuter les objections possibles. Un énoncé clair et bref : 16,000 kilomètres de chemins de fer à construire pour porter de 21,000 à 37,000 kilomètres le réseau d'intérêt général ; nos rivières, nos canaux, nos ports à transformer : quatre milliards à dépenser [1]. Et

[1] *Journal officiel* du 2 et du 16 janvier 1878 : rapports du

l'effet produit sur le pays est si favorable, qu'en 1879 le programme, au lieu de se réduire, s'est considérablement agrandi [1]. Ce n'est plus à 37,000, c'est à 42,000 kilomètres qu'il s'agit de porter le réseau des chemins de fer d'intérêt général ; ce n'est plus quatre milliards à dépenser, c'est six milliards, dont trois milliards et demi pour chemins de fer à construire ; 7 à 800 millions pour chemins de fer rachetés ou à racheter ; un milliard pour les voies navigables ; 500 millions pour les ports. L'œuvre sera répartie sur une douzaine d'exercices, de 1878 à 1890 ; la dépense annuelle, en dehors des dépenses courantes et des travaux ordinaires, sera donc d'environ 500 millions.

Qu'aurait pensé l'administrateur prudent et sage des premiers budgets de la troisième république, qu'aurait dit M. Thiers, s'il avait vécu à cette époque ? Mais, parmi les hommes politiques d'alors, aucune voix autorisée ne se fit entendre pour protester contre ce système de prodigalité publique. Les budgets des travaux publics s'élevèrent [2] :

Ministre des Travaux Publics, M. de Freycinet, au Président de la République.

[1] *Journal officiel* du 31 décembre 1879. Rapport de M. de Freycinet au Président de la République.

[2] Ces chiffres, comme ceux que nous avons cités pour les périodes antérieures, ont été extraits des *Budgets de la France*

En 1878...à 542 millions 15,40 0/0 du budget général.
   1879.... 409   —   11,50   —
   1880.... 512   —   13,60   —
   1881.... 718   —   18,80   —
   1882.... 581   —   15,60   —

Il en est de la machine gouvernementale comme
des machines motrices ; tout changement brusque
dans les allures, dans la vitesse des organes et
dans la grandeur du travail exigé se traduit inévi-
tablement par des chocs et des déperditions de
forces, qui diminuent le rendement économique de
l'outil. Cette brusque augmentation des travaux de
l'État comportait de multiples difficultés ; et dans
l'effort pour les vaincre, les conditions régulières
et normales d'une bonne administration furent
modifiées et faussées. Le but ne fut plus tant de
produire que de dépenser. Ce ne fut plus l'argent
qu'on ménagea aux agents techniques : ce fut le
temps, nécessaire pour l'étude des projets. Les
conceptions les moins approfondies et les plus hâti-
vement improvisées furent trop souvent acceptées,
si elles entraînaient avec elles une dépense immédiate. Toutes les précautions de langage que les
ministres des époques précédentes employaient

depuis le commencement du xixe siècle, par M. Ch. Nicolas,
ingénieur des Ponts-et-Chaussées, reproduits dans le *Bulletin du
Ministère des Travaux Publics* (numéro de décembre 1883).

pour solliciter des crédits, on les mit en usage pour se justifier devant les Chambres de ne pas dépenser encore plus, et encore plus vite [1].

Cependant l'heure était proche où d'inévitables nécessités allaient se mettre en travers d'une œuvre démesurée. Le grand mouvement d'industrie et de production qui avait naturellement suivi la guerre, une administration sage et prudente, et aussi le concours fortuit de circonstances favorables avaient pu, pendant quelques années prospères, dérober au pays le sentiment des charges nouvelles qu'avaient entraînées nos désastres. Ces charges existaient, plus grandes qu'aucun peuple ne les a jamais supportées ; et quand, au lieu de les restreindre, l'État en assumait de nouvelles, sans compensation immédiate, le poids devenait trop lourd.

Il est bien difficile de discerner, dans la période des déficits budgétaires qui a succédé à celle des excédants, la part qui revient à une crise temporaire, et ce qui n'est que le retour normal à un état d'équilibre stable après un temps de production excessive. Quoi qu'il en soit, dès 1883, la confiance du Gouvernement dans l'excellence de son œuvre, en matière de travaux publics, et dans la possibilité de la réaliser, était singulièrement

---

[1] Voir le discours prononcé le 9 juillet 1880 devant la Chambre des Députés, par M. Varroy, Ministre des Travaux Publics.

amoindrie ; et les conventions signées par lui cette
année-là avec les grandes Compagnies de chemins
de fer, marquent déjà un commencement d'évolu-
tion en sens inverse. Ce n'est pas qu'on ne con-
servât dans le programme nouveau la plus grande
partie des lignes de chemins de fer récemment classées [1]. Mais l'État, par une reconnaissance implicite
des embarras qui menaçaient son crédit, se substi-
tuait les Compagnies comme agents d'exécution et
comme bailleurs de fonds ; et, par une reconnaissance non moins claire de l'improductivité du nouveau réseau, cédait gratuitement les lignes ache--
vées ou commencées. Même dans ces conditions,
les Compagnies ne consentaient à terminer le nouveau réseau qu'en laissant au compte de l'État les
quatre cinquièmes environ de la dépense qui
restait à faire ; elles n'en assumaient l'exploitation
que moyennant des clauses qui préservaient de
tout aléa leurs actionnaires et leurs obligataires.
Enfin un nouvel exemple de ces variations brus-
ques, dont nous parlions plus haut, et qu'il importe

---

[1] Aux termes des conventions, la longueur totale des réseaux
des six grandes Compagnies, qui n'était que de 23,000 kilomètres,
se trouvait portée, tant par les concessions définitives qu'éventuelles, à 35,334 kilomètres. Si l'on ajoute 2,500 pour le réseau
d'État, on obtient 37,834 kilomètres. C'est un peu plus de la longueur indiquée par M. de Freycinet en 1878 ; mais notablement
moins que celle qu'il indiquait en 1879.

tant d'éviter, se produisait dans la machine gouvernementale : par suite de l'abandon aux Compagnies de la plus grande partie des travaux à faire, le personnel considérable que l'État avait réuni pour ces travaux, et dont le ministre faisait, non sans quelque fierté, la longue énumération[1] devant la Chambre des Députés, allait rester sans emploi.

Certes il serait injuste d'imputer au législateur de 1883 la responsabilité des charges que les conventions entraînaient pour l'État ; car il ne faisait que liquider une situation mauvaise, qu'il n'avait pas créée. Mais le mal dont souffraient nos finances, et qui, pour le grand nombre des optimistes, était encore latent en 1883, allait empirer rapidement, et devenir si aigu, que les esprits les moins clairvoyants en seraient convaincus et effrayés. La diminution des recettes budgétaires, coïncidant avec l'augmentation des dépenses, aboutissait à des déficits considérables, qui s'accumulaient, la dette augmentait chaque année d'un demi-milliard ; le pays, déjà paralysé dans sa con-

---

[1] « Pour les chemins de fer construits par l'État, il y a 72 ser- » vices d'ingénieurs en chef organisés, 238 services d'ingénieurs » ordinaires, et sous leurs ordres, ces agents si dévoués, si » modestes et si méritants, les conducteurs des ponts-et-chaus- » sées et les chefs ou sous-chefs de section, au nombre de 1,400 » à 1,500. » Discours de M. Varroy, Ministre des Travaux publics, 9 juillet 1880.

currence commerciale et industrielle avec les autres nations par l'énormité de ses charges, apercevait avec crainte la probabilité de nouveaux impôts. Alors un grand revirement se produisit dans le public et parmi les hommes politiques, qui suivent l'opinion plus qu'ils ne la dirigent. Il fut admis que les ressources de la France ne sont pas inépuisables, que toutes les dépenses publiques ne sont pas productives, et que l'État doit faire des économies dans le présent, pour ne pas faire banqueroute plus tard. Ces prémisses posées, il ne reste que le plus difficile à accomplir : trouver les économies. Mais comme les travaux publics ont été une des branches où s'est épanouie le plus largement l'exagération des dépenses, il est naturel de chercher de ce côté les plus grandes réductions à opérer.

A quelle période d'avancement se trouve le programme grandiose, dont le ministre évaluait la dépense à six milliards ? Quel jugement les résultats déjà obtenus permettent-ils de porter sur ce qui reste à faire ? C'est ce que nous allons chercher à élucider brièvement.

D'après les comptes publiés par le ministère des Travaux publics, les dépenses faites au 31 décembre 1882, pour l'exécution du grand programme de chemins de fer, s'établissaient comme suit [1] :

[1] *Bulletin du Ministère des Travaux publics*, mai 1883.

	LONGUEUR.	DÉPENSES.
	kilomètres.	millions.
I. Lignes concédées aux Compagnies (avant 1883)[1] et dont l'État faisait l'infrastructure..	874	194
II. Lignes rachetées que l'État avait à construire ou à parachever.	1,349	208
III. Lignes entreprises directement par l'État...................	5,661	559
Total..............	7,854	961

non compris 258 millions pour le rachat des chemins de fer secondaires en 1878, ce qui porterait à 1,200 millions environ les déboursés de l'État, à la fin de 1882[2].

Bien que les crédits ouverts sur l'exercice 1883, pour travaux de chemins de fer à exécuter par l'État s'élèvent à 280 millions, il s'en faut de beaucoup que toute cette somme ait été dépensée. Dans les comptes publiés par le ministère des Travaux publics, et arrêtés à la fin du premier semestre 1884[3], on retrouve les lignes qui figuraient dans

---

[1] Ces différentes lignes ont été rachetées par l'État en vertu de la loi du 18 mai 1878. Dans le chiffre des dépenses est comprise la valeur des travaux exécutés ou des terrains acquis par les anciennes compagnies concessionnaires antérieurement au rachat, valeur qui s'élève à 30,500,000 francs.

[2] Pendant la même période les Compagnies avaient à leur compte environ 2,100 kilomètres en construction, sur lesquels elles avaient dépensé 388 millions au 31 décembre 1882.

[3] *Bulletin du Ministère*, janvier 1885.

PÉRIL.   7

les comptes de 1883, à l'exception de celles qui, étant terminées, ont été livrées à l'exploitation. D'après ces comptes, la dépense d'établissement des lignes en construction ne se serait augmentée, du 31 décembre 1882 à la fin du premier semestre de 1884, que de 200 millions au plus. On peut donc fixer approximativement à 1,400 millions, les sommes dépensées directement par l'État pour la construction des chemins de fer, depuis le commencement de 1878 jusqu'à la fin du premier semestre de 1884 [1].

Depuis cette époque, jusqu'à la fin de 1886, l'État n'a pas dépensé, au moyen des fonds du budget affectés à la construction des chemins de fer, plus de 100 millions. Quant aux travaux faits, soit par les Compagnies pour le compte de l'État, soit par l'État au moyen des avances faites par les Compagnies, les chiffres autorisés par les lois de finances de 1884, 1885 et 1886, indiqueraient une moyenne de 190 millions par an. Mais ces chiffres sont des

---

[1] Suivant une remarque que nous avons déjà formulée plus haut, il faudrait ajouter à la somme dépensée pendant cette période par l'État, celle qu'ont dépensée pour leur compte les grandes Compagnies, si l'on voulait connaître le total des prélèvements faits sur l'épargne publique pour l'agrandissement du réseau des chemins de fer d'intérêt général. La somme des dépenses d'établissement de nouvelles lignes, faite par les Compagnies pour leur compte de 1878 à 1884 peut être évaluée approximativement à un milliard, plus 300 millions de subventions de l'État.

maxima, qui, pensons-nous, sont loin d'avoir été atteints. Il est probable que l'annuité de 9,476,000 francs prévue au budget de 1887 sous la rubrique : *Annuités aux compagnies concessionnaires de chemins de fer (conventions nouvelles approuvées par les lois du 20 novembre 1883) : 9,476,400 francs,* correspond à un capital d'environ 250 millions, avancé ou dépensé par les compagnies.

On ne s'écartera donc pas beaucoup de la vérité en fixant à 1750 millions ce que coûte à l'État, au 31 décembre 1886, l'exécution du programme de 1878, en ce qui concerne les chemins de fer.

Quant au résultat obtenu, il consiste d'abord dans la constitution du réseau de l'État, qui date de 1878, et qui, en 1886, avait 2,500 kilomètres de lignes en exploitation. Les recettes prévues au budget de 1887 sont de 32 millions ; les dépenses, non compris 2,285,000 francs de travaux complémentaires, laissaient un excédant de recettes de 4,881,000 francs. Le coût du réseau, y compris les subventions accordées par l'État aux anciennes compagnies concessionnaires, s'élevait, à la fin de 1883, à 595 millions. Si l'on y ajoute environ 30 millions dépensés en 1884, 1885 et 1886, on arrive à un total de 625 millions, qui représente exactement une moyenne de 250,000 francs par kilomètre exploité. Le bénéfice que laisse l'exploitation, constitue une bien faible rémunération pour ce capital, 0,80 0/0 environ. Cependant, si modeste que soit ce résultat, il faut considérer que c'est encore le moins mauvais du programme de 1878 Car, dans son ensemble, le réseau de l'État, fait des anciennes concessions des Charentes, de la Vendée, de l'Orléans-Rouen, et de l'Orléans-Châlons, répond à des besoins incomparablement plus réels que la grande majorité des lignes classées ultérieurement.

C'est à ces dernières que nous arrivons maintenant. Les conventions de 1883 en ont fait entrer la plus grande part dans le réseau des grandes compagnies. Comme la cession en a été gratuite, c'est dire que l'État renonçait à tirer aucune rémunération du capital dépensé. Mais ces dons du gouvernement ont-ils beaucoup accru la fortune des compagnies ?

Pour l'année 1878, la longueur exploitée des six réseaux, la dépense d'établissement et les conditions d'exploitation sont résumées par le tableau suivant [1] :

---

[1] *Bulletin du Ministère des Travaux Publics*, janvier, février et mars 1880.

DÉSIGNATION.	LONGUEUR exploitée en kilomètres.	SUBVENTIONS de l'État en argent ou en travaux.	DÉPENSES des Compagnies.	CAPITAL total engagé.	PRODUITS nets.	INTÉRÊT du capital représenté par le produit net.
		millions.	millions.	millions.	millions	
Est.....	2,268	135,6	929,2	1,065	42	4 0/0
Midi ...	2,224	185,4	711,2	897	35,4	4
Nord ...	1,619	2,4	- 820	822	71,7	8,7
Orléans .	4,327	350,8	1,332	1,683	81,4	4,84
Ouest...	2,676	194	1,093	1,287	47,5	4
P.-L.-M.	5 603	430,6	2 663,9	3,095	165,4	5,30
Totaux et moyennes.	18.717	1,298,8	7,549,3	8,849	443,4	5 0/0

Pour l'année 1883, le même tableau, dressé sans faire mention de 574 kilomètres de lignes exploitées au compte de premier établissement, et sans être soumis encore à l'effet des conventions, donne [1] :

		millions.	millions.	millions.	millions.	
Est.....	3,347	253,3	1,073	1,326	54,9	4
Midi....	2,362	215,9	775,6	994	47,9	4,83
Nord ...	2,068	27,2	1,039	1,066	78,4	7,35
Orléans .	4,362	292,9	1.377,9	1,736	92,9	5,35
Ouest...	2,896	358,6	1,187,8	1,481	64,6	4,16
P.-L.-M.	6,576	476,8	3,070	3,547	168	4,73
Totaux et moyennes.	21,644	1,624,7	8,523,3	10,147	500,7	4,93

[1] *Bulletin du Ministère des Travaux Publics*, avril et mai 1885.

On voit qu'avec des changements assez notables
pour les divers réseaux, la productivité moyenne
de l'ensemble, relativement à la somme des capitaux engagés est très sensiblement restée la même,
et représente, à peu de chose près, une rémunération moyenne de 5 0/0.

Or, en 1886, après les conventions, cette situation
s'est gravement modifiée. D'abord, les lignes placées en dehors du réseau principal et exploitées au
compte de premier établissement[1], qui, en 1883,
ne représentaient qu'une longueur totale inférieure
à 3 0/0 du réseau principal, et que, par conséquent,
on pouvait négliger sans fausser notablement les
résultats obtenus, ont acquis un développement
énorme. Il y en a en 1886, pour les six réseaux,
4,138 kilomètres ; soit 17 0/0 du réseau principal,
dont la longueur est de 23,951 kilomètres.

Si l'on considère la totalité des lignes exploitées,
la longueur du réseau des six grandes compagnies
est maintenant de 28,089 kilomètres. Le capital
dépensé, tant par l'État que par les compagnies,
pour cette augmentation de plus de 6,000 kilomètres depuis 1883, est assez difficile à calculer

---

[1] Les Compagnies ont le droit, en vertu des conventions, de
porter au compte de premier établissement les sommes qui font
défaut, dans les produits des lignes concédées depuis 1875, pour
faire le service des capitaux qu'elles ont réellement déboursés
pour ces lignes.

exactement, à cause des lignes cédées ou échangées en 1883 ; mais on s'écartera peu de la vérité, en admettant une augmentation de capital de 250,000 fr. par kilomètre de ligne nouvelle. C'est une moyenne entre le prix très peu élevé des lignes secondaires, rachetées par la compagnie du Nord, et celui de certaines lignes construites à très grands frais par l'État, notamment dans le centre et le midi de la France. En admettant ce principe, la dépense d'établissement des six réseaux, qui, en 1883, était de 10,148 millions, se trouverait portée, en 1886, à 11,769 millions. Or, le produit net, qui, en 1883, était de 500 millions de francs, s'est abaissé, en 1886, à 469 millions.

Les chiffres du tableau ci-contre sont extraits des rapports publiés pour 1886 par les six grandes compagnies. Ils indiquent la longueur moyenne exploitée, les produits de l'exploitation, déduction faite de l'impôt sur la grande vitesse, les dépenses de l'exploitation, non compris le remboursement à l'Etat des recettes perçues pour ce même impôt. Cette statistique fait clairement ressortir la stérilité de toutes les nouvelles lignes, puisque les seules dépenses de leur exploitation en absorbent et au delà le produit : c'est donc bien la charge du milliard et demi de capital qu'elles représentent qui a fait baisser la productivité du réseau.

DÉSIGNATION DES RÉSEAUX.	LONGUEUR moyenne exploitée.			PRODUITS de l'exploitation déduction faite de l'impôt sur la grande vitesse.			DÉPENSES de l'exploitation non compris le remboursement à l'Etat des recettes perçues pour l'impôt sur la grande vitesse.			PRODUIT net.		
	au compte de garantie.	au compte de 1er établ.	totale.	compte de garantie.	compte de 1er établ.	totaux.	compte de garantie.	compte de 1er établ.	totales.	compte de garantie.	compte de 1er établ.	total.
	kil.	kil.	kil.	millions de francs.			millions de francs.			millions de francs.		
Est......	3,500	784	4,284	123	4,43	127,5	74,4	4,6	79	48,5	—0,166	48,5
Midi.....	2,506	106	2,612	82,5	0,35	83	46,8	0,73	47,5	35	—0,376	35
Nord.....	3,490	»	3,490	162	»	162	74,5	»	74,5	87,5	»	87,5
Orléans...	5,072	590	5,662	163,5	2,60	166	87,8	3,2	94	75,5	—0,634	75
Ouest	3,710	597	4,307	130	3,67	134	72,6	4,4	77	57,8	—0,767	57
P.-L.-M..	5,673	2,064	7,734	286	18	304	121	16,5	137,5	165	+1,5	166,5
Totaux ..	23,951	4,138	28,089	947,5	29,05	976,5	477,1	29,5	506,5	469,3	—0,45	470

La rémunération du capital engagé, qui, en 1883, était à peu près égale à 5 0/0, est donc devenue, en 1886, inférieure à 4 0/0. C'est une diminution d'un cinquième dans le rendement financier de cette partie très importante du capital national.

Si, pour mieux mettre en lumière ce qui concerne les dernières concessions, on considère, à part les lignes portées par les grandes compagnies au compte de premier établissement, on obtient les résultats qu'indique le tableau suivant :

LIGNES PORTÉES AU COMPTE DE PREMIER ÉTABLISSEMENT.

DÉSIGNATION des Compagnies.	LONGUEUR moyenne exploitée en 1886.	RECETTES d'exploitation impôt déduit.	DÉPENSES d'exploitation.	EXCÉDANT	
				des recettes sur les dépenses.	des dépenses sur les recettes.
	k.	f.			
Est......	784	4,431,000	4,597,000	»	166,000
Midi	106	351,000	727,000	»	376,000
Nord....	»	»	»	»	»
Orléans ..	590	2,600,000	3,231,000	»	631,000
Ouest ...	597	3,667,000	4,434,000	»	767,000
P.-L.-M..	2,061	18 000,000	16,500,000	1,500,000	»
Totaux ..	4,138	29,049,000	29,489,000	»	1,940,000

Il n'y a d'excédant des recettes d'exploitation sur les dépenses qu'au Paris-Lyon-Méditerranée [1].

[1] Cette situation particulière du P.-L.-M. et la grande lon-

Pour l'Ouest, l'Orléans, et surtout le Midi, l'excédant des dépenses sur les recettes d'exploitation est très considérable. Pour le Midi, la dépense est plus que double de la recette En somme, il y a perte ; de sorte que non seulement le capital de plus d'un milliard que représentent ces 4,138 kilomètres ne rapporte rien, mais encore il y a à couvrir un déficit d'exploitation.

Actuellement, bien qu'une partie importante des capitaux engagés dans l'établissement des six grands réseaux ait été gratuitement fournie par l'État aux compagnies, en argent ou en travaux, il s'en faut d'au moins cent millions que les produits de toutes les lignes en exploitation suffisent à faire le service des obligations, et à fournir aux actions les divi-

gueur du réseau portée au compte de premier établissement par cette Compagnie appellent la remarque suivante. Les Compagnies de l'Est, du Midi, de l'Orléans et de l'Ouest, dont les dividendes sont absolument garantis par l'État, n'ont pas grand intérêt à user de la faculté qui leur est accordée de porter au compte de premier établissement, leurs insuffisances d'exploitation. La Compagnie de P.-L.-M., au contraire, n'a qu'une garantie d'intérêt limitée : comme il pourrait arriver que, dans une mauvaise année, cette garantie ne suffît pas pour maintenir le dividende, la Compagnie a un intérêt réel à ne charger son exploitation d'aucune des insuffisances qu'elle peut légalement reporter au compte de premier établissement. De là vient que, tandis que l'Est, le Midi, l'Orléans et l'Ouest n'usent de cette faculté que pour une partie des lignes auxquelles elle pourrait s'appliquer, et pour les plus récentes, c'est-à-dire pour les plus mauvaises, le P.-L.-M. en use pour une énorme longueur de 2,061 kilomètres, qui comprend des lignes ouvertes depuis longtemps et qui ont quelque fréquentation.

dendes réservés par les conventions. Sur ce déficit, qui est de plus de 20 0/0 du produit net, 71 millions environ sont réclamés à l'État pour 1886 (sans parler des chemins de fer algériens), à titre de garantie d'intérêt [1] ; le reste a été porté par les Compagnies à leur compte de premier établissement.

Cet état, si onéreux pour le Trésor, va malheureusement s'aggraver par la continuation des travaux improductifs. Nous avons dit qu'aux termes des conventions de 1883 la longueur définitive des six réseaux est fixée à 35,334 kilomètres. Si même on en défalque 2,600 kilomètres de concessions éventuelles ou non dénommées que probablement on aura la sagesse de laisser dans le néant, la longueur totale des six réseaux reste encore fixée à 33,734 kilomètres, soit 5,700 de plus que la longueur exploitée en 1886. Une grande partie de ces nouvelles lignes est déjà en cours d'exécution ; il faudra bien les achever et les exploiter , et la productivité moyenne de notre réseau diminuera encore, à peu

---

[1] Les garanties d'intérêts afférentes à 1886 sont :

Est	11,007,000 fr.
Midi	15,657,000
Nord	»
Orléans	19,518,000
Ouest	13,369,000
Paris-Lyon-Méditerranée	11,183,000
Total	70,734,000 fr.

près dans la même proportion que sa longueur s'augmentera.

Le chiffre annuel des garanties d'intérêt ne s'élèvera pas beaucoup, puisque les Compagnies porteront au compte de premier établissement les insuffisances d'exploitation [1] ; mais comme le remboursement des avances faites par l'État aux Compagnies ne pourra commencer que quand il n'y aura plus d'insuffisances à porter au compte de premier établissement, ce remboursement sera ajourné jusqu'à une époque indéfiniment éloignée [2].

Le parti à prendre, dans une pareille situation, c'est de ne plus engager, sauf circonstances exceptionnelles, la construction des lignes concédées et non commencées, et de faire celles dont la construction s'imposera avec plus d'économie que les précédentes. En effet, s'il est soutenable que des régions pauvres, montagneuses, placées en dehors des grands mouvements commerciaux, aient en bonne justice le droit de réclamer à la nation un mode de transport rapide et économique, parce

---

[1] La faculté de report des insuffisances au compte de premier établissement doit durer jusqu'à l'achèvement des concessions nouvelles La durée probable avait été fixée à dix ans à partir de 1883, mais sera vraisemblablement prorogée.

[2] Ce n'est écrit dans aucun texte ; mais le bon sens indique que les Compagnies ne peuvent commencer à rembourser l'État au moyen des produits de leur exploitation que quand elles auront cessé d'emprunter auprès du public pour parfaire les insuffisances de ces produits.

qu'elles ont elles-mêmes, de leurs maigres deniers, contribué aux chemins de fer que l'État a faits ou subventionnés dans les régions plus riches, il n'est pas admissible que les chemins de fer destinés à ces directions d'infime trafic soient établis d'après le même type que les chemins réellement fréquentés. Or, s'y l'on n'y prend garde, ces lignes des pays montagneux et pauvres, comme dans le massif central, coûtent plus cher que les lignes des pays riches. Qu'on exécute ce qui reste à faire en voies étroites, ou même en voies posées sur route, et qu'on réduise ainsi au strict minimum ces dépenses qui ne doivent rien rapporter[1].

En fait de construction, la sagesse qu'on aura maintenant aura le défaut d'être tardive. Mais au moins la question de l'exploitation est-elle encore entière. Si on a eu le tort de faire pour quelques bergers et pour leurs troupeaux des lignes où pourrait passer le trafic de Paris à Lyon, rien ne force de les exploiter avec les mêmes machines, le même matériel, et la même composition de trains que les grandes artères. Dans la plupart des cas on aurait dû faire un tramway à vapeur au lieu d'un chemin de fer ; mais maintenant il ne reste plus, pour

---

[1] L'État et les Compagnies sont déjà entrées dans cet ordre d'idées en admettant la voie étroite pour le réseau de Carhaix (Ouest) et pour diverses lignes concédées, à titre d'intérêt général, dans le massif central.

éviter une faute nouvelle, qu'à exploiter le chemin de fer comme un tramway [1].

Bien que nous n'ayons pas de plaisir à chercher des exemples dans l'administration allemande, il peut être utile de mettre, à la suite des détails que nous venons de donner, un aperçu du développement qu'a suivi pendant la même période l'exploitation des chemins de fer allemands.

Les chiffres ci-après s'appliquent à la totalité des chemins de fer allemands, déduction faite des lignes industrielles [2].

ANNÉES	LONGUEUR en exploitation à la fin de l'année.	DÉPENSES de premier établissement.	RECETTES brutes totales.	DÉPENSES totales d'exploitation.	PRODUIT net.	RAPPORT du produit net au capital d'établissement.
		en millions de francs.				p. 0/0.
1874	25.498	7.700	990	630	360	4.71
1875	27.984	8.500	1.050	660	390	4.68
1876	29.346	9.300	1.070	660	410	4.45
1877	30.729	9.900	1.060	650	410	4.26
1878	31.504	11.090	1.060	630	430	4.25
1879	33.322	10.800	1.080	630	450	4.28

[1] L'Administration des chemins de fer de l'État en Belgique, vient de faire des réformes dans ce sens par l'organisation de trains légers, à personnel réduit. Le Nord et l'Ouest, en France, ont aussi adopté, à titre d'essai, le système des trains-tramways, qui semble appelé à beaucoup d'avenir.

[2] D'après l'annuaire statistique de l'Empire allemand. Voir *Bulletin du Ministère des Travaux Publics de France*, mars 1883.

En 1883-1884[1] le réseau des chemins de fer exploités en Allemagne comprend[2] (réseau de l'Etat, des chemins concédés exploités par l'Etat et des compagnies particulières) :

	RÉSEAU de l'État.	CHEMINS CONCÉDÉS.		ENSEMBLE.
		Exploités par l'État.	Exploités par les Compagnies.	
	kil.			
Longueur totale exploitée à la fin de l'année........	30,212	650	5,190	36,052
Lignes d'intérêt général..........	25,974	566	3,998	30,538
Lignes d'intér. local.	4,075	82	1,129	5,286
Longueur à une voie.	20,517	1,650	4,045	25,212
Longueur à 2 voies ou plus........	9,526	»	1,080	10,606
Longueur moyenne exploitée pendant l'année........	29,861	650	5,031	35,542

Le capital d'établissement se compose de :

	milliers de francs.			
Emprunts de l'État.	9,628,757	»	3,735	9,632,492
Ressources extraordinaires	744,271	»	277	744,548
Actions et obligations...........	102,574	189,301	1,040,534	1,332,409
Dette flottante.....	4,444	798	97,152	102,394
Dépense de{ totale .	10,492,612	190,098	1,141,698	11,824,408
1er établ. { par kil.	349,7	293,2	223,3	330,3

[1] Depuis quelques années, l'exercice budgétaire en Allemagne court du 1er avril au 31 mars.

[2] *Statistik der im Betriebe befindlichen Eisenbahnen Deutschlands*; Berlin, 1885.

Les résultats de l'exploitation sont :

	RÉSEAU de l'État.	CHEMINS CONCÉDÉS		ENSEMBLE.
		Exploité par l'État.	Exploité par les Compagnies.	
		milliers de francs.		
Recettes des voyageurs et bagages.	289,985	3,509	34,574	328,067
Recettes des marchandises.......	762,902	11,502	76,027	850,431
Recettes diverses ..	66,944	1,285	8,911	77,142
Recettes totales ...	1,119,831	16,296	119,512	1,255,640
Dépenses de l'exploitation	641,815	9,754	69,367	720,935
Produit net.......	478,016	6,542	50,145	534,705

Le produit net de l'ensemble du réseau allemand étant de 534 millions et le capital de premier établissement 11,824 millions, la rémunération moyenne du capital dépensé est de 4,52 0/0.

Le produit net se répartit de la manière suivante :

Milliers de francs.

Intérêt des emprunts...............	41,469
Amortissement des emprunts......	6,347
Impôt sur le produit net..........	1,452
Amortissement des actions........	3,747
Dividendes......................	38,253
Versement aux caisses du Trésor...	443,438

Ce dernier versement représente 4 1/2 0/0 des sommes dépensées par l'État.

Il ressort de ces chiffres qu'avant 1878 le réseau des chemins de fer français se trouvait dans de meilleures conditions de rendement que le réseau allemand, mais que le résultat de la comparaison est maintenant inverse, parce que l'État allemand n'a pas, comme l'État français, avili, dans ces dernières années, le rendement de ses chemins de fer par la construction de lignes improductives. Il en résulte que l'exploitation allemande peut se faire à des conditions de tarifs un peu plus avantageuses pour le public que celles de l'exploitation française[1], sans que le Trésor allemand consente aucun sacrifice, tandis que le Trésor français est maintenant obéré par la charge des emprunts qu'il a contractés pour les chemins de fer et par celle des garanties d'intérêt.

Voilà ce qu'il en a coûté de s'être imaginé qu'il

---

[1] Le produit moyen, par kilomètre parcouru sur le réseau allemand, en 1883-1884, a été :

	Centimes.
Pour un voyageur.............	4,29
Pour une tonne de marchandise.	5,24

Et en 1883 sur le réseau français concédé :

Voyageur............	4,82
Marchandise.........	5,73

Et sur le réseau d'État français, qui ne représente qu'environ 9 0/0 du réseau total :

Voyageur............	3,73
Marchandise.........	5,49

(*Bulletin du Ministère des Travaux Publics.*)

suffisait de décréter des chemins de fer, des ports, des canaux pour enrichir le pays. On est parti de ce principe que toute construction est utile, sans se préoccuper ni du prix de revient ni du profit direct ou indirect que les populations pourraient en retirer ; on a décrété dans tous les départements à la fois des lignes coûteuses, d'une exécution difficile, d'un rapport nul, mais qui servaient de hochet et d'apparat électoral. L'État commença par construire directement, puis, effrayé par les charges et les responsabilités de ces travaux, il s'adressa aux grandes compagnies. Mais comme celles-ci n'auraient jamais consenti à ruiner leurs actionnaires et à compromettre le gage de leurs obligataires en engouffrant des capitaux dans cette entreprise, il obtint simplement d'elles qu'elles lui avanceraient le coût de la construction des lignes nouvelles, qu'il assumait presque en entier.

Les compagnies se bornèrent généralement à contribuer pour 25,000 francs par kilomètre, c'est-à-dire pour un dixième environ au coût de la construction et à fournir le matériel roulant. Tel fut l'objet principal des célèbres conventions de 1883 intervenues entre le Ministre des Travaux Publics et les six grandes compagnies de chemins de fer. Celles-ci furent autorisées à porter au compte de premier établissement les insuffisances des lignes concédées depuis 1875 jusqu'à complet achèvement de l'ensemble de ces lignes et, en outre, à payer à leurs actionnaires, en tout cas et quelles que dussent être leurs recettes, des dividendes considérables, variant entre 7 et 13 0/0, avant d'employer quoi que ce soit de leurs excédants à atténuer les charges provenant de l'exploitation de leurs nouvelles lignes. Les administrateurs de ces compagnies avaient mieux prévu l'avenir que l'autre partie contractante, puisqu'ils ne lui promirent le partage des bénéfices qu'à partir d'un chiffre de dividende qui n'a encore jamais été atteint depuis et qui ne paraît pas devoir l'être avant longtemps.

Si l'on additionne aujourd'hui toutes les recettes brutes des chemins français, qu'on en déduise les frais d'exploitation et le service des emprunts, on verra que le surplus représente 4,40 0/0 du capital nominal actions [1], et encore convient-il de rappeler deux circonstances qui font que les compagnies n'ont à rémunérer qu'une partie du capital véritablement employé dans leurs lignes : elles ont tout d'abord reçu de l'Etat des sommes d'argent considérables, à titre de subventions à fonds perdu ; et, en second lieu, elles ont dans leur

---

[1] Nous ne tenons pas compte des actions amorties et remplacées par des actions de jouissance.

domaine un certain nombre de lignes construites par l'État et que celui-ci leur a abandonnées à titre entièrement gratuit.

Le tableau suivant résume les principaux éléments de la question :

COMPAGNIES.	CAPITAL ACTIONS[1].	PRODUITS de l'exploitation.	CHARGES du capital obligations, emprunts.	DÉPENSES d'exploitation.	TOTAL des charges et dépenses.	EXCÉDANT des recettes.	INSUFFISANCE des recettes.	DIVIDENDES distribués.
	millions.	millions.	mill.	millions.	millions.	mill.	mill.	millions.
Est..............	292	127,5	58	79	137		9,5	20,7
Midi.............	125	83	37	47,5	84,5		4,5	12,5
Nord.............	240	162	56	74,5	130,5	34		31
Orléans..........	300	166	64	94	152	44		34,5
Ouest...........	450	134	63	77	140		6	11,4
Paris-Lyon-Méditerr.	400	304	129	137,5	266,5	37		44
Totaux......	1,477	976,5	404	506,5	910,5	82	17	153,8

[1] L'amortissement des actions fonctionne pour toutes les compagnies, sauf le Paris-Lyon-Méditerranée.

Le calcul suivant donne des résultats un peu différents, parce que le tableau ci-contre ne fait pas entrer en ligne de compte les insuffisances des nouvelles lignes dont le déficit ne s'ajoute pas aux charges de l'exploitation. Mais la conclusion qui s'en dégage est analogue. Les six Compagnies ont distribué, pour 1886, en dividendes à leurs actionnaires un total de 154 millions de francs, soit 10,42 0/0 de leur capital actions. Elles ont eu recours à la garantie de l'État pour une somme de 71 millions de francs. Donc si elles n'avaient distribué que leurs bénéfices propres, elles n'auraient pu donner que 83 millions de francs, soit 5,60 0/0 sur leur capital actions, et beaucoup moins sur leur véritable capital, si on ajoutait aux sommes versées par leurs actionnaires celles que l'État leur a fournies à titre de subventions, sous deux formes différentes, comme nous venons de l'expliquer.

Il faut, en outre, si l'on veut dégager le rendement vrai du réseau, tenir compte des sommes que les Compagnies sont autorisées à porter au compte de premier établissement. Pour plus de simplicité, au lieu d'englober dans un même tableau les six grandes Compagnies, nous n'appliquerons notre calcul qu'à une seule d'entre elles, celle de Paris-Lyon-Méditerranée, prise comme exemple (tous nos chiffres sont ceux de l'exercice 1886) :

Millions.

Le capital de premier établissement provenant des sommes encaissées par la Compagnie est de........................... 3,811 [1]

Elle a, de plus, reçu en subventions [2]... 246
non portés au compte de premier établissement.

Le réseau a donc coûté.................. 4,057

Il convient d'ajouter encore la valeur des deux lignes de Montargis à Sens et de Bonson à Saint-Bonnet, soit 89 kilomètres à 250,000 francs............................ 23

Plus les trois lignes de Triguères à Clamecy (70 kilom.), de Gien à Toucy-Moulin (40 kilom.), et de Besançon à la frontière suisse (98 kilom.) = 208 kilomètres........ 52

Coût total du réseau...... 4,132

Il a produit 167 millions, c'est-à-dire environ 4 0/0 sur le capital de premier établissement.

Or le Lyon paie :

A ses obligataires......... 134 millions.
A ses actionnaires............ 44 —

Total............. 178 millions.

[1] Chiffres empruntés au rapport P.-L.-M. pour 1886.

Dépenses d'établissement : ancien réseau.... 2,919 millions.
—   —   nouveau — .... 800 »
Lignes des conventions de 1883............. 92 »

Total........ 3,811 millions.

[2] Chiffre emprunté au livre de M. Picard.

Il a dû invoquer la garantie de l'État jusqu'à concurrence de 11 millions. De plus, en vertu des conventions de 1883, il ne paie pas effectivement 17 millions qui représentent la charge annuelle du capital qu'ont coûté environ 2,000 kilomètres. Si donc il devait payer ces 17 millions, ses débours s'élèveraient à 195 millions, il serait en déficit, non pas de 11, mais de 28 millions, et c'est pour ce dernier chiffre qu'il aurait recours à la garantie de l'État.

Si la Compagnie n'avait pas recours à cette garantie, si elle devait payer sur ses recettes la charge effective de son réseau, elle aurait à débourser 151 millions contre 167 de recettes. Il resterait donc 16 millions pour les actionnaires, soit 20 fr. par action, soit 4 0/0 du capital nominal, ou 1,60 0/0 du cours actuel de la bourse (1265). Si elle devait payer l'intérêt du capital reçu en subventions, il ne resterait rien pour les actionnaires. Et encore le Lyon n'exploite que le quart des nouvelles concessions qui lui ont été faites en 1883!

Une politique qui en amène là cette magnifique industrie des chemins de fer n'est-elle pas jugée? Est-il admissible que les actionnaires ne puissent continuer à recevoir une rémunération légitime qu'au moyen de subventions gouvernementales qui atteindront près de 100 millions pour

1888 [1], et qui constituent pour notre budget une charge tellement anormale, tellement déraisonnable, que le ministre des finances a dû proposer de la porter à un compte spécial, c'est-à-dire, en bon français, renoncer à lui trouver des recettes normales correspondantes. Ailleurs cependant, chez nos voisins anglais, par exemple, dans ce pays de libre concurrence, où l'État n'a pas intérêt à protéger les compagnies les unes contre les autres et où, par conséquent, les lignes parallèles sont la règle au lieu d'être l'exception, la plupart des actions de chemins de fer donnent un revenu convenable, sans que l'État intervienne en rien.

Nous voyons, en effet, que les trente et une principales compagnies de chemins de fer anglais, ayant ensemble un capital de 722 millions de livres sterling (soit environ 18 milliards de francs) ont réalisé, du 1er juillet 1885 au 30 juin 1886, des recettes brutes totales de 65 millions, desquelles il faut défalquer 34 millions de frais d'exploitation. Il en résulte un produit de 31 millions, soit 4,40 0/0 du capital. Dans un pays où les fonds d'État ne rapportent pas 3 0/0, on peut considérer un tel résultat comme satisfaisant.

[1] Le budget rectifié, présenté par M. Rouvier, prévoit 85 millions pour les chemins français et algériens. Si les plus-values de recettes, qui s'élèvent déjà à près de 24 millions pour l'année courante, se maintiennent, le chiffre ci-dessus pourra être réduit.

Le produit différerait très peu si on dressait la même statistique pour la totalité des chemins de fer du Royaume-Uni (Angleterre-Écosse-Irlande), dont le capital additionné n'excède guère que de 100 millions de livres celui que nous avons pris pour base de notre calcul.

On ne peut pas diminuer la force de notre argument en alléguant que nos voisins du Nord seraient moins richement dotés que nous de voies ferrées et que l'initiative individuelle se serait bornée à construire uniquement les lignes très productives. Pour une surface de 314,951 kilomètres carrés, c'est-à-dire les trois cinquièmes seulement de celle de la France, le Royaume-Uni possède 28,000 kilomètres de chemins de fer, ce qui est une proportion supérieure à la nôtre (33,000 kilomètres de voie pour une surface de 528,401 kilomètres carrés).

Aux États-Unis, le capital des 211,000 kilomètres de chemins de fer existant au 31 décembre 1886 avait reçu 4,75 0/0 pour le capital-obligations et 2,04 0/0 seulement pour le capital-actions : mais il ne faut pas oublier qu'en Amérique beaucoup d'actions se donnent pour rien aux souscripteurs d'obligations et que le capital réellement déboursé qu'elles représentent est bien inférieur à leur capital nominal.

Ainsi donc, nos chemins de fer qui, bien dirigés,

auraient dû non seulement ne pas nous coûter un centime, mais être, au contraire, une source de revenus pour le Trésor, sont à l'heure qu'il est une des plaies vives de notre budget. Le ministre qui fit les conventions et les défendit avec talent devant les Chambres, prédisait pour 1886 le partage des bénéfices avec certaines compagnies. Il a dû reconnaître depuis que le poids des concessions nouvelles retarderait cet heureux moment de bien des années.

Ajoutons une dernière observation sur les lignes inutiles dont les concessions ont été prodiguées à pleines mains; non seulement elles constituent une charge écrasante, puisque beaucoup d'entre elles ne couvrent pas leurs frais d'exploitation — nous pourrions même citer tel tronçon parachevé depuis six mois sans qu'une seule locomotive ait parcouru les rails, tant le directeur de la compagnie recule devant la charge de cette exploitation ruineuse — mais elles ont sur certains points de notre frontière, troué notre système de fortifications de façon à nécessiter de nouvelles défenses. Ces lignes n'ont donc pas seulement coûté les millions de leur construction : elles coûtent tous ceux qu'il faut consacrer à des ouvrages qu'elles ont rendus indispensables.

Du reste, pas une des lignes de chemin de fer

construites depuis 1870 ne rapporte encore à l'heure qu'il est *un pour cent* net de la somme qu'a coûté son établissement. Si surprenante que cette assertion puisse sembler au premier abord, elle le paraît moins lorsqu'on prend la peine de se souvenir des fameuses créations de compagnies nouvelles, telles que celles des chemins de fer de la Vendée, des Charentes, dont pas une n'a pu se soutenir : elles ont ruiné complètement leurs actionnaires ; leurs obligataires n'ont retrouvé une partie de leurs fonds que grâce à l'intervention de ce prodigue qui a nom l'État et qui a racheté la plupart de ces lignes bien au-delà de leur valeur. Aussi les contribuables savent-ils aujourd'hui ce que leur coûte le réseau officiel, constitué en grande partie au moyen de ces rachats. C'est là une preuve de plus, s'il en manquait encore, que dès 1875 il ne restait pour ainsi dire plus de chemins de fer productifs à construire chez nous. Nous ne concluons pas de là qu'il n'en fallait plus entreprendre, mais bien qu'il y avait lieu de procéder avec prudence et méthode et de n'engager de nouvelles dépenses que dans la mesure des excédants de recettes à attendre sur les anciennes lignes.

Mais ce n'est pas aux chemins de fer que s'est bornée l'intempérance des novateurs. De même qu'ils s'imaginaient que deux rails posés n'importe où vivifieraient une province, enrichiraient ses populations, et qu'ils ne craignaient pas de construire des viaducs de cinq millions pour faciliter le transport de quelques tonnes de fromage de Roquefort, ils crurent aussi qu'il fallait creuser le plus grand nombre de ports possible, et que le commerce et la navigation allaient décupler partout où une jetée permettrait à des navires de venir s'abriter.

Or il est bien vrai que l'amélioration des ports maritimes est une condition nécessaire de la prospérité des chemins de fer, puisque le transit de ceux-ci provient des ports ou y aboutit. Et la marine marchande fait son choix entre les ports concurrents, d'après des considérations où entrent naturellement, pour une très large part, la facilité et la sécurité de l'accès, la perfection des installations pour le chargement, le déchargement et l'emmagasinement des marchandises, le radoub des navires, etc...

C'était donc, à juste titre, que le programme de 1878-1879, en même temps qu'il attribuait aux chemins de fer trois milliards et demi, réservait un demi-milliard pour les ports maritimes. Et si, moyennant un pareil sacrifice, la France s'était créé sur chacune des quatre mers qui bordent son littoral, aux points déjà marqués par la fréquentation des ports existants, des installations parfaites et définitives ; si Marseille, le Havre, Bordeaux, et un port de la mer du Nord comme Dunkerque, avaient été améliorés et outillés, de manière à soutenir, dans les conditions les plus favorables, la concurrence contre l'étranger, nous considérerions cette dépense comme fructueuse.

Malheureusement, au lieu de concentrer l'effort sur un petit nombre de points, comme le voulait l'intérêt général, on l'a disséminé, au gré des intérêts locaux, sur tout le littoral. Dans la situation des travaux maritimes, à la date du 31 décembre 1883 [1], nous trouvons que la dépense effectuée à cette époque, et qui s'élevait à 256 millions, se répartit sur 42 ports dénommés. Encore faut-il comprendre dans ce total une somme de 51 millions qui figure dans le tableau sous la rubrique « entreprises d'importance secondaire », sans doute parce que les ports auxquels elle s'applique ne valent pas même l'honneur d'être cités.

Aussi, bien que la dépense faite de ce chef de 1878 à 1886 dépasse 300 millions [2], il s'en faut de

---

[1] *Bulletin du Ministère des Travaux Publics*, avril 1884.

[2] La situation de fin 1883 s'élève à 256 millions. Si on ajoute à ce chiffre les crédits ouverts aux budgets de 1884, 1885 et 1886, pour les ports maritimes, on arrive au total d'environ 315 millions, qui représente plus des trois cinquièmes de la part afférente aux ports maritimes dans le programme de M. de Freycinet.

beaucoup que les deux grands ports, qui représentent à eux seuls plus du tiers du mouvement total[1] de la navigation maritime en France, Marseille et le Havre[2], aient reçu leur développement et leur outillage définitifs. Le Havre, menacé par les ensablements, exigera des transformations capitales et d'immenses travaux. Il est à craindre que le pays, lassé et ruiné par les sacrifices inutiles qui lui ont été déjà imposés, se refuse aux efforts nouveaux qui lui seront demandés. Car le danger des excès en toutes matières n'est pas seulement dans l'effet direct qu'ils produisent, mais dans la réaction qui les suit ; et les dépenses stériles qui ont été faites dans ces dernières années, en obérant nos finances, ont compromis le sort des améliorations nécessaires pour lesquelles les budgets qui vont suivre chercheront peut-être en vain des ressources[3].

---

[1] Le bulletin statistique du Ministère (septembre-1886) indique le mouvement général de la navigation maritime dans les ports français pendant l'année 1883. Dans le total figurent en tête :

Marseille pour	24 0/0
Le Havre —	12,6
Bordeaux —	9,5
Dunkerque —	5,2

[2] Dans la situation de 1883, déjà citée, et qui s'élevait à 256 millions, Marseille figure pour 19 millions et le Havre pour 15.

[3] Pour donner un exemple de la rapidité avec laquelle la prospérité d'un port peut s'accroître à notre époque, quand les circonstances les plus favorables se trouvent réunies, on ne peut

Au lieu donc d'aller là où la route était tracée, c'est-à-dire de s'occuper des grands ports où se concentre l'activité maritime, on s'est avisé d'attaquer au hasard quarante points de la côte et d'y commencer des travaux coûteux. Il nous souvient qu'en 1880, passant quelques journées au bord de la petite rade de Saint-Jean-de-Luz, nous ne fûmes pas médiocrement surpris de voir le commencement d'une jetée gigantesque destinée à fermer cette baie : on immergeait des blocs d'un volume cyclopéen, et tous les ans, nous disaient les gens du pays, il fallait recommencer au prix de nouveaux efforts, tant la violence des flots de l'Atlantique, venant se briser contre la muraille, était redoutable. Nous ne savons si, à l'heure qu'il est, le port est terminé : le fût-il, que nous resterons persuadés de sa complète improductivité. On nous assure que le besoin d'un port de refuge se faisait sentir à cet endroit de la côte. Mais le trafic ne se détour-

mieux citer qu'Anvers, dont le tonnage de jauge (entrées et sorties réunies) s'élevait en 1872 à 3,250,000 tonnes, et, en 1882, à 7,900,000 ; il a donc plus que doublé dans une période de dix ans.

En 1883, Marseille avait un tonnage de 8,900,000 tonnes. Le port du Havre avait 4,700,000 tonnes, celui de Bordeaux, 3,500,000 ; celui de Dunkerque, 1,900,000. (Tonnage de jauge entrées et sorties réunies.)

Nous trouvons pour celui de Hambourg, en 1884, 7,400,000 tonnes. Les chiffres des grands ports anglais sont hors de toute proportion. (*Bulletin du Ministère des Travaux Publics de France*, juillet 1886.)

nera ni de Bayonne, ni de Bordeaux, pour se porter vers la petite bourgade de Saint-Jean-de-Luz ; et eût-on réussi, par impossible, à le détourner que ce n'eût été qu'au détriment de ces deux villes. Quel bénéfice le pays, dans son ensemble, en eût-il donc retiré ? Saint-Jean-de-Luz n'est d'ailleurs qu'un exemple entre cent, et sur lequel il n'y a même pas lieu d'insister, du moment qu'une question d'humanité était en jeu : mais combien d'autres ports nous pourrions citer, où il n'y avait pas une raison sérieuse pour entreprendre des travaux ?

Les grands courants de navigation se portent là où il y a de grandes affaires commerciales : les cuirs et les laines de la Plata vont à Dunkerque, pour se répandre de là à Roubaix, Tourcoing et Lille ; les cafés et les cotons d'Amérique vont au Havre, les blés de l'Inde vont à Marseille. Il ne s'agit que de préparer ces ports à bien recevoir les géants de fer qui transportent aujourd'hui les marchandises et les passagers autour de notre globe. Ces hôtes superbes, qui portent dans leurs flancs en un seul voyage jusqu'à 10 millions de kilogrammes, sont prêts à venir se ranger tous les ans en plus grand nombre le long de nos côtes, à condition toutefois que nous leur préparions un logement digne d'eux, que nos bassins soient abordables en tout temps, par toutes les mers, que des

quais spacieux soient toujours libres, que des machines puissantes opèrent le déchargement en un
nombre minimum d'heures. Or que se passe-t-il
dans notre port du Havre, dont nous parlions plus
haut? L'entrée en est des plus périlleuses; elle est
à peine assez profonde pour que la quille des tran-
satlantiques n'y touche pas le sable.

Le grand bassin de l'Eure, le seul qui soit assez
vaste pour recevoir ces paquebots, n'est pas dans
l'axe du chenal d'entrée, en sorte que, pour arriver
dans l'écluse qui lui sert de vestibule, les steamers
sont obligés d'atteler à leur avant et à leur arrière
deux remorqueurs, qui les déplacent au moyen
de manœuvres compliquées et délicates. Une fois à
quai, le déchargement se prolonge pendant plusieurs jours. Aussi arrive-t-il que des navires
restent en rade sans pouvoir entrer au Havre.
Or chaque jour d'inaction représente une perte
d'intérêt de plusieurs milliers de francs pour l'ar-
mateur, pour les négociants qui ont expédié les
marchandises, pour ceux qui les attendent, sans
parler des innombrables inconvénients qui résultent
d'un service rendu aussi irrégulier par des obstacles
imprévus. Une fois entrés au port, les capitaines
ne sont pas encore à l'abri de tout mécompte : la
disposition des bassins en rectangles, conformément aux vieilles traditions, rend la circulation des

wagons de déchargement beaucoup plus lente, à
cause de la nécessité de mettre les voitures sur
une plaque tournante à chaque intersection. Il faudrait qu'au Havre on eût adopté, comme à Dunkerque, une disposition qui permît aux wagons de
venir se ranger le long de chaque quai et d'en re-
partir sur une ligne non brisée.

Or, bien que le Havre soit le point sur lequel les
navigateurs partant de New-York peuvent mettre
directement le cap, ils ne sauraient ignorer les
facilités merveilleuses qui les attendent ailleurs.
Aussi la vérité commence-t-elle à éclater. On
voudrait maintenant retrouver, pour l'employer
ici, une faible partie des millions gaspillés ailleurs. Le département de la Seine-Inférieure, les
villes et les chambres de commerce de Rouen et
du Havre offrent leurs concours jusqu'à concurrence de 25 0/0 de la dépense. La part de la seconde de ces chambres seule dépasse douze millions, et, comme elle propose de faire les avances
nécessaires sans intérêts, ses sacrifices-réels dépas-
seront 18 à 19 millions. Elle est encouragée dans
cette voie par l'accroissement incessant du mouvement du port, qui dans le premier semestre a
présenté une augmentation de 383,532 tonneaux,
entrées et sorties réunies, sur la période correspondante de 1886 : si la progression ne se ralentit

pas, le chiffre de six millions sera bien près d'être atteint cette année.

Mais au lieu de ne rien épargner pour outiller le Havre, nous avons commencé à Boulogne la construction d'un port en eau profonde, luxe énorme, puisque Boulogne n'est qu'un port de passagers ; aussi nous sommes-nous arrêtés au beau milieu des travaux, effrayés par les sommes englouties ; et cependant il vaut évidemment mieux les terminer maintenant que de laisser tout à fait stériles les trente ou quarante millions déjà dépensés.

A Calais, il en était à peu près de même : mais la Compagnie du Nord, désireuse de procurer à ses voyageurs les plus grandes facilités possibles, a pris à sa charge certains aménagements et les a menés à bonne fin, prouvant ainsi que les Anglais n'ont pas tort de laisser souvent aux Compagnies de chemins de fer le soin d'améliorer les ports où aboutit leur trafic. Observons en passant que le gouvernement portugais agit exactement de même pour le port de Lisbonne, dont il a confié les travaux à la Compagnie royale des chemins de fer portugais.

Du reste, à ce chapitre comme à plusieurs autres, l'auteur du budget est obligé de réduire ses demandes à un minimum. Les treize millions, inscrits au projet de budget de 1886 pour l'amélioration et l'achèvement des ports maritimes, sont peu de chose relativement à ce qui a été englouti jusqu'à ce jour. Ils sont loin de suffire à terminer ce qui a été entamé, et voici en résumé la situation confes-sée par l'exposé des motifs : « L'État a provoqué des offres de concours de la part des départements, des villes et des chambres de commerce intéressés, en leur promettant comme prix de leurs avances ou de leurs subsides un prompt achèvement des ouvrages entrepris. La plupart des ports de la Manche et de l'Océan ont répondu à cet appel. Les intéressés ont versé leurs fonds de concours, et néanmoins l'État est exposé à reculer de plusieurs années le moment où le commerce pourra profiter des nouveaux ouvrages. »

Nous avons agi pour les canaux comme pour les ports, nous avons voulu en faire partout. Or, la navigation fluviale n'est pas, comme la navigation maritime, l'auxiliaire indispensable des chemins de fer. C'est un mode *concurrent* de transport, et la faveur dont il a joui a varié suivant les époques.

Au début des chemins de fer, la navigation inté-rieure a été délaissée, et n'a reçu qu'une faible part des ressources affectées aux Travaux publics. Cette disposition a persisté jusqu'à la fin de l'Empire. Mais, dès l'avènement de la troisième République, une réaction s'est produite contre ce délaissement des travaux de navigation intérieure, que l'opinion publique se plut à attribuer à l'influence excessive que les grandes Compagnies de chemins de fer passaient pour avoir exercée sur le gouvernement précédent. On fit ressortir, dans la presse et à la tribune du Parlement, le bas prix des transports par rivière et canaux, opposé aux tarifs des chemins de fer. Pour obtenir l'abaissement de ces tarifs, la navigation intérieure fut considérée comme une concurrence utile et nécessaire. Par une initiative qui est bien rare en France, les départements de l'Est se syndiquèrent pour avancer au gouvernement des sommes considérables, destinées à rétablir, par la Meuse, la Moselle, la traversée des Vosges et la Saône, le réseau des voies navigables que nous avions perdues à la suite de la dernière guerre. Et, dans le programme de 1878-1879, un milliard fut affecté aux rivières et aux canaux.

La situation de ces travaux, à la fin de 1883, s'élevait à :

Rivières............	158,400,000 francs.
Canaux.............	236,900,000 —
Total	395,300,000 francs [1].

[1] Dans ce chiffre est comprise la dépense des canaux de l'Est, montant à 94,500,000 francs, dont un peu plus de la moitié était faite en 1878.

Si l'on ajoute à ces chiffres les sommes portées aux budgets de 1884, 1885 et 1886, on arrive à un total de 200 millions environ pour les rivières et 300 millions pour les canaux; en tout 500 millions, qui représentent la moitié de la somme prévue dans le programme de 1878-1879.

Au point de vue fiscal, ces dépenses ne rapportent rien, puisque les droits de navigation, dont le produit était minime, ont été supprimés en 1880. L'État, outre l'intérêt des capitaux engagés, supporte les frais annuels d'entretien, qui figurent au projet de budget de 1888 pour environ treize millions (personnel, entretien et grosses réparations).

Au point de vue économique, il n'est pas contestable que la navigation intérieure joue un rôle important dans le régime général de nos transports. Le nombre de tonnes kilométriques, transportées en 1884, sur nos rivières et canaux a été de 2,452,000,000 [1] ; soit un peu moins d'un cinquième

---

[1] *Bulletin du Ministère des Travaux Publics*, janvier 1887.
Ce sont toujours les marchandises pondéreuses qui alimentent l'industrie des transports par eau:

Matériaux de construction....................	36,9 0/0 du trafic
Combustibles minéraux...................	25,3 total.
Produits agricoles et denrées alimentaires....	12,2
Bois de toutes espèces, y compris le flottage..	9,2
Métallurgie...............................	6,9
Engrais	5,4
Diverses.......................	4,1

du tonnage de marchandises par chemins de fer [1].
Presque tout ce mouvement a lieu sur les rivières,
et sur des canaux qui existent depuis longtemps.
Ces voies n'étaient donc pas à créer en 1878 ; elles
n'ont figuré dans le grand programme que pour
des travaux d'amélioration, ayant notamment pour
objet d'unifier le type et les conditions de naviga-
bilité des canaux. Nous ne croyons pas que cette
partie des dépenses faites pour la navigation soit,
en principe, condamnable, car, lorsqu'un outillage
existe, il importe d'en tirer le meilleur parti. On
peut seulement, ici comme pour les ports, repro-
cher au Gouvernement la dissémination de ses efforts. Si l'on se réfère à la situation précitée de
1883, on y trouve des rivières, dont l'importance,
au point de vue de la navigation, n'est pas bien
grande, comme l'Aa, l'Achéneau, l'Adour, l'Aisne,
la Charente, la Sarthe ; puis, sous la rubrique « entreprises d'importance *secondaire* » une somme de

---

[1] D'après le *Bulletin statistique du Ministère des Travaux
Publics*, le nombre de tonnes kilométriques, transportées en 1878,
était :

Par canaux......... 2,004,000,000 $\Big\}$ Rapport $\dfrac{1}{4,25}$
Par chemins de fer... 8,500,000,000

Et en 1883 :

Par canaux.......... 2,382,000,000 $\Big\}$ $\dfrac{1}{4,70}$
Par chemins de fer... 11,064,000,000

De 1878 à 1883, le tonnage kilométrique des chemins de fer
s'est accru de 30 0/0 ; celui des canaux, de 20 0/0.

38 millions, qui représente presque le quart de la dépense totale des travaux d'amélioration de rivières.

Ici comme pour les chemins de fer, on n'a même pas, malgré tout l'argent dépensé, mené l'œuvre à bonne fin ; partout

pendent opera interrupta...

Ainsi nous lisons dans le compte rendu de 1886 de la Chambre de commerce de Lyon (p. 74) : « Les travaux entrepris pour la construction du canal de la Marne à la Saône ont coûté 50 millions à l'Etat. Mais cette dépense considérable demeure improductive, l'œuvre restant incomplète..... L'utilité de ce canal ne saurait être contestée ; toute la question revient à savoir comment, dans l'état actuel de pénurie du trésor, l'État pourrait faire face à la nouvelle dépense de 30 millions déclarée nécessaire par les ingénieurs. »

Cet exemple est loin d'être isolé.

Il faut aussi regretter, dans la situation difficile du budget, qu'on ait saisi le moment où de si gros contingents étaient consacrés à l'amélioration des voies navigables, pour supprimer, comme nous venons de le rappeler, les droits de navigation, alors qu'au contraire il paraissait naturel de les augmenter. C'est, en effet, une mauvaise tendance poli-

tique que de répartir sur l'ensemble des contribuables la dépense des services rendus à une partie d'entre eux. Outre que ce mode est peu conforme
à la justice, il a l'inconvénient de supprimer le
meilleur critérium qui existe pour juger l'utilité des
dépenses. En effet, si l'on fait supporter par toute
la nation les frais de travaux qui profitent à un
certain nombre de citoyens, il est naturel que
ceux-ci préconisent avec ardeur ces travaux et en
attestent l'utilité, tandis que cette utilité, s'ils
étaient obligés de payer à eux seuls directement
le prix du service rendu, leur paraîtrait douteuse
ou chimérique.

Cette observation s'applique, avec une incontes-
table vérité, aux nouveaux canaux. Car si nous
avons pu reconnaître une part d'utilité à l'amélioration des rivières et canaux existants, il faut con-
damner à peu près sans réserve tout ce qu'on a
fait, et tout ce qu'on voudrait faire pour créer des
voies nouvelles de navigation intérieure. Mais
l'opinion publique a été gravement faussée sur ce
point. Qu'entend-on dire en effet, par les industriels qui réclament des canaux? C'est que cet établissement leur procurera des transports à 1 centime et demi la tonne kilométrique, tandis que les
chemins de fer leur font payer 3, 4 ou 5 centimes.
Mais, dans le prix qu'exigent les chemins de fer,

est compris l'intérêt et l'amortissement des capitaux d'établissement, ainsi que toutes les dépenses
d'exploitation, tandis que le prix de 1 centime et
demi, dont arguent les partisans des canaux, ne
représente que le prix du matériel naval et de la
traction. L'intérêt des capitaux d'établissement et
l'entretien des ouvrages sont supportés par l'État ;
si l'on tient compte de ces frais, le prix de revient
des transports sur les voies navigables, récemment
ouvertes ou projetées, dépasse de beaucoup le prix
de revient des transports par chemin de fer. Si, par
exemple, on considère ces canaux de l'Est, de Gi-
vet à Port-sur-Saône, dont l'entreprise, antérieure
au programme de 1878, représente chez nous la plus
grande et la plus sérieuse création de voies navigables de notre époque, on trouve que cette ligne de
473 kilomètres, dont le prix moyen, par kilomètre,
a été de 200,000 francs, transportait en 1884, par
kilomètre, une moyenne de 126,000 tonnes. Si on
calcule à 4 0/0 l'intérêt des capitaux, et qu'on
ajoute 2,000 francs par kilomètre pour l'entretien
des ouvrages, on arrive à une charge annuelle de
10,000 francs, qui, répartie sur 126,000 tonnes,
donne un quotient de plus de 7 centimes par tonne
kilométrique, bien supérieur à l'économie appa-
rente réalisée sur le transport.

Si donc l'on faisait payer aux marchandises qui

empruntent la voie des canaux le prix du service rendu, c'est-à-dire l'intérêt et l'amortissement des sommes qu'a coûté la construction et les dépenses d'entretien, on arriverait à leur imposer un tarif supérieur à celui des chemins de fer. Nous venons de voir que, dans les cas les plus favorables, c'est-à-dire lorsqu'il s'agit de voies extrêmement fréquentées, il faudrait exiger près de sept centimes par tonne et par kilomètre, tandis que le même parcours sur voie ferrée s'exécute à trois ou quatre centimes pour les marchandises encombrantes, c'est-à-dire celles qui ont généralement recours à la navigation. L'État, en exigeant un péage sur ses canaux, comme la Ville de Paris ne craint pas de le faire sur les canaux Saint-Denis et Saint-Martin, atteindrait un double but ; il réaliserait directement une recette d'une certaine importance et il rendrait du trafic aux chemins de fer. Or tout ce qui améliore la situation de ces derniers profite à nos finances, liées à leur sort depuis les conventions de 1883.

Le mauvais exemple de la gratuité des canaux a passé la frontière : en ce moment même, les propriétaires de charbonnages belges adressent des pétitions au ministre des finances, M. Beernaert, pour lui demander d'appliquer le même régime à la Belgique ; ils arguent de la faveur accordée à leurs concurrents français. Jusqu'ici leurs vœux n'ont pas été pris en considération. L'argument, tiré, en faveur des canaux, de la concurrence qu'il faut faire aux chemins de fer, pour obtenir un abaissement de tarif, est un contre-sens, à une époque où le Trésor public supporte seul les diminutions et les pertes de l'exploitation des chemins de fer. Chaque million qui manque au produit net des chemins de fer, soit par suite d'un détournement de trafic sur les voies navigables, soit par un abaissement excessif des tarifs, est un million de plus que devra fournir la garantie d'intérêt. Est-il donc admissible que le Trésor, en construisant de nouveaux canaux, s'impose des dépenses qui sont doublement onéreuses : d'abord, parce qu'elles ne rapportent rien, et ensuite parce qu'elles aggravent la situation des chemins de fer ?

On peut, du reste, affirmer à priori, que la construction de nouveaux canaux est en tous cas à repousser. Car s'il s'agit d'une région où existe déjà un chemin de fer, il vaut mieux obtenir l'abaissement des tarifs de ce chemin, s'ils sont trop élevés, au moyen d'un sacrifice d'un ou deux centimes par tonne kilométrique, que d'établir un canal qui, ainsi qu'on l'a vu par l'exemple des canaux de l'Est, représente un sacrifice bien autrement considérable. Et s'il s'agit d'une région où il n'existe pas encore de chemin de fer, ce qui est devenu

un cas fort rare, le canal ne dispenserait pas
d'en faire un, puisqu'il ne transporterait pas les
voyageurs et les marchandises légères : il vaut
donc mieux ne faire que le chemin de fer, et n'a-
voir qu'un capital à rémunérer au lieu de deux.
C'est un point sur lequel il convient d'insister,
parce qu'il est trop souvent négligé dans la grande
discussion de principe sur les avantages comparés
de la navigation et des chemins de fer : dans l'hypothèse où l'on veut doter une région d'une voie
nouvelle de transport, *le chemin de fer est indispensable ;* là question qui se pose dans la pratique
n'est pas de savoir si on le fera, mais si, après
l'avoir fait, on fera aussi le canal. Or, sauf le cas,
inadmissible pour les régions qui restent à desservir,
où le chemin de fer ne suffirait pas à transporter
la totalité du tonnage disponible, l'économie des
transports par eau est de beaucoup trop faible pour
justifier la dépense d'un second capital d'établissement, qui est à peu près égal au premier.

D'une façon générale, on aurait pu, par des abaissements de tarifs intelligemment combinés, éviter,
bien souvent des constructions non seulement de
canaux, mais même de voies ferrées. Cela serait
particulièrement vrai pour les cas où on a relié par
une ligne droite deux points déjà desservis par un
chemin de fer faisant un circuit. Les Compagnies

ne se seraient pas opposées à des abaissements de tarifs dans les régions les moins favorisées, si l'État avait pris à sa charge la diminution de produits qui en devait résulter ; et dans beaucoup de districts on serait arrivé, avec moins de dépense, au même résultat que par des constructions nouvelles. Des tarifs kilométriques réduits permettraient aussi aux marchandises de supporter préalablement un transport sur essieu.

Nous avons terminé cette rapide esquisse de l'œuvre commencée en 1878, et qui, écourtée par la nécessité, condamnée sur bien des points par l'expérience déjà acquise, se liquide maintenant plutôt qu'elle ne s'achève. Nous n'avons plus qu'à attirer l'attention sur un devoir qui reste à remplir : celui de restreindre les frais généraux de notre administration des travaux publics, en même temps qu'on réduit les travaux. Si l'on consulte le budget actuellement en discussion, on trouve que le personnel de l'administration centrale, et des services d'ingénieurs [1] des ponts et chaussées, y figure à différents chapitres pour une dépense de plus de

---

[1] Ingénieurs de tous grades, conducteurs et agents secondaires ; non compris les agents inférieurs, tels qu'éclusiers, barragistes, etc..., qui sont des ouvriers et non des agents d'étude et de direction.

17 millions, alors que la somme des travaux ordinaires et extraordinaires qu'ils ont à exécuter ne s'élève qu'à 107 millions. Ces frais de personnel sont évidemment excessifs. Le Gouvernement, qui cherche des économies, doit en trouver là, non par des mesures violentes qui léseraient des droits acquis, mais par des suppressions d'emploi, au fur et à mesure des extinctions : une diminution d'un quart du personnel est possible ; et tout en consacrant une partie de l'économie réalisée à l'amélioration des traitements subalternes, l'État peut encore réaliser un bénéfice notable. Une réforme du même ordre s'appliquerait utilement dans les autres ministères : mais les Travaux Publics, qui, à l'heure de la prospérité, ont donné le mauvais exemple d'une augmentation excessive des dépenses, devraient, en ces jours de gêne, tenir à honneur de précéder et guider les autres départements dans la voie des économies. M. Lesguillier, rapporteur de ce budget pour 1888, fait remarquer avec raison que les dépenses relatives au personnel s'élèvent à près de 20 millions, soit 14 0/0 environ du budget total. Cette proportion paraît exagérée.

En résumé, depuis dix ans, le budget des travaux publics a englouti cinq milliards. Il s'est élevé en une seule année, 1881, jusqu'à 676 millions. S'il est revenu aujourd'hui à des proportions

moindres, il convient de ne pas oublier que le
chiffre officiel du budget, soit 176 millions, n'en
forme qu'une très petite partie : car, si l'on veut
connaître le total vrai des sommes que nous dépensons pour les travaux publics, il faut y comprendre 182 millions qui doivent être consacrés
en 1887 à des constructions de chemins de fer et
qui seront avancés par les compagnies ; ils se dé-
composent ainsi : 58 millions à la charge de l'État,
124 millions à la charge des compagnies ; mais
cette dernière somme, ainsi qu'une autre de 65
millions applicable à des travaux complémentaires
dont l'exécution par les compagnies pourra être
autorisée au cours de la présente année, pèseront
lourdement sur le Trésor, obligé d'en garantir
l'intérêt et l'amortissement. Enfin, il convient de
tenir compte de 8,400,000 francs, montant des
intérêts d'obligations émises pour garantie d'intérêt aux chemins de fer et de 33,227,000 francs
pour annuités aux mêmes compagnies. Ces sommes
sont inscrites au budget du Ministère des Finances,
au chapitre de la dette, mais ne s'appliquent pas
moins à des dépenses de travaux publics. En additionnant tous ces chiffres, on trouve que celles-ci
s'élèvent en total, pour 1887, à 562 millions, c'est-
à-dire au sixième de notre budget[1]. Et encore

---

[1] Nous empruntons ces chiffres à un excellent travail

ne tenons-nous pas compte du chiffre des pensions servies aux anciens fonctionnaires de ce ministère, qui grève celui des Finances au chapitre des pensions.

Les bâtiments civils ont été l'occasion de prodigalités dignes de Louis XIV construisant Versailles. La plupart des ministères ont été agrandis, restaurés et embellis dans des proportions inconnues jusqu'à ce jour. — Plus les Ministres changeaient vite, et moins ils paraissaient soucieux d'imiter le sage exemple de leurs collègues anglais, qui vont à leur cabinet comme un commerçant à son bureau et qui rentrent le soir dans leur demeure particulière. Chaque nouvel arrivant voulait des salons plus vastes, des chambres plus confortables, une installation plus perfectionnée. Il suffit par exemple de rappeler qu'en 1869 les services de travaux publics, du commerce et de l'agriculture ne formaient qu'un seul ministère et tenaient à l'aise dans l'un des bâtiments, dont l'ensemble sert aujourd'hui aux seuls Travaux publics. La direction du commerce, érigée en ministère, a voulu qu'on lui louât au quai d'Orsay le bel hôtel occupé jadis par l'ambassade d'Espagne.

de M. Charles Gomel, publié dans l'*Economiste français* du 21 mai 1887.

La direction de l'agriculture a fait acheter un hôtel rue de Varennes ; elle inaugure en ce moment même ce monument superbe, dont la façade serait digne de figurer sur la plus vaste esplanade de la capitale, dont les salons rappellent par leurs dimensions ceux du palais des Doges à Venise, dont les seules rampes d'escalier représentent, dit-on, une dépense de beaucoup plus de cent mille francs.

On voit que l'administration des bâtiments civils ne travaille pas à bon marché. Elle ne travaille pas non plus toujours bien : chacun a sur les lèvres ce lamentable exemple de l'Hôtel des Postes de Paris, qui est achevé depuis longtemps et qui reste vide, tant les aménagements intérieurs sont imparfaits. Les hideux baraquements du Carrousel continuent à abriter les services postaux de Paris et à déparer cette place célèbre, qui fut jadis une des plus belles du monde.

Les nouvelles serres construites au Jardin des Plantes de Paris ont coûté plus d'un million. Elles étaient cependant si bien aménagées que les jardiniers refusaient au début d'y abriter aucune plante, tant l'aération leur en paraissait mauvaise.

Quoiqu'ils ne dépendent pas du ministère des Travaux publics, les télégraphes ont voulu avoir leur part, tout comme de simples chemins de fér ou d'humbles canaux. On s'est avisé, il y a quelques années, que les Allemands construisaient des lignes télégraphiques souterraines, et du jour au lendemain on a décrété l'établissement d'un vaste réseau souterrain. On en a ordonné la construction immédiate, sans prendre la peine d'examiner la question, de poursuivre les études nécessaires, de se préoccuper en un mot des mille mécomptes auxquels on s'exposait. On a englouti là plus de 60 millions pour n'obtenir qu'un résultat très imparfait. Les communications, contrairement à ce qu'on espérait, sont beaucoup plus lentes, plus défectueuses et plus irrégulières que par les lignes aériennes : il y a des jours où elles sont impossibles. Elles exigent un personnel d'élite très difficile à recruter.

En admettant qu'un certain nombre de ces lignes, du côté de l'Est, aient été nécessaires, personne ne contestera que leur établissement en Auvergne et en Gascogne était un véritable luxe, et qu'en tout cas, il ne fallait s'aventurer dans une pareille entreprise qu'après avoir approfondi les études, de façon à être certain du résultat qu'on obtiendrait. Au lieu de cela on a tâtonné, après même que la construction eût été commencée; on a essayé successivement, pour les câbles, de conduites en fonte, en grès, en ciment, — ces deux dernières avec l'espoir de réaliser une économie sur la fonte, — et on est arrivé à créer un réseau dont on ne se sert pas. Nous faisons abstraction des besoins militaires qu'on aurait pu satisfaire avec le cinquième probablement de la somme dépensée, et dont on a, du reste, exagéré l'urgence : si malheureusement notre territoire devait être envahi une seconde fois, l'ennemi aurait bientôt fait de couper les câbles souterrains aussi bien que les fils aériens. Il ne faut pas se bercer de l'illusion que de semblables travaux aient pu se poursuivre sans que ceux qui y ont intérêt en aient eu connaissance.

Une faible partie des millions engouffrés ainsi, auraient pu être plus utilement employés, si on voulait à toute force en dépenser pour la télégraphie électrique, à faciliter l'établissement d'une usine nationale pour la fabrication des câbles sous-marins. Nous sommes en général les adversaires résolus de toute fabrication directe par l'État, presque toujours beaucoup plus chère que l'industrie privée. Il est cependant nécessaire de commettre parfois une infraction aux principes, lorsqu'il s'agit d'un intérêt de défense nationale. Or, il nous souvient qu'en 1870, le Gouvernement ayant voulu immerger un câble entre la Picardie et la Bretagne, dut en faire la commande en Angleterre, et que le consul allemand mit l'embargo sur la marchandise, qu'il

prétendit considérer comme contrebande de guerre.
— Il serait utile en semblable circonstance de pouvoir nous suffire à nous-mêmes. Il est désirable que, d'une façon ou de l'autre, une fabrique de fils sous-marins s'établisse en France, et cela dans les conditions normales, c'est-à-dire au bord même de la mer, à un point de la côte où les grands navires spéciaux chargés de poser les lignes sous-marines, puissent accoster et embarquer les câbles.

CHAPITRE V

INSTRUCTION PUBLIQUE, GUERRE, MARINE
ET AUTRES DÉPARTEMENTS MINISTÉRIELS

Si nous passons au ministère de l'Instruction publique, dont le budget énorme paraît à beaucoup
un sujet de gloire pour notre époque, nous ne pouvons nous empêcher de penser que là aussi on a été
trop vite, là aussi on a sacrifié au désir d'arriver
tout d'un coup à l'idéal théorique le soin de nos
véritables intérêts. Qui de nous n'a été frappé, dans
le moindre village, de voir s'élever des maisons
d'école somptueuses, généralement beaucoup trop
grandes pour le nombre d'enfants qu'elles doivent
recevoir ? En même temps, on décrète la gratuité
absolue de l'enseignement primaire qui, en fait, était
déjà gratuit pour les indigents et qui incombe ainsi
à la masse des contribuables, tandis qu'auparavant
il n'était, en réalité, qu'à la charge de ceux qui

pouvaient, sans trop de peine, en acquitter les frais. On inscrit au budget 14 millions de subvention pour les communes afin de les dédommager des sacrifices que leur impose cette gratuité. On tend ainsi, de plus en plus, à mettre les charges de l'enseignement communal au compte de l'Etat, qui en supporte aujourd'hui les trois quarts, tandis qu'il y a dix ans encore la proportion était inverse : il n'y contribuait que pour un quart. Les communes payaient le reste, et les pères de famille avaient un pouvoir beaucoup plus considérable dans cette question de l'éducation, qui les intéresse plus que personne, au double point de vue moral et pécuniaire.

Mais, depuis 1881, on ne cesse de marcher dans la voie opposée. Avant cette époque, les communes étaient tenues de consacrer aux dépenses de l'enseignement 4 centimes additionnels, qui en formaient depuis longtemps la dotation régulière, et, en vertu de la loi de 1850, le cinquième de certains revenus, dont le plus important était le produit des octrois : ces 4 centimes et le prélèvement du cinquième donnaient environ 31 millions par an ; l'Etat prenait le reste à sa charge. Lorsque les communes voulaient établir la gratuité, elles devaient commencer par s'imposer de 4 autres centimes additionnels.

Quand la Chambre vota, en 1881, la gratuité générale, elle aurait logiquement dû décider que ces 4 centimes seraient aussi partout exigés. Elle fit le contraire et les supprima partout. Mais elle ne s'en tint pas là et vota l'amendement Sarrien, qui exonère les communes du prélèvement du « cinquième des ressources visées dans la loi établissant la gratuité de l'instruction primaire ». C'était un cadeau de 16 millions fait par l'Etat. — Quel a été le résultat? pour 1885, dernière année dont nous ayons le compte définitif sous les yeux, sur une charge totale de 98 millions comprenant les traitements et allocations du personnel, en dehors des suppléments facultatifs votés par les communes, celles-ci n'ont payé que 20 millions, les départements 5 et l'Etat le reste, c'est-à-dire 73 millions. Le ministère Rouvier propose sur le chapitre une réduction de 4 millions : c'est peu, mais c'est un pas dans la bonne voie.

Il est temps, en effet, de réagir contre ce système des dépenses doublement dangereuses parce qu'elles en impliquent immédiatement d'autres. Il semblait qu'au moment où on décrétait la gratuité, en admettant qu'il ne soit pas plus sage de laisser chaque père de famille, lorsqu'il en a les moyens, s'imposer quelques sacrifices pour l'éducation de ses enfants, on eût dû chercher à donner au moins cet enseignement au meilleur marché possible. On a fait le contraire : on s'est lancé dans des folies de construction. On l'a fait au moyen des capitaux remis à la Caisse des écoles, capitaux qu'il faut maintenant amortir par l'inscription d'une somme annuelle au budget de l'Instruction publique. Nous touchons, ici, à l'une des inventions financières les plus néfastes des derniers temps. C'est celle de ces caisses spéciales qu'on a considérées comme des êtres distincts, ayant une existence et des ressources propres, et grâce à l'introduction desquelles on a dépensé des centaines de millions sans les faire figurer au budget régulier. En effet, au moyen d'un emprunt, ou par toute autre voie de trésorerie — bons à court terme, bons sexennaires, — on dote, par exemple, la Caisse des écoles, puisque c'est d'elle qu'il s'agit, de 300 millions, et on inscrit modestement au budget une annuité de quinze millions destinée à amortir cette somme et à éteindre le compte de la Caisse : mais, en même temps il faut porter au chapitre de la dette publique l'annuité nécessaire au service des intérêts du capital emprunté, de sorte que la charge est double et que l'on n'éteint jamais la dette.

D'après le rapport adressé au Président de la République, par les Ministres de l'Instruction pu blique et des Finances, le 31 janvier 1887, sur les opérations de la Caisse des lycées, collèges et écoles primaires, il avait été accordé, par l'Etat, depuis la création de la Caisse, c'est-à-dire depuis 1880 :

A l'enseignement secondaire, lycées nationaux et collèges communaux de garçons, établissements d'enseignement secondaire de jeunes filles, des subventions pour un total de.............. 98 millions.
et des autorisations d'emprunts à la première section de la caisse pour..... 36 .—

     Total............. 124 millions.

Aux écoles primaires :

En subventions........................ 178 millions.
En avances........................... 190 —

     Total................. 368 millions.

30,394 communes sur 36,000 environ, soit les cinq sixièmes, avaient bénéficié des avantages de la Caisse, sous forme de subventions, ou sous forme d'emprunts, et la dépense totale de 448 millions, s'était partagée de la façon suivante :

Part contributive des communes.... 267 millions.
Allocations des départements......., 13 —
Subventions de l'État............... 168 —

     Total............. 448 millions.
pour les seules écoles primaires.

Les dépenses pour l'instruction primaire, qui forment de beaucoup la plus grosse part dans cette catégorie, ont leur origine dans le titre II de la loi du 20 mars 1883, dont nous reproduisons ci-dessous les principaux articles :

Art. 8. — Toute commune est tenue de pourvoir à l'établissement de maisons d'école au chef-lieu et dans les hameaux ou centres de population éloignés dudit chef-lieu ou distants les uns des autres de 3 kilomètres, et réunissant un effectif d'au moins 20 enfants d'âge scolaire.

Art. 9. — Lorsque la création d'une école aura été décidée conformément aux lois et règlements, les frais d'acquisition, de construction, et d'appropriation des locaux scolaires ou les frais de location de l'immeuble, ainsi que les frais d'acquisition du mobilier scolaire, constituent pour la commune *une dépense obligatoire.*

Il est pourvu à la dépense soit par un prélèvement sur les ressources disponibles de la commune, soit par un emprunt,... soit enfin par des subventions du département, de l'État.

Art. 10. — ...Lorsqu'un emprunt à la caisse des lycées, écoles et collèges aura été jugé nécessaire, le maire, ou sur son refus un délégué spécial, nommé en exécution de l'art 15 de la loi du 18 juillet 1837, empruntera à cette caisse, après y avoir été autorisé, la somme nécessaire.

L'exagération des dépenses ne s'est naturellement pas bornée au matériel, le personnel en a eu sa bonne part. Nous ne trouvons certes pas excessifs en eux-mêmes les modestes traitements qu'on a cherché à assurer aux instituteurs et aux institutrices, mais la profusion des emplois en a rendu la charge extrêmement lourde pour le budget. A la même époque où la bonne parole annonçait la multiplication des chemins de fer et des canaux, elle promettait aussi aux maîtres d'école des augmentations successives et considérables de leurs émoluments. Il ne faut pas s'étonner si ces mêmes fonctionnaires font entendre aujourd'hui des plaintes sur la lenteur avec laquelle se réalisent leurs espérances, lenteur que l'état de nos finances ne pourra cependant qu'accroître.

Mais ce n'est pas que dans l'enseignement primaire que les fautes ont été commises. On sait avec quelle prodigalité l'État s'est lancé dans les constructions de lycées, non seulement pour les jeunes gens, mais pour les jeunes filles : non content de solliciter ainsi de toutes parts les Français à faire donner à leurs enfants l'éducation classique, il a augmenté le nombre de bourses entièrement gratuites dans ces établissements d'enseignement secondaire, d'une façon absolument inconnue jusqu'ici, et il en est arrivé à payer de ce chef plus de trois millions de francs par an. Le nouveau ministre, M. Spuller, effrayé de cette dépense, effrayé aussi de constater l'encombrement des carrières auxquelles prépare et mène l'instruction donnée dans les lycées, propose sur ce chapitre une réduction, bien modeste, il est vrai, puisqu'elle n'est que de 150,000 francs, tandis que l'augmentation, dans les cinq dernières années seulement, avait été d'un demi-million. Saluons la cependant comme le commencement du retour à la sagesse.

Le même ministre propose aussi de réduire de 710,000 francs la part contributive de l'État, pour 1888, aux dépenses des établissements secondaires, par des suppressions d'emplois inutiles et surtout par une petite élévation des frais d'études à payer par les familles. Ces frais variaient souvent, en une même région, dans une proportion importante et inexplicable ; d'une façon générale, ils étaient restés ce qu'ils étaient il y a trente ans ; ils peuvent donc subir une légère augmentation qui ne fera que compenser l'abaissement de la valeur de l'argent.

Il est indispensable de réagir contre la tendance fâcheuse qu'ont beaucoup de citoyens français à chercher, par tous les moyens possibles, à faire élever gratuitement leurs enfants dans les lycées de l'État. Un article humoristique de M. Sarcey, paru récemment dans le journal la *République française*, contait l'histoire de ce préfet à qui il faut faire commandement tous les mois pour qu'il paie la pension de son fils ; celle des habitants de nos colonies qui envoient leurs héritiers dans nos établissements scolaires, acquittent le premier trimestre, et ne donnent plus signe de vie, léguant à jamais cette charge à l'État. Le même écrivain affirme encore, d'après des témoignages qu'il a recueillis, que bien souvent les élèves boursiers, au lieu de donner l'exemple du travail et de la bonne conduite et de témoigner ainsi leur reconnaissance du bienfait qui leur a été conféré, sont les plus paresseux et les moins disciplinés. Que si les proviseurs s'irritent à juste titre et parlent de renvoyer ces enfants, une protection mystérieuse, la même qui a déjà obtenu les bourses pour ces sujets peu dignes d'intérêt, s'étend encore sur eux et les maintient en dépit des vœux de l'autorité universitaire.

En cherchant la philosophie de nos errements financiers des dernières années, on peut certainement dire que la caractéristique, outre l'exagération universelle des dépenses, en a été la tendance à considérer comme extraordinaires des dépenses qui auraient dû trouver leur contre-partie uniquement dans les ressources normales de l'impôt. C'est ainsi que nous sommes amenés, à propos du budget de la guerre (695 millions pour 1888 au lieu de 180 millions en 1816), à rechercher de quel droit on appelle extraordinaires des dépenses telles que les soixante millions de « construction de casernement et travaux de fortification » et les soixante-dix-neuf millions « de fabrication du nouvel armement ».

Pour ce qui est de la première, nous nous demandons avec quelque stupeur si les milliards absorbés par les deux comptes de liquidation, ouverts en 1871 et fermés seulement douze ans après, n'ont pas suffi à mettre notre territoire en état de défense parfaite. Quant à la transformation de l'armement, elle devient si fréquente de nos jours que, du train où va le progrès de l'industrie moderne, on ne peut guère prévoir que l'on s'arrête dans cette voie d'inventions nouvelles, toujours plus meurtrières, toujours plus merveilleuses que les précédentes. Il faut donc se dire, le jour où l'on fabrique un fusil ou un canon nouveau, supérieur à tous ceux actuellement en usage, que dans un mois ou dans un an on en découvrira un autre qui aura une portée plus grande, une trajectoire plus dangereuse, un système de chargement plus rapide. Considérer la fabrication d'une arme nouvelle comme une dépense extraordinaire, dont la prudence humaine ne doit pas prévoir le renouvellement, est donc fort téméraire. Nous ne nous permettrons pas d'entrer ici dans le fond même de la discussion : nous nous bornerons à demander à notre ministre, à nos généraux si l'on n'a pas aujourd'hui une tendance à attacher une importance trop exclusive à ces questions d'armement et si, en admettant même qu'on ne l'exagère pas, on ne se presse pas trop d'adopter une arme, uniquement parce qu'elle est en usage chez des voisins et sans l'avoir éprouvée soi-même par une expérience suffisante.

Nous avons à ce sujet des idées arriérées, que nous savons partagées par un certain nombre d'officiers, mais nous ne nous croyons pas une autorité suffisante pour nous permettre de les exposer ici. En tout cas, plus on se décide vite et plus il y a chance qu'on se trompe et qu'on soit obligé de revenir au bout de peu de temps sur ce qu'on aura fait. En ce moment même, des discussions très vives sont engagées sur les mérites respectifs du fusil Lebel et du fusil Pralon. N'est-il pas à craindre qu'un ministre ardent ne se soit trop pressé d'adopter et de mettre en fabrication l'un des deux ?

De même pour les fortifications. On les blinde aujourd'hui pour résister aux effets terribles de nouvelles substances explosibles employées dans les projectiles. Mais une fois que nous aurons mis des plaques d'acier sur tous nos bastions, qui nous dit qu'on n'aura pas inventé une nouvelle mélinite ou roburite, deux fois plus puissante que l'autre et capable de mettre en poudre nos cuirasses les plus épaisses ?

Nous savons avec quelle discrétion il faut toucher aux questions militaires : aussi nous bornerons-nous à rappeler ici la critique si frappante qu'un officier général [1] vient de faire de l'accroissement du budget de la guerre ; il prouve malheureusement que, sur bien des points, les résultats obtenus ne sont pas en rapport avec l'argent dépensé. Et tout d'abord, il assure que la tendance constante des ministres depuis quelques années a été de négliger de plus en plus de consulter les comités spéciaux, à l'avis desquels leurs prédécesseurs ne manquaient jamais de recourir. La commission chargée de répartir les fonds des comptes de liquidation, d'en surveiller l'emploi, n'a plus reçu de documents *depuis 1878*. Les comptes du ministère de la Guerre depuis 1876 n'ont pas été vérifiés. Aussi les virements d'un chapitre à l'autre, ont-ils recommencé à fleurir. De là ces tâtonnements, ces dépenses engagées trop vite, ces systèmes adoptés avec précipitation et qu'on abandonne ensuite, lors-

---

[1] *Journal des Débats*, 27, 28, 29 août 1887,

qu'on peut les abandonner, ou dont on souffre à perpétuité sans pouvoir s'en dégager. C'est ainsi que notre ceinture de forts est en ce moment l'objet de critiques assez vives, à cause du nombre énorme de troupes qu'il faudra immobiliser pour y tenir garnison.

Mais il ne s'agit pas seulement des dépenses faites et si libéralement votées par les Chambres. Il faut nous préparer à voter demain des centaines de millions pour le nouvel armement de l'infanterie, une somme encore inconnue pour la transformation de l'artillerie, 120 millions pour constructions de casernes, une somme indéterminée pour les travaux de fortifications à élever ou à modifier.

Si nous prenons en détail les dépenses ordinaires, nous trouvons également des augmentations bien sujettes à critique. Les fonds secrets qui, il y a quelques années, s'élevaient à 300,000 francs, ont soudainement été portés à 700,000 : on s'est demandé si leur emploi avait toujours été conforme aux vœux de la Chambre. Le chapitre des « Secours » qui était de 1,736,000 sous l'empire est aujourd'hui de 4,017,000 ! On y voit figurer entre autres 5,000 francs pour allocation aux mamelouks rentrés en France à la suite de notre armée, lorsque le général Menou la ramena d'Égypte, en 1801.

La dépense des écoles militaires, de 4 millions avant la guerre, a passé à 13,205,230 francs, ce qui n'est nullement proportionnel à l'augmentation du nombre des élèves. En outre, les dépenses de l'École de pyrotechnie, des écoles régimentaires du génie et de l'artillerie ne sont même pas comprises dans ce chiffre. D'une façon générale, les cadres de toutes les écoles, les sous-officiers ou soldats qui y sont employés paraissent trop nombreux. 403 officiers, en dehors de ceux qui suivent les cours, sont ainsi détournés du service actif.

Les dépenses de l'artillerie ont quintuplé depuis la guerre, ce qui est loin de correspondre à l'augmentation d'effectif. Il est vrai que le matériel perfectionné est plus coûteux à entretenir et se trouve en partie sur les remparts, où il se détériore très vite.

En résumé, en 1870, on demandait 374 millions pour l'entretien de 400,000 hommes et de 80,000 chevaux. En 1888, on demande 695 millions pour 525,000 hommes et 131,000 chevaux. La dépense a augmenté de 85 0/0, et l'effectif de 31 0/0 seulement en hommes et de 49 0/0 en chevaux. Si, au lieu de nous borner à comparer les effectifs nominaux, nous examinions les effectifs combattants, nous trouverions une disproportion encore pire entre la dépense et le résultat obtenu. Chaque soldat nous coûte plus cher qu'aux Allemands, et leur effectif réel, présent sous les drapeaux, est sensiblement supérieur au nôtre. Ils entretiennent 468,000 hommes avec un budget total de 539 millions de francs, budget unique sur lequel ne se greffe aucun budget extraordinaire, ni aucun compte de liquidation.

N'en est-il pas de même pour la Marine, qui nous demande trente millions à son budget extraordinaire et qui ne sait pas aujourd'hui à quel type de navires s'arrêter? Les torpilleurs ont des partisans et des adversaires également convaincus : des autorités également compétentes les défendent et les attaquent. Il est impossible de dire dès maintenant si l'on doit en augmenter ou en diminuer le nombre. De quel droit appelle-t-on donc extraordinaires des dépenses qui ne sont véritablement que des dépenses d'essai et qui peuvent, qui doivent se renouveler à des intervalles extrêmement rapprochés? En tout cas, il est cruel d'avoir à constater, à l'heure même où nous écrivons, à l'heure où il n'est question que d'économies, que la Marine, non seulement n'a pas supprimé son budget extraordinaire, mais a même dépassé ses crédits de plusieurs millions et pour 1886 et pour 1887. Elle n'a pas renvoyé de ses arsenaux les ouvriers qu'elle aurait dû congédier pour se renfermer dans la limite des subsides votés, elle a dépassé de deux millions le crédit alloué aux constructions de torpilles, elle a fait à l'industrie privée des commandes pour plus du double des six millions prévus, elle n'a pas enfin réduit ses effectifs dans la proportion prescrite. En un mot, il paraît constant (et le fait s'est découvert à l'occasion du dernier changement de ministère), qu'arrivé à peine à moitié de l'exercice, le ministère de la Marine avait dépassé de plus de 19 millions les crédits qui lui étaient ouverts. On va être obligé de recourir aujourd'hui à des annulations d'une somme égale pour équilibrer ce budget. Or, il est bien évident que de pareils virements ne peuvent avoir lieu sans qu'il en résulte pour le service un trouble des plus fâcheux.

La conséquence de ces dépenses exagérées se fait cruellement sentir dans nos ports militaires. Le ministre est obligé de désarmer une partie de nos cuirassés. Or, on sait qu'aujourd'hui un navire est une machine tellement compliquée, tellement difficile à faire connaître aux officiers et à l'équipage, qu'il y a les plus grands inconvénients à renvoyer ceux-ci à terre au moment où ils commençaient peut-être à se familiariser avec leur bâtiment. Ces à-coup fâcheux seraient évités par une application sévère des fonds aux chapitres mêmes auxquels ils sont destinés.

Une autre conséquence déplorable de ces habitudes prises de dépasser les crédits votés, est que les paiements aux fournisseurs de l'État ne se font plus avec la régularité digne d'une grande nation. Nous n'oserions le consigner ici si cela ne nous avait été affirmé par les hommes les plus honorables, les plus dévoués à leur pays, les plus versés dans les affaires. Mais il est certain que l'exécution des contrats passés avec le ministère de la Marine est aujourd'hui hérissée de difficultés, et que ces difficultés proviennent presque toujours des exigences et des fantaisies de l'administration. On nous a cité l'exemple d'affrètements pour le Tonkin effectués il y a trois ans et qui viennent seulement d'être réglés. Les livraisons des navires que l'État a commandés à l'industrie privée sont continuellement retardées, parce que les représentants du ministère, chargés de surveiller la construction, soulèvent chaque jour des objections nouvelles, exigent l'adjonction de machines ou de pièces qui n'étaient pas prévues au cahier des charges. Or, en ce cas, les constructeurs cèdent, lors même qu'ils seraient en droit de ne le pas faire : car c'est pour eux, en quelque sorte, une nécessité que de ne pas se mettre en conflit avec l'autorité, et de tâcher surtout de rentrer le plus vite possible dans leurs débours. On comprend que dans ces matières, où il s'agit de dizaines et de vingtaines de millions, la perte d'une année ou deux d'intérêt, au taux encore relativement élevé auquel les industriels se procurent des capitaux chez leurs banquiers, représente souvent plus que le bénéfice total à retirer de l'entreprise.

La commission du budget vient, du reste, d'être obligée de voter des crédits supplémentaires au budget de la marine pour l'année 1887, afin de payer les dépenses engagées en dehors des sommes allouées par le Parlement. Pour les seuls achats de bâtiments neufs à l'industrie, l'insuffisance révélée est de 8,240,000 francs. Le rapporteur spécial, M. Ménard-Dorian, s'est élevé à bon droit contre ces agissements, qui forcent la main au législateur et rendraient illusoires dans l'avenir tous ses efforts d'économie. Nos Chambres se sont toujours montrées assez généreuses lorsqu'il s'est agi de la défense nationale, pour que les ministres et leurs bureaux doivent se faire une règle inviolable de ne pas dépasser les crédits qui leur sont alloués.

L'émotion a été assez vive pour que les journaux les plus sérieux aient agité de nouveau, à cette occasion, la question si mal définie de la responsabilité ministérielle, et demandé qu'on discute de nouveau la proposition que M. Guichard avait déposée en 1882. D'après ce projet de loi, le ministre qui aurait commis une faute lourde dans la gestion des affaires de l'État serait, à la suite d'une information parlementaire et sur l'invitation des Chambres, renvoyé devant les tribunaux ordinaires pour réparations civiles. Nous ne savons pas si c'est là la meilleure solution. Mais il nous semble plus urgent que jamais de trouver un moyen de maintenir strictement les dépenses ministérielles dans la limite des crédits votés.

Le vrai patriotisme ne consiste pas, pour une Chambre, à voter sans discussion les centaines de millions qu'on lui demande. Les ministres de la guerre et de la marine, animés des intentions les meilleures, peuvent se tromper ; ils ignorent, par principe en quelque sorte, le côté économique des questions : les membres du Parlement sont là pour le leur rappeler. Les Allemands aiment autant leur pays que nous le nôtre : le Reichstag a cependant refusé à M. de Bismarck, l'année dernière, le vote du Septennat militaire, et on se souvient de la lutte violente que le chancelier de fer a dû soutenir pour arracher aux électeurs une nouvelle Chambre disposée à voter ses projets.

La nécessité de surveiller l'accroissement de nos

dépenses de la guerre et de la marine éclate avec évidence à la simple lecture du tableau suivant extrait du travail que M. Richard von Kaufmann vient de publier dans le *Jahrbücher für national Œkonomie und statistik* (à Iéna). On y voit la terrible proportion de notre fardeau militaire par rapport à celui des autres nations. L'auteur a judicieusement mis en regard de ce premier chiffre celui de la dette de chaque pays et des intérêts annuels qu'il est tenu de servir à ses créanciers. L'addition des deux dernières colonnes donne pour la France un chiffre qui n'est atteint par aucun pays. La Russie elle-même, l'empire colossal, reste de près de deux cents millions en arrière de nous ; l'Angleterre n'arrive pas aux deux tiers de nos 2 milliards 200 millions ; quant à l'Allemagne, elle dépense 539 millions pour son armée et 378 pour sa dette, c'est-à-dire les deux cinquièmes environ de ce que nous coûtent les mêmes services. Et ce chiffre comprend la totalité des États allemands : Prusse, Bavière, Würtemberg, Bade, Saxe, Hambourg, Lübeck, Brême, Hesse, Mecklenbourg-Schwerin, Saxe-Weimar, Mecklenbourg-Strelitz, Oldenbourg, Brunswick, Saxe-Meiningen, Saxe-Altenbourg, Saxe-Cobourg-Gotha, Anhalt, Schwarzbourg-Sondershausen, Schwarzbourg-Rudolstadt, Waldeck, Reuss, Schaumbourg-Lippe, Lippe.

ÉTATS.	DATES.	MONTANT de la dette en capital.	INTÉRÊTS et amortissement annuels.	DÉPENSES militaires annuelles.
		millions de francs.		
Prusse	1er avril 1886.	4,814	220,0	539,1
Empire d'Allemagne...	31 décembre 1886.	526	20,1	
Wurtemberg......	31 décembre 1885.	525	21,5	»
Saxe............	Idem.	800	33,2	»
Hambourg	31 décembre 1883.	178	8,7	»
Bavière..	31 mars 1886.	1,790	61,1	»
Bade............	31 décembre 1885	53	2,1	»
Autres États allemands..	Idem.	268	11,0	»
Autriche.........	31 décembre 1884.	9,288	389,9	342,0
Hongrie	Idem.	3,178	206,8	
Italie...........	31 décembre 1885.	11,131	532,0	342,5
Suède..........	Idem.	345	16,4	35,5
Norwège.........	31 juin 1885.	151	6,0	18,3
Danemark.......	31 décembre 1885.	274	12,4	23,0
Pays-Bas	Idem.	2,260	69,5	69,5
Belgique.........	31 décembre 1885.	1,771	86,5	45,6
Espagne........	1er juillet 1886.	6,042	274,1	200,3
Portugal.........	Idem.	2,821	89,3	39,3
Angleterre.......	31 mars 1885.	17,829	737,5	740,2
Suisse...........	1er janvier 1886.	32	1,8	17,1
Serbie..........	13 juin 1886.	244	13,7	16,2
Roumanie........	1er avril 1887.	729	59,2	28,5
Grèce...........	1er janvier 1886.	348	33,0	23,0
Turquie	1880-81.	2,622	55,4	200,0
Bulgarie	1er janvier 1885.	»	2,1	»
Finlande.........	31 décembre 1885.	65	5,9	6,1
Russie	Idem.	18,028	1,038,0	982,4
France	31 décembre 1886.	31,000	1 336,0	859,5
Totaux.............		117,112	5,343,2	4,528,1

Le budget des Affaires étrangères proprement dit
ne donne pas lieu à grandes observations, mais on

y rattachait jusqu'ici les 30 millions de subvention accordés au protectorat du Tonkin : ce chiffre, double de celui des autres dépenses de ce ministère, mérite que nous nous y arrêtions un instant. C'est, en effet, un grave problème que celui de l'administration de cette nouvelle colonie indo-chinoise, non pas seulement au point de vue politique, mais encore au point de vue financier, le seul qui nous préoccupe ici. On s'accorde généralement à croire que l'on pourrait tirer du pays occupé des ressources plus considérables que celles qu'il nous fournit actuellement : il faut espérer que l'habileté de nos résidents saura les obtenir sans mécontenter les habitants. Il serait à souhaiter que le Tonkin se suffît promptement à lui-même, comme la Tunisie l'a fait dès le lendemain de l'occupation. On évalue sa population à plus de huit millions d'âmes et on ne lui demande cependant que 15 millions de francs de contributions, soit moins de 2 francs par tête d'habitant, impôts directs et indirects réunis. C'est évidemment moins que ce qu'une bonne administration devrait pouvoir retirer fort aisément d'une pareille contrée. C'est à peine la recette nécessaire pour les services civils, tandis que l'armée et la marine absorbent plus des trente millions de subvention que nous accordons au budget tonkino-annamite. Ces 15 millions proviennent,

pour moitié environ, des contributions indirectes
(douanes, opium, alcool) et, pour moitié, des impôts
dits « annamites » : on entend par là les taxes per-
sonnelles et foncières prélevées sur les indigènes,
évaluées par nous d'après les données de l'administration annamite du Tonkin et perçues par celle-ci
pour des sommes beaucoup plus fortes que celles
qui arrivent dans nos mains. Ces recettes suffisent
à peu près au paiement des dépenses suivantes :

Services financiers.............	2,000,000
Milices tonkinoises............	2,160,000
Milices annamites.............	478,000
Administration annamite.......	1,200,000
Résidents et résident général...	2,400,000
Postes et télégraphes..........	700,000
Travaux publics...............	350,000
Police et prisons..............	600,000

Mais le personnel des fonctionnaires est trop
nombreux, surtout en comparaison des recettes
qu'ils ont pour mission de faire rentrer : c'est ainsi
que les postes, qui coûtent 700,000 francs, n'en produisent que 250,000.

Ce budget de 45 millions pour le protectorat ne
représente, du reste, même pas le total vrai des dépenses que nous faisons en Indo-Chine. Il ressort,
en effet, des explications mêmes que le ministre des
Affaires étrangères a données à la commission du

budget qu'il faut ajouter aux 30 millions de subvention fixe qu'on demandait à nos députés de voter, 7 autres millions que nous payons sur le budget de la guerre et 4 à 5 sur le budget de la marine ; et, malgré tout, on nous fait encore prévoir un déficit, léger il est vrai, d'un million sur le budget du protectorat. C'est donc bien près de 50 millions que nous coûte la défense maritime et terrestre de notre empire colonial d'extrême-orient. C'est beaucoup en comparaison des résultats commerciaux obtenus, tels que les expose le rapport de M. Rocher, directeur des douanes au Tonkin, adressé le 1er mars 1887 au résident général. Les importations ont été, en 1886, de 28 millions de francs contre 22, en 1885 ; et les exportations, de 8 millions contre 7 l'année précédente. Malheureusement, sur les 28 millions importés, 6 seulement sont des produits français, et encore convient-il de rappeler que dans ce nombre il en est de fabrication étrangère importés de France ou de nos colonies en Cochinchine et réimportés au Tonkin. Le nouveau tarif de douanes doit modifier cet état de choses au profit de notre industrie nationale.

Il est bon, à cette heure, d'attendre l'effet de deux événements considérables qui viennent de se produire : la signature du traité de commerce franco-chinois, et la réforme douanière. Le traité de commerce a déjà subi de nombreuses critiques : on trouve que la Chine ne nous a fait que de bien minces concessions : ainsi nous ne pouvons pas importer de sel chez elle par la frontière terrestre. L'autorisation que nous lui avons accordée d'avoir des consuls dans nos possessions asiatiques n'est pas non plus sans causer quelque inquiétude à ceux qui connaissent ces populations. Quant au décret, rendu en Conseil d'État, qui concerne le régime douanier de l'Indo-Chine, il applique notre tarif général des douanes dans la Cochinchine française, et dans les pays protégés du Tonkin, de l'Annam et du Cambodge. Les marchandises importées de France, d'Algérie et des colonies françaises ne sont assujetties à aucune taxe, à condition d'avoir été transportées directement. Les produits étrangers, sortant des entrepôts de la métropole, de l'Algérie et des colonies, sont considérés comme importés de l'étranger. Il est accordé une détaxe de 80 0/0 sur les droits d'importation pour les marchandises étrangères transitant à travers l'Indo-Chine française.

Les projets d'une union générale de nos possessions d'Extrême-Orient, qui rattacherait le Tonkin et l'Annam à la Cochinchine, ont trouvé des avocats et des adversaires également résolus. On a répété que la Cochinchine, dont le budget se solde en excédant, est prête à prendre à forfait l'administration de l'Annam, du Tonkin et même du Cambodge, sans demander aucune subvention à la mère-patrie. — On a répondu que l'excédant apparent du budget cochinchinois, qui semble en effet se solder par 3 millions de bénéfices, est dû à ce que la mère-patrie supporte encore une grande partie des frais de la colonie ; si celle-ci devait se suffire à elle-même, elle aurait un déficit de 4 à 5 millions. Il est vrai qu'elle pourrait aisément donner d'énormes coups de ciseaux dans son budget, composé, entre autres, des chapitres suivants, dont la simple énumération est assez éloquente pour nous dispenser de tout commentaire. Nous rappellerons que, sur les deux millions d'habitants de la Cochinchine, il n'y a pas plus de six cents Français non fonctionnaires.

Le personnel central et l'administration, c'est-à-dire les bureaux de Saïgon, coûtent.......................................	784,000 fr.
Le gouvernement proprement dit : conseil privé, conseil colonial..........	200,000
L'administration provinciale (le personnel seulement).........................	1,893,000
La Cour d'appel et les sept tribunaux de première instance....................	850,000
La garantie d'intérêts du chemin de fer de Saïgon à Mytho..................	680,000
Le député de la Cochinchine à Paris	

reçoit une subvention extraordinaire
de.. 25,000 fr.
   Les troupes théâtrales.............. 177,000

On ne voit pas, en vérité, une administration aussi luxueuse, apportant l'économie dans un jeune budget et en triplant les recettes. C'est pourtant ce qu'il faudrait faire au Tonkin pour nous épargner l'annuité de 30 millions qui constitue, jusqu'ici, le résultat le plus clair de notre conquête.

Nous verrons, au chapitre xiv, comment le Gouvernement propose de modifier cet état de choses.

Le ministère du Commerce et de l'Industrie, celui de l'Agriculture, qui étaient avant la guerre confondus avec celui des Travaux Publics, offrent matière abondante à réduction. Les hôtels somptueux des ministres, leurs états-majors, sont en disproportion avec l'importance du rôle qui leur est dévolu. Les forêts, qui sont une des attributions principales du département de l'Agriculture, sont moins bien administrées qu'elles ne l'étaient par les Finances. Non seulement elles rapportent moins, mais on assure qu'au point de vue de l'aménagement et du reboisement, le système actuel ne vaut pas celui d'autrefois.

Bien que le budget de la Justice soit un des plus

modestes, puisqu'il ne dépasse guère 37 millions de francs, on croit généralement et avec raison, semble-t-il, qu'il comporte un trop grand nombre de fonctionnaires. On est à peu près d'accord pour réclamer la suppression de cours d'appel et de tribunaux de première instance, dont l'activité est descendue à un niveau qui n'en justifie plus l'existence. Il n'y a pas de motifs, à notre époque de chemins de fer et de télégraphe électrique, pour conserver autant de centres de juridiction qu'il y a un demi-siècle. Il est aujourd'hui moins coûteux et moins difficile de faire vingt lieues qu'il ne l'était alors d'en faire deux ou trois. Il n'en est pas de la justice comme de l'administration : celle-ci doit, dans une certaine mesure, être constamment à la portée des citoyens, et on a pu combattre, avec d'assez bons arguments, la suppression générale qu'on avait proposée des sous-préfets. Mais les juges n'ont pas besoin d'être connus de ceux qui plaident devant eux : la majesté de la justice ne peut au contraire que gagner à un certain éloignement. Or, de nos 26 cours d'appel, cinq ont moins de 300 affaires à juger en un an. Chacune de leurs chambres ne siège pas plus de trois fois par semaine, sans que la durée de l'audience dépasse jamais quatre heures.

Quant aux tribunaux de première instance, en

nombre égal à celui des arrondissements adminis-
tratifs, puisqu'il y en a un dans chaque sous-pré-
fecture, il en est 62 qui ont à juger moins de 200
et 101 moins de 250 affaires civiles par an. Et encore la moitié au moins de ces jugements sont-ils de
pure forme : homologations, liquidations, partages,
défauts, etc...

La conclusion se dégage d'elle-même. — Là
comme ailleurs, nous ne demandons pas de réforme
brutale, ni de ces mises à la retraite prématurées
qui grèvent lourdement le budget des pensions.
Qu'on procède par voie d'extinction : en moins
d'une génération on aura pu supprimer la plupart
des cours et des tribunaux inutiles.

CHAPITRE VI

EXPÉDIENTS DE TRÉSORERIE

Nous avons effleuré, dans cette excursion rapide à travers le budget, une partie des questions qu'il fait naître. Nous avons essayé d'indiquer dans les divers services de cette énorme machine et particulièrement dans ceux qui engloutissent les millions par dix et par cent, les exagérations manifestes des dépenses.

Nous devons maintenant aborder un autre ordre de critiques, et examiner sommairement ce qui a constitué depuis une dizaine d'années la gestion financière proprement dite. Car, outre que nous avons trop dépensé, et en partie sans doute aussi parce que nous avons trop dépensé, nous n'avons pas tiré du crédit de la France tout le parti que nous pouvions et devions en obtenir. Nous n'avons, par exemple, su faire qu'un usage insuffisant et maladroit de ce puissant remède aux dettes publiques excessives qui a nom conversion, et qui a été employé avec tant d'habileté et de persévérance par les ministres anglais, qu'ils ont diminué de moitié, en moins d'un demi-siècle, la charge des intérêts que le Trésor britannique paie aux porteurs de ses consolidés. Nous avons laissé notre 5 0/0 s'établir pendant huit années bien au-dessus du pair et monter jusqu'à 126, avant d'avoir le courage de l'appeler au remboursement et d'émettre à sa place un fonds qui nous coûtât un dixième d'intérêt en moins. Au moment où nos budgets se soldaient par des excédants, où notre rente revoyait des cours qu'elle n'avait plus connus depuis la monarchie de juillet, nous avons reculé devant cette mesure si simple, si naturelle, qui consiste à dire à un rentier : « Je vous paie cinq francs par an, en vertu des 82 francs que vous m'avez versés à un certain moment. Je viens me libérer de cet engagement en vous remboursant votre capital à raison de cent francs. Toutefois, comme je devrais contracter un nouvel emprunt pour vous rembourser, je vous offre le droit de rester mon créancier de ces mêmes cent francs, mais je ne vous paierai plus que 4 fr. 50 d'intérêt, car mon crédit est meilleur qu'au jour où j'ai eu recours à vous. Mon 3 0/0 vaut 84, c'est-à-dire qu'il ne rapporte même pas 4 0/0 ; mais je veux néanmoins vous faire un avantage pour vous décider à rester mon créancier ». Croit-on que dès 1877 ou 1878, il se fût trouvé, sur mille rentiers, un titulaire d'une inscription pour refuser une proposition aussi équitable, aussi naturelle ? Et pourtant de vaines frayeurs électorales ont retardé jusqu'en 1883 cette conversion, qui, décrétée plus tôt, nous aurait économisé cinq ou six annuités de 35 millions, et nous permettrait de gagner, dès aujourd'hui, 35 autres millions en convertissant notre 4 1/2 en 4 0/0, ce qui ne se pourra faire avant 1893. Nous avons, en effet, garanti les rentiers contre tout remboursement pendant dix ans à partir de la dernière conversion.

En même temps que nous procédions avec cette timidité extraordinaire à la conversion de celles de nos rentes qui étaient convertibles, nous négligions, chaque fois que nous en émettions d'autres, de choisir un type qui nous permît de procéder, dans un avenir possible à prévoir, à la conversion de ces nouvelles émissions. Toutes celles-ci ont été faites en 3 0/0, à un cours très éloigné du pair : c'est-à-dire que, chaque fois que nous empruntions, nous contractions une dette d'un montant très supérieur à celui que nous encaissions réellement ; ainsi l'année dernière, lors de l'emprunt Sadi-Carnot, pour 900 millions d'argent que nous avons reçus, nous nous sommes endettés de 1,125 millions. D'où cela vient-il ? c'est que nous nous obstinons à emprunter à un taux nominal qui n'est nulle-ment le taux véritable que nous sommes obligés de servir à nos créanciers. A quoi bon parler de 3 0/0, lorsque nous cédons cette rente 3 0/0 à 80 fr., c'est-à-dire que nous payons les intérêts sur la base de 3,75 0/0 ? On sent l'immense inconvé-nient de cette façon de procéder, puisque, si l'État voulait se libérer au lendemain même de l'opéra-tion, il devrait rembourser 100 fr. à chacun des souscripteurs qui ne lui en a cependant donné que 80.

Au contraire, un fonds 4 0/0 aurait pu être émis au pair, et, en échange d'un versement de 100 fr., effectivement reçu à ses caisses, l'État n'aurait souscrit qu'un engagement de même importance. Aussitôt donc que son crédit s'améliorerait, que cette amélioration se manifesterait par la hausse des diverses catégories de rentes, le jour où il pour-rait trouver de l'argent à 3 1/2, il offrirait aux por-teurs de 4 0/0 le remboursement, ou la réduction de l'intérêt de un demi pour cent, c'est-à-dire précisé-ment à 3 1/2.

Il résulte clairement de ce qui précède qu'il con-vient d'emprunter toujours au pair ou à un cours qui ne s'en écarte guères. C'est une des règles fondamentales d'une bonne gestion financière, règle dont nous nous sommes malheureusement presque toujours écartés et à laquelle les Anglais, en dehors de la période de leurs grandes luttes contre nous, à la fin du siècle dernier et au commencement de celui-ci, sont toujours restés attachés[1]. Nous concédons que le principe ne saurait être appliqué dans des circonstances extra-ordinaires, comme lorsqu'à la suite d'une guerre malheureuse il faut emprunter d'un seul coup des sommes considérables ; il convient alors de donner un appât à la spéculation, de lui offrir des rentes à une certaine distance du pair, afin que l'espoir de regagner cet écart attire les souscripteurs. Mais, cela n'est nécessaire que lorsqu'il y a présomption que les capitaux disponibles de l'épargne ne suffi-ront pas à souscrire immédiatement l'emprunt tout entier : car, en dehors de la question de sécurité, le véritable rentier ne se préoccupe guère que d'une chose : du taux auquel il place ses économies.

Ce fut donc une grave erreur que d'emprunter aux environs de 80 0/0. Si l'on avait emprunté au pair, le capital nominal de notre dette serait de un

---

[1] Voir *les Conversions de rentes*, de l'auteur.

ou de deux milliards moindre, sans que le service des intérêts exigeât une somme supérieure. Peut-être même aurions-nous déjà pu le réduire par voie de conversion.

Nous avons aussi augmenté quelque peu nos charges en faisant à plusieurs reprises nos émissions de rente en trois pour cent amortissable, au lieu de nous en tenir au trois pour cent perpétuel. On sait que les titres de rente amortissable sont appelés au remboursement au pair par des tirages annuels s'étendant sur une période de soixante-quinze ans à partir de la première création de ce type, c'est-à-dire de 1879 à 1953. Or l'amortissable, émis aux environs de 80 0/0, coûte à l'État quelques francs de plus que le 3 0/0 : on comprend que si Pierre recevant 80 fr. de Paul s'engage, non seulement à lui servir indéfiniment une rente annuelle de 3 fr., mais encore à lui rembourser 100 fr. dans un délai maximum de soixante-quinze ans, Pierre doit mettre annuellement de côté une certaine somme dont l'accumulation reconstituera dans ledit délai les 80 fr., plus 20 fr. de prime, qu'il s'est engagé à payer à son créancier. Cet engagement a donc une valeur supérieure à celui qui ne comporte que le paiement d'une somme fixe annuelle sans obligation de remboursement, comme c'est le cas pour la rente perpétuelle. Le titre de cette rente a une supériorité mathématique, aisée à chiffrer, sur celui de la rente perpétuelle ; l'écart devrait être aujourd'hui de 4 ou de 5 francs. Le 3 0/0 perpétuel valant 82 fr., le 3 0/0 amortissable devrait être coté 85 fr. 50. En fait, l'écart du cours de la bourse est presque toujours moindre. Cela vient de ce que le capitaliste ne tient pas suffisamment compte de l'avantage que constitue pour lui le remboursement avec prime et se préoccupe surtout du taux d'intérêt annuel. Aussi l'amortissable ne s'est-il guère émis en moyenne qu'à une ou deux unités au-dessus du cours du 3 0/0 perpétuel. Il nous souvient même d'une période où le prix des deux rentes était le même. L'État subissait alors une perte très lourde en donnant de l'amortissable. En effet, s'il ne paie que 3 francs par an contre 80 francs, par exemple, que lui a versés un souscripteur au perpétuel, il doit, au contraire, payer en moyenne 3 fr. 15 ou 3 fr. 20 aux porteurs d'amortissable qui ne lui ont également versé que 80 fr. et dont quelques-uns seront tous les ans remboursés à 100 francs. Cette prime payée à un certain nombre d'entre eux équivaut à une augmentation moyenne de la rente servie à tous dans leur ensemble.

Ce type de fonds public est très séduisant, en

ce sens qu'il force automatiquement l'État à diminuer sa dette : nous n'y ferions aucune objection si on l'avait émis en 4 0/0 ou en 3 1/2, de façon à ce que l'État eût reçu un capital égal ou presque égal à celui qu'il doit rembourser. Mais ces sommes consacrées chaque année à l'amortissement n'entrent dans les caisses de l'État que grâce à des emprunts nouveaux, et ne sont pas prélevées sur les ressources normales de l'impôt. Rembourser à gauche avec de l'argent emprunté à droite est une opération enfantine. L'amortissable ne produirait son véritable effet que le jour où le Grand-Livre serait fermé [1].

Ceci n'est d'ailleurs qu'une critique de détail. Malheureusement nous ne pouvons qualifier de même celle qui s'adresse à la gestion du Trésor. On sait qu'on nomme ainsi l'être de raison qui manie les capitaux à dépenser ou à recevoir par l'État, celui que le marquis d'Audiffret appelait son banquier [2].

Les ressources du Trésor proviennent :

1º Des recettes disponibles que les communes s'empressent de faire fructifier et de mettre à l'abri des chances de perte en les lui confiant ;

---

[1] Pour 1888, le service de la rente 3 0/0 amortissable exige 142 millions, dont 118 pour intérêts et 24 pour remboursements.

[2] *Système financier de la France*, t. II, p. 274.

2⁰ Des fonds que divers services publics ne réclament pas encore et dont les administrations
spéciales ou les tiers intéressés lui confient la garde
et la conservation ;

3⁰ De ceux dont les receveurs généraux et autres
comptables se sont mis en avance pour assurer, de
leurs deniers personnels, des services qui leur sont
confiés et pour offrir un gage de plus à la sécurité
de l'administration ;

4⁰ Des sommes versées par les acquéreurs de
bons du Trésor.

Or les sommes accumulées, à ces divers titres,
s'élevaient à près de 1,500 millions au mois de
mars 1886, lors du dernier emprunt, et atteignaient
encore 1 milliard au 1er janvier 1887 : elles com-
prenaient, en ne citant que les plus gros chiffres,
les comptes-courants des trésoriers généraux pour
76 millions, les fonds des communes et établissements publics pour 226 millions, les divers comptes-
courants de la Caisse des dépôts et consignations
pour 285, les bons du Trésor en circulation pour
30, en résumé une dette portant intérêt de 909 millions et une dette sans intérêt de 77 millions;
sans compter 315 millions de cautionnement en
numéraire.

On voit que ces capitaux considérables ne proviennent tous que de dépôts forcés ou volontaires

faits aux guichets du ministère des Finances, entre les mains de cette Direction des fonds, qui est devenue peu à peu un petit ministère dans le grand, un État dans l'État. Pas un centime de ces millions n'appartient à celui qui les reçoit et qui doit au contraire presque toujours leur servir un intérêt. Mais comment résister à la tentation d'employer cet argent? Aussi ces ressources avaient-elles servi, au début de l'année courante, à faire 278 millions d'avances à la Caisse des chemins vicinaux, 220 à celle des lycées, collèges et écoles, à verser 65 millions de subventions pour l'achèvement des chemins et des écoles, à payer 54 millions de garanties d'intérêt aux chemins de fer, c'est-à-dire précisément à alimenter ces diverses caisses dont nous avons plus haut blâmé l'institution. On comprend en effet que, si toutes ces dépenses avaient trouvé leur place au budget ordinaire, on n'eût pas songé à y faire face au moyen de deniers d'autrui. Or ces dépôts dont les chiffres s'accroissent sans cesse sont, pour la majeure partie, exigibles dans un très bref délai.

La perspective de ce danger a conduit, à de certains moments, nos Chambres et nos ministres à prendre quelques mesures de précaution : une loi a forcé une première fois le Trésor à employer en achat de rentes sur l'État la plus grosse partie des fonds de la Caisse d'épargne et à mettre dans le portefeuille de celle-ci un capital de 1,200 millions en rente 3 0/0 amortissable. (Loi de finances du 31 décembre 1882.) — La loi de finances de l'année suivante (29 décembre 1883) a créé et affecté à la dotation de la Caisse nationale des retraites pour la vieillesse, un capital de 295 millions en rentes 3 0/0 amortissables. Une autre loi, du 1er mai 1886, a encore consolidé 400 millions de capital en rente perpétuelle, savoir, pour les fonds des Caisses d'épargne, une rente de 13,517,894, et pour la Caisse des dépôts et consignations (retraites pour la vieillesse) une rente de 1,879,699. Cette même loi a réduit la somme que la Caisse d'épargne pourrait laisser en compte courant au Trésor à 100 millions, et a fixé la même limite à 50 millions pour la Caisse d'épargne postale, à 50 millions pour la Caisse des retraites pour la vieillesse.

La plus grande partie des fonds de la Caisse d'épargne, qui était jadis la grande pourvoyeuse du Trésor, est donc employée maintenant en rentes sur l'État. Le Trésor ne peut plus succomber à la tentation de puiser dans ce compte-courant de quoi subvenir, comme il l'a fait si longtemps, aux charges des budgets en déficit. Observons en passant que cette transformation en rentes de l'avoir des Caisses d'épargne pourrait présenter, elle aussi, de grands dangers le jour où le public voudrait opérer des retraits considérables, et où faudrait par conséquent réaliser des fonds publics pour des centaines de millions.

Un autre emploi des ressources du Trésor a consisté à faire face aux découverts qui, depuis le commencement du siècle, et avec des alternatives diverses, n'ont cessé d'augmenter, principalement par suite d'exercices se soldant en déficit. Ce découvert avait été fixé à 100 millions le 1er avril 1814, au moment où un compte général des recouvrements et des paiements effectués sur les budgets antérieurs à la Restauration a démontré l'exactitude de ce chiffre. Il s'était augmenté de 270 millions de 1815 à 1829, de 519 millions de 1830 à 1847, de 29 millions de 1848 à 1851, de 94 millions de 1852 à 1869 et de 326 millions de 1870 à 1886.

Notre trésorerie n'est donc pas dans une situation suffisamment dégagée, et cependant on continue à laisser celle-ci s'aggraver. Nous voudrions mettre sous les yeux de nos Ministres des Finances la situation de quelques trésors étrangers. Citons d'abord des pays qui ne passent pas pour des modèles en cette matière. Prenons au hasard. Voici l'Espagne, qui n'est pas la patrie de la régularité, et dont la dette flottante ne dépasse pourtant pas cent cinquante millions, soit le sixième de son budget annuel. Le Portugal a une dette flottante de cent millions, dont deux cinquièmes environ sont dus à la Compagnie royale des chemins de fer portugais. L'Italie elle-même qui a cependant, elle aussi, exagéré les travaux publics, augmenté ses armements, qui s'est lancée dans de gigantesques constructions navales, qui lutte pour maintenir la circulation métallique rétablie à grand'peine il y a quelques années et pour éviter le retour du cours forcé de ses billets de banque, l'Italie n'a qu'une dette flottante de 210 millions en bons ; et encore le véritable découvert du Trésor italien n'atteint-il pas en ce moment 89 millions ; car, en face d'engagements s'élevant à 532 millions, il dispose d'une encaisse de 300 millions et de 143 millions de créances diverses. L'Autriche n'accuse que 147 millions de francs pour le même objet. La Prusse n'a pas émis un seul bon du Trésor depuis 1882 ; l'Allemagne n'en a actuellement en circulation que pour 22 millions de francs. La Belgique n'a pas un centime de dette flottante.

Quant aux États-Unis d'Amérique, ce n'est pas une dette flottante qu'ils ont, c'est un excédant flottant. Le Secrétaire d'État aux Finances rachète chaque mois des quantités telles de rente que, si

certaines catégories de la dette publique n'étaient
pas garanties pendant un délai plus long contre
le remboursement, il faudrait prévoir l'extinction
totale de la dette américaine avant la fin du siècle.
Le budget fédéral de la dernière année financière
(du 1er juillet 1886 au 30 juin 1887) s'est soldé par
un excédant de recettes de 514 millions de francs :
cependant les dégrèvements d'impôt ont marché
concurremment avec les rachats de titres de la
dette ; les pensions militaires, en dix ans, ont été
augmentées de 200 millions de francs, et tout le
revenu intérieur est, pour ainsi dire, fourni par
quatre articles qui ont donné en 1885 86 :

Spiritueux	69 mill. de dollars.
Boissons fermentées	20	—
Tabac	28	—
Douanes	193	
Total	310 mill. de dollars.

soit 1610 millions de francs environ. Le secrétaire
d'État au département du Trésor, ne sachant que
faire de l'or qui encombre ses caisses, anticipe le
paiement des coupons de rente, invite les rentiers
à lui faire des offres pour la vente de leurs titres
4 1/2, et les leur rachète au comptant avec dix
pour cent de prime, bien qu'il ait le droit de les
rembourser au pair d'ici à peu d'années. L'offre

de cette prime n'ayant même pas réussi à décider
un nombre suffisant de porteurs à se défaire de
leurs titres, le secrétaire d'État cherche une autre
combinaison. Il va proposer aux propriétaires
d'inscriptions 4 0/0 de les leur reprendre au pair
et de leur donner en échange un 2 1/2 0/0 à 77.

N'insistons pas sur cette comparaison : elle nous
serait trop cruelle. Aussi bien n'avons-nous pas le
bonheur de vivre à peu près isolés sur un vaste
continent, ou, du moins, entourés de voisins si faibles que nous n'ayons besoin ni d'armée ni de marine militaire. Il faut accepter notre situation européenne, telle que l'histoire l'a faite, et chercher
quels remèdes nous pouvons apporter à nos maux
financiers, sans compromettre en rien la sécurité
nationale. La critique serait stérile si elle n'était
accompagnée d'un plan nous ne dirons pas de réformes — le mot est gros et on en a abusé — mais
d'économies rationnelles.

CHAPITRE VII

NICKEL ET BRONZE — OR ET ARGENT

Après avoir critiqué le passé, jetons un regard sur l'avenir et voyons si tous les changements qu'on nous propose ou que l'on songe à nous proposer sont de nature à améliorer l'état de nos finances.

Parmi les projets qui vont être, paraît-il, discutés prochainement à la Chambre, se trouve celui de la transformation de notre monnaie d'appoint. On frapperait pour 70 millions de francs de nickel, à savoir :

> 10 millions de francs en pièces de vingt centimes d'un diamètre de 0^m024, pesant 4 1/2 grammes.
>
> 35 millions de francs en pièces de dix centimes d'un diamètre de 0^m022, pesant 3 1/2 grammes.
>
> 25 millions de francs en pièces de cinq centimes d'un diamètre de 0^m020, pesant 2 1/2 grammes.

Total. 70 millions de fr. en 900 millions de pièces.

Ce projet soulève plusieurs critiques que nous croyons nécessaire de résumer ici, car son adoption entraînerait des dépenses qu'il nous paraît sage d'éviter.

Son moindre défaut est d'être inutile. Malgré les assertions contraires qui ont parfois été émises, personne ne se plaint sérieusement de notre monnaie de bronze. Certains délicats peuvent en trouver le poids et le module excessifs; mais, en réalité, destinée à servir surtout dans les innombrables transactions journalières, à passer par les mains du paysan, de l'ouvrier, elle répond parfaitement à des exigences multiples et variées. Frappée avec un très grand soin lors de sa création, elle présente encore aujourd'hui, après trente ou trente-cinq ans d'existence, des empreintes d'une grande netteté : l'aspect du métal a seulement perdu le brillant qu'il possède au sortir des presses et que la patine du temps a fait disparaître. Les pièces ne sont pas trop légères, mérite sérieux; on sait ce qui est advenu des pièces de 20 centimes en argent et de 5 francs en or, que la circulation rejette absolument : c'est à peine si la pièce de 10 francs en or est d'un usage courant; sa faible épaisseur et son petit diamètre la rendent d'un maniement difficile : d'ailleurs, depuis 1869, on en a complètement cessé la frappe.

Nous croyons donc téméraire d'innover, dans un domaine où nous nous trouvons en face d'un état de choses bien ordonné, d'une circulation établie il y a relativement peu de temps, d'une monnaie dont la frappe n'est même pas achevée : en effet l'on met encore, tous les ans, pour environ 200,000 francs de monnaie de bronze en circulation, conformément à la loi du 11 août 1872, qui en a ordonné la frappe jusqu'à concurrence de 10 millions de francs.

Au demeurant, nous ne nous trouvons pas en face d'une table rase. La place est prise. La question n'est pas de savoir s'il vaut mieux avoir une monnaie d'appoint en bronze ou en nickel. Elle est de savoir s'il convient de remplacer la première par la seconde Or, la création d'une monnaie n'est pas chose aussi simple et aussi rapide qu'on se le pourrait imaginer. Sans parler de l'espèce de violence qu'il faut faire aux habitudes populaires, de la défiance avec laquelle les pièces nouvelles peuvent être reçues, de la difficulté et de la lenteur avec lesquelles elles s'infiltreront dans la circulation; de la résistance même que les populations pourraient opposer à leur admission, principalement dans les campagnes, où le paysan n'aime point à changer ses habitudes, il ne faut pas oublier que la majorité des salaires journaliers sont inférieurs à

la plus petite unité monétaire libératoire, la pièce
de 5 francs. Le plus grand nombre des travailleurs
pourrait donc théoriquement ne recevoir jamais
d'autre monnaie que la monnaie d'appoint; en fait,
c'est celle qui leur passe le plus fréquemment par les
mains. Or, il serait fâcheux ou tout au moins inutile de venir bouleverser leurs habitudes, et cela
non pour réaliser une économie, mais pour s'engager dans une série de dépenses. Afin d'en donner
une idée, rappelons l'historique de notre monnaie
de bronze actuelle, dont la création constitua cependant une excellente opération pour le Trésor,
grâce aux circonstances que nous allons indiquer.

C'est la loi du 6 mai 1852 qui a établi cette monnaie, c'est-à-dire les pièces de :

Dix centimes au diamètre de 0^{m}30 pesant 10 gr.
Cinq   —   —   0^{m}25   —   5
Deux   —   —   0^{m}20   —   2
Un   —   —   0^{m}15   —   1

Cette loi ordonna la refonte de toutes les monnaies de cuivre et de métal de cloche qui étaient
alors en circulation : il en existait pour 50 millions
de francs environ. On y voyait des sous et des
liards, datant de Henri IV. Car, plus d'un demi-
siècle après la Révolution française, qui n'avait
cependant pas craint de rompre tant de liens avec

le passé, le Gouvernement n'avait pas encore osé
trancher la question, tant elle lui paraissait délicate.
Il avait organisé des enquêtes, accumulé les dépo-
sitions des fonctionnaires compétents, des administrations publiques, et néanmoins, hésitait toujours à jeter au creuset cette mosaïque de monnaies.
Bien des fois, entre 1815 et 1852, il avait été question de procéder à leur refonte. Les inconvénients
d'une circulation hétéroclite et bigarrée, comprenant, sans parler des sous étrangers ou contrefaits,
des monnaies acceptées dans certains départements, refusées dans d'autres, étaient universellement sentis. Il en résultait des difficultés et des
réclamations innombrables. Cependant les ministres de cette époque ne se crurent pas le droit de
décider, *motu proprio*, une transformation aussi
grave : ils ouvrirent des enquêtes, consultèrent les
chambres de commerce.

L'Empire lui-même, qui, en 1852, parut trancher
la question par un acte d'autorité, ne fit que mettre
à exécution des conclusions depuis longtemps établies et qui s'étaient peu à peu dégagées de minutieuses études. L'ensemble de la circulation, à
cette époque, représentait à peu près six millions
de kilogrammes de cuivre et quatre millions de kilogrammes de métal de cloche. Or, le nouveau
bronze monétaire (composé de 95 parties de cuivre,

4 d'étain et 1 de zinc), n'exigea que 4,800,000 kilogrammes de cuivre environ, car les nouvelles pièces, pour une valeur égale, étaient beaucoup plus légères que les anciennes. La vente du métal non employé donna, grâce aux cours élevés d'alors (le cuivre valait plus de trois fois son prix d'aujourd'hui), un bénéfice notable. C'était donc une opération excellente, non pas seulement au point de vue monétaire, — et on s'imagine aisément quel progrès énorme apporta cette unification — mais au point de vue du budget, qui y gagna une grosse recette. Voici, en effet, d'après le compte des finances de 1858, année où la frappe du nouveau bronze venait d'être terminée, comment s'établit le résultat définitif de l'opération. Les frais avaient été considérables, car on avait ouvert ou remis en état plusieurs hôtels des monnaies : il y en eut sept en activité. Il fallut installer un énorme outillage, conserver, pendant cinq ans, un nombreux personnel, aussi dépensa-t-on pour ces divers objets :

7,762,077 fr. 48 c.

tandis que la vente du cuivre rouge produisit. 2,024,739 fr. 68 c. celle du métal de cloche 8,820,237   14
10,844,976 fr. 82 c.   10,844,976   82

Il en résulta pour l'Etat un bénéfice net de.................   3,082,899 fr. 34 c.

Depuis l'année 1858, qui vit se clore définitivement les opérations de la refonte décrétée six ans
plus tôt, la loi du 18 juillet 1860 a ordonné la fabrication de douze millions de francs en monnaie de
bronze : ce sont les pièces qui portent en effigie la
tête laurée de l'empereur Napoléon III. La loi du
11 août 1872 ordonna une nouvelle émission de dix
millions de francs. C'est en vertu de cette dernière
loi que la Monnaie fabrique encore en ce moment
par an pour 200 mille francs de bronze, lesquels,
d'après les comptes rendus de l'administration des
Monnaies, ne coûtent à l'Etat en moyenne que 58,000
francs ; c'est donc 71 0/0 qu'il gagne sur cette fabrication, soit sur les six millions non encore frappés à ce jour, un bénéfice de plus de quatre millions de francs qui reste à encaisser. Ce chiffre ne
devra pas être perdu de vue lorsqu'il s'agira d'évaluer le coût de la réforme proposée.

Essayons de dresser le bilan de l'opération qu'on
nous soumet. Voyons d'abord ce que coûterait la
matière première. Nous admettrons que tout le
nickel nécessaire pourra être obtenu à cinq francs
le kilogramme : c'est un prix inférieur au cours
d'aujourd'hui, et de plus très bas par lui-même,
car ce métal a valu autrefois jusqu'à 35 francs
le kilogramme. Nous ne compterons le prix du
cuivre à employer qu'à 1 franc le kilogramme :

car il ne faut pas oublier que cette monnaie dite de nickel ne doit contenir que 25 0/0 de nickel et 75 0/0 d'alliage. Voici, sur ces bases, quel serait le coût de la nouvelle monnaie :

Coût du nickel :
10 millions de francs en pièces de 0 f. 20, soit 50 millions de pièces à 4 1/2 gr., soit 225,000 kilog. à 25 0/0 de nickel = 56,250 kilog. à 5 fr. le kilog.   281,250 fr.

35 millions de francs en pièces de 0 f. 10, soit 350 mill. de pièces à 3 1/2 gr., soit 1,225,000 kilog. à 25 0/0 de nickel = 306,250 kilog. à 5 fr. le kilog........   1,531,250

25 millions de francs en pièces de 0 f. 05, soit 500 millions de pièces à 2 1/2 gr., soit 1,250,000 kilog. à 25 0/0 de nickel = 312,500 kilog. à 5 fr...........   1,562,500

                                                        —————————
                                                        3,375,000 fr.

Coût du cuivre pour l'alliage :
168,750 kilog. pour les pièces de 0,20.
918,750   —   —   0,10.
937,500   —   —   0,05.
—————————
2,025,000 kilog. à 1 fr. le kilog. (prix très faible, inférieur au cours actuel)...   2,025,000

                    Total..............   5,400,000 fr.

Le produit de la vente de la monnaie actuelle s'établirait comme suit. Nous supposerons qu'on puisse se défaire du bronze monétaire au prix de 0 fr. 75 le kilogramme, ce qui est évidemment très supérieur à la valeur de cet alliage, impossible à affiner dans la pratique. Nous compterons toutes les pièces au poids droit, c'est-à-dire que nous négligerons la diminution du chef du frai. Nous laisserons enfin de côté les 95,835,326 pièces de deux centimes et les 118,959,693 pièces de un centime, parce que le projet ne les retire pas de la circulation.

Il avait été émis à la fin de 1885 :

33,935,573 fr. 40 c. soit 339,355,734
pièces de 0 fr. 10 c. pesant 10 gr.... 3,393,557 kilog.
27,159,348 fr. 05 c., soit 543,186,961
pièces de 0 fr. 05, pesant 5 gr...... 2,715,934
____

Soit en tout 882,542,695 pièces donnant un poids total de.............. 6,109,491 kilog.

le chiffre ci-dessus s'est augmenté depuis la date indiquée d'environ 400 mille francs, soit, à raison d'un gramme par centime, de 40,000 kilogrammes. Or, ces 61 1/2 millions de francs, à raison d'un gramme par centime, pèsent 6,150,000 kilogrammes, dont la vente, au prix très élevé ci-dessus de 0 fr. 75 c., donnerait 4,612,500 francs.

Or nous avons vu que le seul coût des métaux nécessaires à fabriquer les 70 millions de la nouvelle monnaie serait de 5,400,000 francs. Allons plus loin, admettons que pour la plus grande partie, que pour la totalité de la monnaie de nickel on puisse employer comme alliage le bronze monétaire [1]. Les 2,025,000 kilogrammes d'alliage à 0 fr. 75 c. le kilogramme, ne coûteront plus que 1,518,750 au lieu de 2.025,000 francs, prix auquel nous avons évalué l'achat du cuivre d'alliage : ceci réduirait de 506,250 francs le coût de la matière première et le ramènerait à 4,893,750 francs. Mais cette dernière hypothèse est manifestement irréalisable : car il est impossible de commencer par retirer de la circulation une certaine quantité de pièces de bronze pour les refondre et en faire l'alliage nécessaire à une première frappe de nickel. On serait exposé, pendant cette période, à manquer de petite monnaie, ce qui amènerait un trouble considérable dans les échanges. Il faudrait donc, de toute nécessité, acheter un stock de cuivre pour frapper tout d'abord dix ou quinze millions de la nouvelle monnaie et mettre celle-ci en circulation avant de commencer à opérer le retrait d'une seule pièce de bronze.

Mais continuons à raisonner sur des hypothèses tellement favorables au projet, que ses partisans eux-mêmes en reconnaîtront l'optimisme ; admettons que la totalité de l'alliage nouveau puisse être extrait du bronze actuel, et que par suite :

---

[1] Il ne faudrait pas songer à affiner ce bronze pour en extraire le cuivre pur. Les frais de l'opération en dépasseraient le produit.

le bénéfice brut résultant de la diffé--
  rence entre le prix de vente du bronze
  actuel.................................   4,612,500 fr.
et le coût des matériaux nécessaires à
  61 1/2 millions de la nouvelle monnaie.   4,299,509 [1]
                                            ————————————
            doive être de.............   312,194 fr.

à combien croit-on qu'il faille chiffrer les frais de
fabrication ? L'Hôtel des Monnaies de Paris n'est
nullement outillé pour l'entreprendre. En 1852,
pour frapper une quantité de pièces moindre que
celle dont il s'agirait aujourd'hui, environ cinquante
millions de francs alors au lieu des septante que
comporte le projet, l'Empire mit en activité sept
hôtels des Monnaies, qui travaillèrent pendant cinq
ans. Or, l'Etat n'en possède plus que deux, celui
de Paris et celui de Bordeaux. Mais le dernier, qui
a cessé de travailler depuis près de dix ans, est dé-
labré, au point de rendre tout d'abord nécessaire la
dépense d'une grosse somme en réparations. Il faudrait installer un outillage complet, faire l'acquisition d'un matériel spécial destiné à une usure rapide
et nécessitant de fréquents renouvellements, car

---

[1] Nous calculions tout à l'heure que 70 millions de francs en
nickel coûteraient...............................   4,893,750 fr.
  Donc 61 1/2 millions de francs en nickel coûteraient...   4,299,509
  Le bénéfice à attendre de la frappe de 8 1/2 millions de nickel
ne serait pas supérieur à celui qu'obtiendrait l'Etat en fabriquant
la même quantité de bronze, tout au contraire.

le nickel est un métal très dur, fatiguant vite les coins : cette particularité entraîne un autre danger que nous signalerons tout à l'heure. Le personnel nécessaire pour tous ces travaux, sans compter ceux de retrait et de cisaillement des pièces démonétisées, serait considérable. Il ne faut pas oublier que, d'après les comptes de l'administration, les frais de fabrication de notre monnaie de bronze se sont élevés du 1er janvier 1852 au 31 décembre 1885 à 14,244,301 fr. 99. Les ateliers où on manie le nickel doivent être soigneusement séparés de ceux où se fond l'or ou l'argent. Car, selon des chimistes compétents, le nickel venant à s'introduire dans une fonte de ces métaux la rend cassante et par conséquent impropre au monnayage.

De plus, en admettant que l'on ait les moyens matériels de frapper rapidement le nickel et de diminuer, en conséquence, les frais généraux de l'opération, il est cependant peu probable qu'on puisse aller plus vite qu'en 1852 et opérer en beaucoup moins de temps le retrait de 900 millions de pièces de bronze et la frappe d'autant de pièces nouvelles, qu'on ne le fît alors pour le retrait d'un milliard environ de vieilles pièces et la frappe d'un nombre à peu près égal de pièces neuves. Il faut considérer, en effet, qu'il s'agit là d'une monnaie d'appoint, n'ayant valeur libératoire que jusqu'à concurrence de 4 fr. 99. Or, permettre aux particuliers de verser à l'Etat en une fois une plus grande quantité de bronze pour rapatrier celui-ci plus promptement dans les caisses publiques, serait violer une de nos règles monétaires essentielles, qui est précisément cette limitation du pouvoir de la monnaie d'appoint, établie par le décret du 18 août 1810. On ne pourrait transgresser cet article de notre législation sans s'exposer aux plus graves inconvénients. On se garda bien de le faire en 1852, malgré l'impatience légitime qu'on éprouvait alors de sortir de l'invraisemblable chaos où l'on se débattait.

Nous ne savons donc pas à combien de millions se monteraient les frais de ce nouveau monnayage, mais nous affirmons qu'ils représenteraient bien des fois le bénéfice apparent de 315,000 francs que nous calculions tout à l'heure. Nous n'ignorons pas qu'on espère réaliser un bénéfice accessoire en décrètant le retrait des pièces d'argent de vingt centimes, mais nous croyons qu'il est facile de se convaincre, en serrant cette question d'un peu près, que ce bénéfice serait absolument insignifiant. Avant d'avoir la pièce de vingt centimes en argent, nous avions eu celle de vingt-cinq centimes, dont il avait été frappé depuis 1795 pour 7,671,101 fr. 25. Ces pièces titrant 900/1000 furent démonétisées en 1848 : on leur substitua celles de 0 fr. 20 toujours au titre de 900/1000. Une loi de 1864, antérieure à la conclusion de l'union monétaire dite « Union latine» entre la France, la Belgique, la Suisse, l'Italie et la Grèce, retira ces pièces en même temps que celles de 0 fr. 50 également frappées au 900/1000, et en ordonna la frappe au titre 835/1000.

Or, il a été frappé en tout jusqu'à ce jour, aux deux titres de 900 et de 835 millièmes, des pièces de vingt centimes

pour un total de................... -8,252,700 fr. 60 c.

Mais on a retiré de la circulation des pièces au 900/1000 pour.......... 5,747,972   60

Il ne pourrait donc subsister aujourd'hui au maximum que....... 2,504,728 fr. » c. de pièces de vingt centimes au 835/1000.

En réalité, ces pièces sont devenues extrêmement rares; elles ont été pour la majeure partie absorbées à l'intérieur ou même à l'étranger ; nous mettons en fait qu'on n'en trouverait guère pour plus d'un demi-million de francs : le profit à espérer de cette démonétisation n'est donc pas sérieux.

Ces divers calculs prouvent que non seulement l'adoption de nickel ne donnerait pas le bénéfice que l'exposé des motifs semble annoncer, mais qu'elle entraînerait une dépense notable. Cela seul suffirait à la faire abandonner. Si nous voulions discuter la question du mérite intrinsèque du nouveau métal, nous croyons que les objections sérieuses ne manqueraient pas.

Est-il, par exemple, bien utile de doter notre pays d'une quatrième monnaie fiduciaire, alors que nous avons déjà le bronze, l'argent à 835/1000, l'argent à 900/1000 ? Nous savons bien qu'aux yeux de la loi ce dernier, c'est-à-dire l'écu de cinq francs, a valeur libératoire, mais nul n'ignore que si on fondait cet écu et qu'on vendît le produit sur le marché des métaux, on en retirerait moins de quatre francs : c'est donc bien là ce qu'un spirituel écrivain a nommé un assignat métallique. Or, le nickel circulant ainsi concurremment avec le bronze, puisque les pièces de un et de deux centimes seraient conservées dans leur forme actuelle, nous doterait d'une quatrième circulation de monnaie d'appoint, et cela précisément à un moment où nous avons, pour ainsi dire, cessé de frapper des pièces d'or, seule monnaie à valeur libératoire intrinsèque, dans les conditions économiques actuelles du monde.

Nous avons indiqué plus haut un des inconvénients de la dureté du nickel. Cette dureté que l'on vante pourrait favoriser la fraude, en permettant de prendre avec de l'acier non trempé l'empreinte de la pièce et d'obtenir ainsi un coin d'une netteté suffisante. Ce mode de contrefaçon des monnaies est un des plus fréquents. Cette même propriété fait que les monnaies d'or ou d'argent, lorsqu'elles se trouvent en contact avec le nickel, s'usent plus rapidement par son frottement que par celui du bronze. Notre monnaie divisionnaire d'argent en souffrirait particulièrement.

Si, de l'examen général du nickel, nous passons à celui des pièces telles que les fixe le projet de loi, nous y relèverons d'autres inconvénients. Tout d'abord, on altère la proportion qui existe aujourd'hui entre les diverses pièces. On propose de frapper moins de pièces de dix et de cinq centimes qu'il n'en existe actuellement (60 au lieu de 65 millions), parce que le bénéfice à faire sur ces pièces est bien moindre que sur les pièces de vingt centimes. Mais il pourra en résulter une gêne pour le public.

Puis, les pièces sont trop légères et trop petites; il fallait, en effet, les imaginer telles, pour ne pas arriver à une dépense qui, même en apparence, eût dépassé les recettes de l'opération. Mais si les pièces sont trop petites, elles cessent d'être employées; c'est le cas de nos pièces d'un et de deux

centimes, qu'on avait voulu faire telles pour conserver la même relation entre le poids et la valeur
de toutes nos monnaies de bronze : on a vu en
effet que chaque centime de cette monnaie pèse
un gramme.

Les pays qui ont aujourd'hui une circulation de
nickel, se plaignent déjà de l'exiguïté des pièces ;
et cependant presque tous ont des monnaies d'un
poids et d'un diamètre supérieurs à celles qu'on
veut nous proposer. On sait aussi qu'une pièce est
d'autant plus sujette au frai qu'elle est de dimensions moindres ; la monnaie de nickel nécessiterait
donc de ce chef de plus fréquentes refontes. D'autre
part si, comme on devra le faire par économie,
on emploie, pour former les 75 0/0 d'alliage à
mélanger au nickel, le bronze monétaire actuel,
celui-ci étant composé de trois métaux (zinc, étain,
cuivre), on obtiendra un alliage très difficile à
analyser. Si donc il arrivait que le public rejetât
la nouvelle monnaie et qu'il fallût revendre les
métaux ayant servi à la constituer, on ne pourrait
pas arriver à en faire le départ à un prix inférieur à celui de leur valeur intrinsèque. L'o-
pération serait impossible. Pour garder au nickel
sa valeur marchande, il aurait fallu imiter la
Suisse, qui a frappé des pièces de vingt centimes
en nickel pur, ce qui entraînerait une dépense qua-

druple de celle que nous avons chiffrée plus haut.

On retombe alors dans l'erreur qui a été fréquemment commise par les anciens gouvernements, lorsqu'ils cherchaient à donner à la monnaie d'appoint une valeur intrinsèque, sinon égale à sa valeur nominale, du moins qui s'en rapprochât sensiblement : de là autrefois les monnaies de cuivre si lourdes ; de là toutes les monnaies de billon qui, dans une masse de cuivre, enfermaient un dixième ou même un cinquième d'argent. Mais ceux qui frappaient ces pièces n'avaient pas la conception claire de la monnaie d'appoint : celle-ci peut n'avoir qu'une valeur intrinsèque absolument insignifiante, elle tire sa force de l'empreinte qu'elle porte, de la signature du Gouvernement. Moins, au contraire, elle coûtera à fabriquer, et plus l'Etat, c'est-à-dire la communauté, y gagnera : il n'y a pas d'autres limites à ce bon marché de la matière première, que les conditions de résistance et de durée qui doivent lui permettre de circuler longtemps. On peut à ce propos faire observer que la monnaie de nickel a surtout été bien accueillie dans les pays où elle remplaçait les pièces en bas argent oxydées ou vert-de-grisées, le billon, sur lesquelles elles constituent un véritable progrès.

On connaît la grande objection de la confusion possible entre le nickel et l'argent, objection fréquente par exemple chez nos voisins suisses, belges et allemands. La nouvelle monnaie n'y échapperait point : en effet, on propose de donner à la pièce de vingt centimes un diamètre de 24 et à celle de dix centimes un diamètre de 22 millimètres, alors que la pièce de un franc mesure 23 millimètres. Cette différence d'un millimètre est bien insuffisante. Il y aurait également une différence trop peu sensible entre le poids de la pièce de vingt centimes en nickel qu'on propose de fixer à 4 1/2 grammes et celui de la pièce d'un franc qui est de 5 grammes. La pièce de cinq centimes en nickel ne différerait de la pièce d'argent de cinquante centimes que de deux millimètres en diamètre et aurait exactement le même poids, soit 2 1/2 grammes. On voit quelles confusions naîtraient de ces similitudes et de ces identités.

En Belgique, on a dû retirer complètement de la circulation la pièce de vingt centimes, qui se confondait avec celle de deux francs en argent.

Il est bien évident qu'une pièce de nickel, confrontée dans le loisir du cabinet avec une pièce d'argent d'un module approchant, s'en distingue avec un peu d'attention. Mais quand on parle du danger qui résulte de la ressemblance du nickel avec l'argent, ce n'est pas cette comparaison par échantillon qu'on envisage Il faut se représenter ce qui se passe dans la pratique. Lorsque les caissiers des maisons de banque ou de commerce voudront, à la fin de leur journée, trier les monnaies qu'ils auront reçues, les pièces de nickel mêlées aux pièces d'argent ternies par la circulation et ne s'en distinguant guère que par des nuances de teinte insaisissables à première vue, causeront, dans la rapidité des empilages, des confusions fâcheuses : on ne les évitera que par une dépense supplémentaire de temps et de soins.

Il est même avéré, chez nos voisins belges, que le nickel s'empile moins bien que le bronze ; c'est une des raisons, et ce n'est sans doute pas la seule qui maintient en Belgique la circulation du bronze français pour une quantité presque égale à celle du nickel belge [1]. Aux guichets des chemins de fer, dans les halles et marchés, en un mot dans les mille petites transactions de la vie journalière, où l'on ne regarde qu'à moitié la pièce qu'on donne ou qu'on reçoit, tant on a l'habitude de la reconnaître au simple toucher, les inconvénients des similitudes

---

[1] Un autre motif qui restreint la circulation de ce dernier, c'est que tout porteur de cinquante francs de monnaie de nickel a le droit de l'échanger aux caisses du Gouvernement contre des monnaies d'argent. Mais l'argument peut se rétorquer : il est extraordinaire que notre bronze qui, lui, ne peut s'échanger contre une monnaie libératoire, ni en France, ni en Belgique, circule aussi en pays étranger : il faut que le public lui reconnaisse de bien grands avantages.

de teinte, de diamètre et de poids se feraient sentir sans relâche. Sur nos frontières belge et suisse, ils sont déjà quotidiens : la pièce suisse de dix centimes qui pèse 2 1/2 grammes exactement comme notre pièce de cinquante centimes, est souvent glissée à sa place.

L'idée de distinguer les monnaies de nickel des monnaies d'argent par une forme différente ou par une ouverture, pratiquée au centre de la pièce n'est pas généralement accueillie avec faveur. Cette ouverture dans des pièces aussi petites, rendrait toute, bonne empreinte impossible : or cette empreinte est le principal élément d'une monnaie qui ne tire précisément sa valeur que d'elle, c'est-à-dire la signature de l'Etat. Celle-ci doit être assez parfaite pour déjouer la contrefaçon.

On a parlé de l'utilité qu'il y aurait à donner un débouché aux mines de nickel de la Nouvelle-Calédonie, mais nous ne croyons pas cet intérêt suffisant pour nous faire bouleverser notre système monétaire. D'ailleurs on nous assure qu'en ce moment même c'est une maison anglaise qui nous fournit 250,000 kilogrammes de nickel pour le maillechort destiné à former l'enveloppe des nouvelles cartouches. Il y avait pourtant là l'occasion de favoriser notre industrie coloniale.

On argue aussi de la nécessité d'éliminer de notre

circulation le bronze étranger, anglais et italien principalement, qui s'y trouve en assez notable quantité. Mais l'Angleterre vient de nous indiquer la voie à suivre pour purger sans frais la circulation nationale de cet élément hétérogène : elle a, en effet, purement et simplement prohibé l'importation et la circulation dans le Royaume-Uni du bronze français, que nous venons de rapatrier par tonnes en deçà de nos frontières. Nous pourrions aisément procéder à l'égard du bronze italien et du bronze anglais, comme viennent de faire à l'égard du nôtre nos voisins d'outre-Manche. Du reste, il ne faut pas oublier que l'adoption du nickel aurait pour premier effet de faire refluer immédiatement chez nous tout le bronze français qui circule dans les pays voisins, Belgique, Suisse, Luxembourg et Hollande.

Il est enfin, en faveur du projet, un dernier motif qui n'a peut-être été avancé que timidement, mais qu'il est bon d'examiner ici, quoiqu'il n'ait qu'un rapport indirect avec la question du nickel. On voudrait donner un aliment à l'activité de notre Monnaie, activité singulièrement ralentie depuis 1880, époque à laquelle la régie actuelle a remplacé l'ancienne entreprise.

Or sait-on que notre Hôtel des Monnaies de Paris, du 1er janvier 1880 au 31 décembre 1885, n'a pas frappé une seule pièce d'or française de vingt francs? En fait de monnaies libératoires, il n'est sorti de ses presses que soixante ou septante mille pièces de cent francs, qui ne sont pas de véritables monnaies de circulation. C'est sans doute pour interrompre ces loisirs que la Banque de France en 1886, a fait frapper en pièces de vingt francs quelques lingots d'or. D'écus de cinq francs en argent, il n'est plus question, puisque les Etats, membres de l'Union latine, s'en sont interdit la frappe depuis près de dix ans. L'Hôtel des Monnaies s'est donc borné à frapper une petite quantité de pièces divisionnaires, deux cent mille francs de bronze chaque année, les monnaies helléniques que la Grèce est tenue de faire fabriquer à Paris, quelques monnaies haïtiennes et marocaines, des piastres pour la Cochinchine et le Tonkin. Durant toute l'année 1885 il n'a été frappé, en fait de monnaies étrangères, que quelques pièces de cent francs pour la principauté de Monaco. Le public n'apporte plus de lingots d'or à monnayer en pièces de vingt francs; les frais de 6 fr. 70 par mille que prélève la régie pour le monnayage de l'or constituent évidemment un obstacle. Le résultat en a été que ses bénéfices apparents ont été des plus modestes.

Nous disons apparents, car si on appliquait à cette régie de l'Etat les règles d'après lesquelles on

dresse le bilan de tout établissement industriel,
c'est-à-dire si on débitait son compte de l'intérêt
du capital de premier établissement et de la somme
qu'il convient de consacrer chaque année à l'amortissement, on arriverait à de tout autres résultats.
Il s'agit en effet de rémunérer un capital d'environ dix millions :

L'immeuble de Paris avec son matériel figure dans
les comptes de l'administration des
monnaies pour................... 8,394,237 fr. » c.
  Celui de Bordeaux (qui est inuti-
lisable dans son état actuel) pour..   835,242   52
                              Total .... 9,229,479 fr. 52 c.

tandis que les bénéfices de la régie ont flotté entre
170 et 304 mille francs, ainsi qu'il résulte du
tableau ci-après :

EXCÉDANTS DE RECETTES

*Accusés par les comptes-rendus de l'Administration de la
régie des monnaies depuis son établissement, 1er janvier 1880, jusqu'au 31 décembre 1885.*

Exercices.	Espèces et médailles.	Bronze.	Total.
1880.....	49,179,07	121,742,54	170,921,61
1881.....	116,361,46	134,528,31	250,889,77
1882.....	159,933,10	134,946,46	294,879,56
1883.....	145,378,39	134,784,65	280,163,04
1884.....	106,079,88	136,845,02	242,924,90
1885.....	161,972,87	142,423,05	304,395,92

Mais le seul bénéfice véritable de fabrication est celui de la première colonne : « espèces et médailles », car le bénéfice du bronze n'est que la différence entre le prix de la matière première et la valeur conventionnelle que lui donne l'estampille gouvernementale ; encore beaucoup de médailles sont-elles fabriquées pour le compte du gouvernement lui-même, qui paie ainsi de la main droite ce qu'il reçoit de la main gauche.

Or, on n'a réussi, jusqu'en 1885, à faire ressortir ainsi un solde créditeur que parce qu'une partie des frais du service des Monnaies était mise à la charge du budget général du ministère des finances. L'administration en convient elle-même lorsqu'elle publie, dans son compte-rendu pour l'exercice 1885, le tableau suivant des résultats réels obtenus pendant les dix dernières années de l'entreprise et les six premières années de la régie.

COMPTES DÉFINITIFS DES RECETTES ET DES DÉPENSES.

EXERCICES.	DÉPENSES.	RECETTES.	DIFFÉRENCES.		MOYENNE.
			EN PLUS.	EN MOINS.	
	fr. c.	fr. c.		fr. c.	
Sous le régime de l'entreprise.					
1869.	2.207,010,72	2,134,501,28	»	72,509.44	
1870.	1.496,207,76	1,267,811,08	»	228.396,68	
1871.	800,108,34	559,898,14	»	240,210,20	
1872.	954,364,52	725,538.04	»	228,826,48	
1873.	2,364,354,25	2,244,570,09	»	119,784,16	
1874.	1,493,620,69	1,460,995,64	»	32,625,05	164,155,70
1875.	2,490,144,12	2,240,860,74	»	249,283,38	
1876.	1,744,738,27	1,616,252.39	»	128,485.88	
1877.	1,596,175,37	1,455,859,59	»	140,315,78	
1878.	1,774,563,33	1.612,255,69	»	162,307,64	
1879.	2,241,564,21	2,038.596,13	»	202,968.08	
Par la régie.					
1880.	1,209,691,21	1,067,711,95	»	141,979,26	
1881.	1,381,591,52	1,312,560,24	»	69.031,28	
1882.	1.378,240,98	1,351.709,22	»	26,531,76	62,226,51
1883.	1,327,780,29	1,286,765,51	»	41,014,78	
1884.	1,295,027,46	1,215,110,73	»	79,916,73	
1885.	1,282,671,15	1,267,785,85	»	14,885.30	
Différence en moins pour la régie............					118,344,76

La régie a donc réalisé un progrès sur l'entreprise : mais elle constitue l'Etat en perte; elle n'équilibre même pas encore ses recettes et ses dépenses. Pourquoi viendrait-on donc engloutir de nouveaux capitaux dans les frais d'établissement de cette régie, et lui permettre d'entreprendre sans nécessité démontrée la fabrication de près d'un milliard de pièces nouvelles? Ce serait un véritable luxe, que l'état actuel de nos finances à lui seul devrait nous interdire absolument. Quand on habite une maison suffisamment saine et spacieuse, ce n'est pas agir en père de famille que de l'abattre pour en édifier une nouvelle, dont on ignore les avantages et les inconvénients possibles.

Que si l'on veut à toute force essayer du nickel, il nous semblerait sage de faire une tentative avec la pièce de vingt centimes, qui nous manque actuellement : soit qu'on décide de la substituer aux quelques millions de bronze que nous pouvons encore frapper en vertu de la loi de 1872, soit que, augmentant la quantité de la monnaie d'appoint comme nous avons déjà augmenté en 1885 celle de la monnaie divisionnaire d'argent, nous décidions de frapper cinq ou six millions de ces pièces de vingt centimes en nickel, en sus de la quantité de monnaie d'appoint autorisée par la loi de 1872. Et pour ce faire, nous proposerions d'agir comme l'Allemagne et la Suisse, et, au lieu de créer des ateliers et des outillages qui, une fois l'opération terminée n'auraient plus de raison d'être, de commander les flans (on appelle ainsi les disques de métal prêts à recevoir l'empreinte monétaire) à l'industrie privée, parfaitement outillée pour les fournir à l'Etat au meilleur marché possible. C'est ainsi que le directeur de la Monnaie de Londres demande à la maison Heaton de Birmingham les flans dont il a besoin pour la monnaie anglaise de bronze et pour les monnaies d'appoint coloniales. Il envoie ses délégués surveiller les opérations de la fabrication. Ce mode d'agir réunit les avantages de l'économie à ceux de la surveillance adminis- trative. On pourrait mettre cette fourniture en adjudication et stipuler toutes les garanties qu'im- plique une bonne fabrication, exactement conforme au type établi. On lancerait alors cette pièce de vingt centimes de nickel dans la circulation et on verrait quel accueil lui ferait le public. S'il était particulièrement favorable, on chercherait à nou- veau les moyens de frapper un plus grand nombre de ces monnaies. Mais pourquoi procéder ici, comme nous y avons toujours une tendance, à une réforme radicale, pourquoi renoncer volontaire- ment aux leçons de l'expérience, sous prétexte de symétrie et de régularité ?

En résumé, les pays : Etats-Unis d'Amérique, Allemagne [1], Suisse, Belgique, Pérou, Chili, Hon-

---

[1] Au 31 juillet 1887, il avait été frappé en monnaies impériales

duras, Colombie, Costarica, Brésil, Serbie, Vénézuela, Jamaïque, qui ont aujourd'hui une circulation de nickel, sont, ou des pays neufs qui ont
opéré sur une table rase, ou des pays qui ont remplacé une circulation très défectueuse par le nouveau métal, en sorte qu'ils ne peuvent pas servir de
point de comparaison pour nous. En Allemagne,
par exemple, où l'on en a frappé, jusqu'à ce jour,
pour 45 millions de francs, il est évident que le
nickel a constitué un progrès sur les épouvan-
tables monnaies de cuivre, de billon, d'argent à très
bas titre, qui circulaient par centaines dans l'ancienne confédération germanique. D'ailleurs, fabriquer une nouvelle monnaie ayant cours dans
tout l'empire, c'était attester, par un signe de plus,
l'unification allemande : à ce titre, le nickel est doublement cher à nos voisins.

En Belgique, le bronze français a refoulé dans
les caves de la Banque nationale, où elle repose depuis plus de vingt ans, une bonne moitié des sept
millions de nickel frappés à l'origine. Il est vrai

allemandes, déduction faite des pièces retirées de la circulation :

En or............	2,058,770,300 marcs
En argent........	452,342,867 —
En nickel........	30,043,800 —
En cuivre........	10,101,921 —

Car il ne faut pas oublier que l'Allemagne frappe en cuivre
les centièmes et cinquantièmes de marcs (pièces de 1 et 2 pfennig).

que la faculté donnée à chaque détenteur de cinquante francs de monnaie de nickel, de l'échanger contre de la monnaie d'argent, contribue aussi à en diminuer la circulation. Au Mexique, le Gouvernement cherche à revendre sa monnaie de nickel. Nous ne tirons de ce qui précède d'autre conclusion que celle-ci : c'est que le nickel ne constitue pas un tel progrès sur le bronze qu'il faille nous en doter à tout prix. Or, son adoption nous coûterait fort cher : nous espérons l'avoir démontré.

Le projet annoncé se ressent de cette imperfection de la conception première. Les monnaies sont trop petites, afin de coûter moins ; la pièce de vingt centimes est en excès, parce que, contenant proportionnellement à sa valeur, moins de nickel que celles de cinq et de dix centimes, elle reviendrait moins cher. Les diamètres et les poids proposés sont tels, qu'il en résulterait certainement des confusions avec nos monnaies d'argent ; l'exemple de ce qui se passe déjà sur certaines de nos frontières est là pour nous avertir.

En tout état de cause, nous demandons qu'on procède aujourd'hui avec la méthode et la prudence qui ont présidé aux études monétaires de la première moitié de ce siècle. Mais, à cette heure, le spectacle est tout contraire. Personne, en dehors de quelques raffinés, n'élève la voix

contre notre circulation actuelle de bronze. Elle
possède encore tous les avantages en vue desquels elle avait été établie, elle ne soulève aucune
plainte, n'engendre aucune défiance, et il n'est pas
douteux que l'opinion publique, si elle était appelée à se prononcer, ne s'exprimât avec une
rare unanimité sur le sens du maintien du *statu
quo*. Il n'est cependant pas question de procéder à
une de ces consultations sincères et approfondies qui ont précédé la refonte de 1852. Bien plus,
la commission monétaire du ministère des finances
est, assure-t-on, défavorable à la mesure. En tout
cas, avant d'en saisir le Parlement, le Gouvernement n'aurait-il pas le devoir de consulter les représentants du commerce, de la banque, de l'industrie ?

Si enfin nos législateurs ont hâte de faire disparaître de la circulation une effigie qui rappelle un
régime déchu, il ne serait pas difficile de jeter au
creuset et de frapper d'une nouvelle empreinte la
masse de notre bronze. Les frais de cette opération
seraient peu de chose en comparaison de ceux
qu'entraînerait la fabrication d'une nouvelle monnaie de nickel.

Il s'agit donc là d'une réforme que nous souhai-
tons nous voir épargner. Avant de passer à l'exa-

men de celles que nous demandons, nous croyons
devoir en examiner une, que nous n'osons ranger
en ce moment dans aucune de ces deux catégories,
sur laquelle l'heure n'est pas encore venue de se
prononcer, mais que nous ne saurions cependant
passer complètement sous silence, parce qu'elle est
à la base même de tous les problèmes financiers,
c'est celle de l'étalon monétaire. On sait que nous
avons en France le double étalon, c'est-à-dire que
la loi a choisi deux métaux, l'or et l'argent, dont
une quantité déterminée représente une valeur fixe.
Cinq grammes d'argent monnayés à l'effigie du
Gouvernement français valent un franc ; un poids
d'or quinze fois et demi moindre, c'est-à-dire
0 gr. 32258, vaut un franc. Le seul énoncé de cette
loi en indique déjà le côté illogique. On peut bien
assigner une valeur fixe à une quantité donnée d'un
métal quelconque, c'est-à-dire faire de cette masse
déterminée l'unité monétaire, parce qu'alors, suivant que les prix des autres marchandises hausse-
ront ou baisseront, on devra donner une proportion
plus ou moins forte de ce métal, en échange
d'une même quantité de marchandises. Mais il n'est
pas au pouvoir d'une société humaine de décréter
un rapport immuable entre deux métaux, c'est-à-
dire entre deux marchandises ; cela n'est pas plus
admissible que ne le serait l'établissement d'un rap-

port fixe entre le blé et le coton, ou entre le maïs et l'avoine.

En fait, la proportion de 15 grammes et demi d'argent pour un gramme d'or, inscrite dans notre célèbre loi de germinal, a correspondu pendant assez longtemps à la réalité des choses, à la valeur vénale des lingots d'or et d'argent : on a pu se faire illusion et croire que la production des métaux précieux dans le monde, d'une part, le besoin plus ou moins grand, que chaque peuple aurait du métal jaune ou du métal blanc, de l'autre, continueraient à se tenir à peu près dans les mêmes limites, et à permettre, par conséquent, le maintien du fameux 15 1/2. De plus, tant que les échanges internationaux demeuraient moins actifs qu'ils ne le sont aujourd'hui et que le commerce intérieur les dépassait considérablement en importance, le côté factice de notre loi monétaire apparaissait moins clairement. En effet, en deçà de ses frontières, un État est toujours maître, dans une certaine mesure, de donner à la monnaie une valeur conventionnelle, parce que, entre les habitants d'un même pays, les disques métalliques peuvent être considérés comme des signes de richesse fictifs jusqu'à un certain point, et ne pas tirer uniquement leur valeur de leur prix intrinsèque : nous n'en voulons d'autre preuve que la monnaie d'appoint.

Mais du moment où il s'agit de payer un étranger, l'effigie de l'Etat perd son mérite : c'est un certain poids d'or, d'argent ou de cuivre qu'il faut donner en échange de l'objet qu'on veut acquérir.

Que résulte-t-il de ce principe, dans un pays bimétalliste comme le nôtre, aujourd'hui que l'or vaut non pas 15 fois 1/2, mais 18 ou 20 fois son pesant d'argent ? Supposons qu'un Anglais soit créancier de l'un de nous pour une somme de cent francs ; si nous lui donnons en paiement cinq pièces d'or, il les acceptera volontiers, les portera à la Banque d'Angleterre qui les fera fondre et lui remettra en échange, à une fraction près, quatre pièces d'or valant chacune une livre sterling, ou environ vingt-cinq francs, c'est-à-dire l'équivalent de cent francs en or. Il obtiendrait le même résultat en vendant simplement sur le marché des métaux de Londres le lingot résultant de la fusion des cinq pièces de vingt francs. Si au contraire nous voulions payer notre Anglais au moyen de vingt pièces de cinq francs en argent, qu'il eût la naïveté de les accepter et qu'il s'avisât de les faire fondre à Londres, puis d'en vouloir réaliser le produit, il tirerait de ces 500 grammes d'argent (exactement 450 puisqu'il y a un dixième d'alliage), environ trois livres sterling, soit septante-cinq francs.

On comprend donc que si, par une raison quelconque, l'Angleterre devient créancière pour une somme importante de la France, celle-ci ne peut actuellement s'acquitter qu'en or. Notre stock d'argent n'a point force libératoire vis-à-vis de l'étranger. Logiquement, les unités monétaires des divers pays ne peuvent se comparer entre elles que si elles sont constituées exclusivement par le même métal. Je puis savoir mathématiquement que cent francs en or valent trois livres sterling et 965 millièmes de livre, parce que cent francs en or contiennent 29 grammes et 322 millièmes d'or fin, c'est-à-dire identiquement ce que contiennent trois livres sterling et 965 millièmes. Mais il m'est impossible de traduire mathématiquement en livres sterling une somme de cent francs qui serait composée de deux pièces de vingt francs en or et de douze pièces de cinq francs en argent, car la livre sterling est l'unité monétaire d'un pays monométalliste, c'est-à-dire simplement l'expression d'un certain poids d'or — et l'argent contenu dans mes douze écus vaudra plus ou moins d'or selon le cours de l'argent sur le marché des métaux.

Aussi la banque d'Angleterre, tenue de payer en or tout porteur de ses billets qui lui en réclame le remboursement, détient-elle indifféremment dans ses caves de l'or frappé à l'effigie de la reine Victoria, ou des pièces de vingt francs de la République française, ou des impériales de Russie, ou des vingt reichsmarck d'Allemagne, ou des cinq dollars américains. Elle considère ces pièces non pas comme des francs, des reichsmarck, des roubles ou des dollars, mais comme autant de lingots d'or dont elle sait la teneur, grâce à l'empreinte dont ils sont revêtus. Il ne lui viendrait pas à l'idée d'avoir dans ses caves un seul écu de cinq francs, un seul thaler, un seul florin, un seul rouble, un seul dollar en argent, pas plus qu'elle n'aurait des sacs de café ou des balles de laine pour représenter une partie de son capital : et cela, non pas parce que l'argent pris en lui-même ne serait pas susceptible théoriquement de servir d'étalon, mais parce que l'Angleterre a adopté l'or comme unité monétaire et que, dès ce moment, toutes les autres valeurs sont devenues variables par rapport à l'or, resté seul fixe.

Les partisans du double étalon sont des gens qui voudraient donner deux centres à une surface. Si on prend, en effet, le gramme d'or comme point de repère des prix de toutes choses, qu'on représente cette quantité d'un gramme d'or par un carré de cinq centimètres de côté par exemple, et par des carrés concentriques la valeur de chacune des autres marchandises, on pourra figurer la valeur du blé ou du coton, comparée à celle de l'or par des carrés plus ou moins petits, selon que le blé ou le coton sera plus ou moins abondant, plus ou moins offert sur le marché — c'est-à-dire, en termes vulgaires, moins ou plus cher. La surface des carrés variera proportionnellement aux prix, celle du carré qui représente le gramme d'or restant toujours fixe. Mais si on voulait en même temps les comparer à un certain poids d'argent, quinze grammes et demi par exemple, on ne trouverait plus les mêmes quantités du jour où quinze grammes et demi d'argent ne pourraient pas acquérir un gramme d'or. Nous voyons, par exemple, aujourd'hui, le carré « laine » 443 fois plus petit que le carré or, et le carré blé 12,400 fois plus petit que le carré or. Nous en concluons que 443 grammes de laine valent 12,400 grammes de blé. Si nous comparions, au contraire, le carré laine au carré or et le carré blé au carré argent, nous ne pourrions plus les comparer entre eux, parce que le carré argent n'est plus une grandeur fixe, du jour où nous avons adopté l'or pour étalon. Nous ne pouvons pas maintenir le carré argent quinze fois et demie plus petit que le carré or, sans cesser de nous conformer à la vérité, puisqu'il faut environ vingt grammes d'argent pour acheter aujourd'hui un gramme d'or.

Un gramme d'or valant *par définition* 3 fr. 10, si un gramme de blé est coté 0 fr. 00025 et un gramme de laine 0 fr. 007, cela veut dire qu'il faudra donner 12,400 grammes de blé ou 443 grammes de laine en échange d'un gramme d'or. Le carré qui représentera la valeur de la laine par rapport à celle de l'or, qui demeure immuable, sera 443 fois plus petit, celui du blé 12,400 fois plus petit que celui de l'or. Si un gramme d'argent valait toujours 0 f. 20,

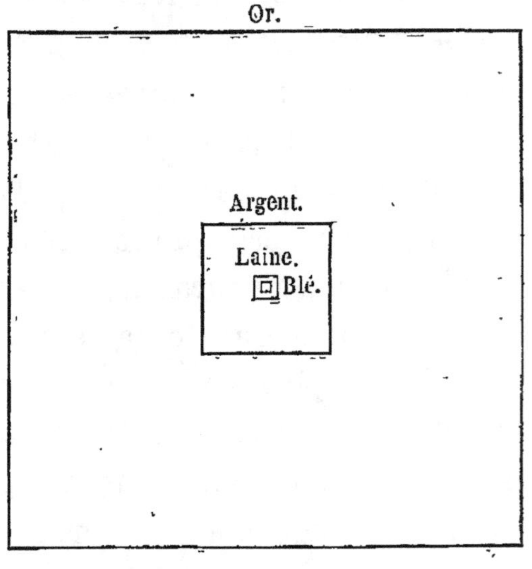

le carré de l'argent resterait immuable et pourrait toujours servir de point de comparaison aux deux autres, qui seraient, le premier environ 28 fois, le second environ 800 fois plus petit que le carré argent. Deux carrés qui seraient le $\frac{1}{448}$ du carré or ou le $\frac{1}{28}$ du carré argent seraient donc *identiques*. Mais du jour où le carré argent n'est plus exactement 15 fois 1/2 plus petit que le carré or, cette identité cesse, c'est-à-dire qu'il n'est plus possible

de comparer indifféremment la laine, par exemple,
à l'or ou à l'argent. Il faut n'avoir qu'un repère.

Les partisans du bimétallisme connaissent très
bien la force de cette objection. Aussi n'offrent-ils
qu'un remède, celui de l'adoption, par tous les habitants du globe, d'une proportion fixe entre l'or et
l'argent. L'énoncé seul de la proposition en indique
le caractère chimérique. D'autre part, tant que cet
accord universel n'aura pas été réalisé, les peuples
bimétallistes seront exposés à des crises semblables
à celles que nous traversons aujourd'hui. Nous ne
prétendons pas qu'en théorie il soit absolument
indispensable de choisir l'or pour étalon monétaire.
On peut fort bien concevoir un étalon unique d'argent, de platine ou de tout autre métal précieux.
L'illogisme ne consiste pas à ne pas vouloir l'or
comme étalon, il consiste à vouloir deux étalons :
c'est atteler ensemble deux chevaux susceptibles de
prendre l'un le pas, l'autre le galop de course.
Qu'on règle son allure sur l'un ou l'autre, peu importe en principe. Mais il est impossible de la
régler sur les deux à la fois ; au fond, les monnaies
des divers pays, composées du même métal, ne sont
qu'une seule et même monnaie. Si le système mé-
trique était universellement adopté, il suffirait de
frapper dans chaque pays des grammes, des déca-
grammes, des hectogrammes d'or au même titre, à

900 millièmes de fin par exemple, pour que la même pièce circulât dans le monde entier sans avoir besoin d'être jetée au creuset et de recevoir dans chaque contrée une empreinte différente.

Ici comme dans bien des choses humaines, ce sont les mots qui ont compliqué les faits. Vingt francs en or [1], 793 millièmes de livres sterling en or, 810 millièmes de reichsmark en or, 772 millièmes de dollars en or sont identiquement le même objet. C'est ici que le volapük pourrait rendre un réel service.

Telle est la théorie abstraite, de laquelle il résulte qu'il faut avoir un seul métal pour étalon. En fait, l'or réunit aujourd'hui des avantages nombreux qui doivent le faire préférer à tous les autres métaux et en particulier à l'argent. Nous ne sommes pas éloignés, il est vrai, d'une époque où ce dernier paraissait devoir se raréfier considérablement, par rapport à l'or ; les mines californiennes étaient alors dans le plein de leur production, et de bons esprits craignaient un avilissement tel du métal jaune, qu'ils voulaient donner à l'argent le rôle

---

[1] Pièce de vingt francs pesant 6 gr. 452, à 900/1000 de fin, soit 5 gr. 8058 d'or fin.

Pièce de la livre sterling pesant 7,988 à 91666/100000 de fin, soit 7 gr. 3222 d'or fin.

Pièce de 20 marcs pesant 7,965 à 900/1000, soit 7 gr. 1685 d'or fin.

Pièce de 5 dollars pesant 8,359 à 900/1000, soit 7 gr. 5231 d'or fin.

d'étalon. La face des choses a changé. La production annuelle de l'argent dans le monde a quadruplé depuis 25 ans, celle de l'or reste à peu près
stationnaire. De plus, celui-ci représente une valeur
bien plus grande sous le même volume et pour le
même poids : il peut donc servir aisément à des
transactions bien plus considérables. Enfin, il est
l'étalon unique du premier pays commerçant du
monde, c'est-à-dire de l'Angleterre, de l'Allemagne [1], des États scandinaves ; il le redeviendra
probablement des États-Unis d'Amérique, qui ne
pourront pas continuer à frapper indéfiniment des
dollars d'argent qui s'empilent dans les caves du
Trésor et que le public rejette. Le pays qui l'adopte
est donc certain d'avoir aussitôt un instrument d'é-
change aussi parfait que possible.

Mais nous nous hâtons d'ajouter que nous sommes
loin d'oser trancher la question d'opportunité. Démonétiser l'argent en France serait une opération
extrêmement grave, dont il est malaisé de mesurer
à l'avance les difficultés et les conséquences. Quand
nous voyons précisément l'Allemagne, après avoir
parcouru les trois quarts du chemin, hésiter à aller

---

[1] L'Allemagne n'a pas encore le monométallisme or parfait ;
elle n'a pas encore démonétisé les quelques centaines de millions
de thalers argent qui étaient en circulation avant la frappe de la
nouvelle monnaie en reichsmarck.

jusqu'au bout, et à jeter au creuset pour les vendre ensuite sous forme de lingots, les thalers qui restent dans sa circulation, nous nous demandons quel serait l'effet, et pour notre marché intérieur et pour le marché international, de l'offre d'une masse pareille d'argent. Les économistes les plus éminents ne sont d'ailleurs nullement d'accord sur la quantité dont nous serions détenteurs. M. André Cochut, dont les remarquables articles publiés dans la *Revue des Deux-Mondes* ont fait sensation, croit que notre stock en écus de 5 francs nationaux ne dépasse pas 1,360 millions de francs, dont 1,220 en circulation à l'intérieur et 140 dans les autres pays de l'union latine : il y ajoute 620 millions en écus étrangers (300 belges, 295 italiens, 15 grecs, 10 suisses). — En admettant même cette évaluation, qui est très inférieure à toutes les autres [1], on ne saurait tranquillement envisager l'éventualité de la démonétisation de cette quantité d'argent, non seulement au point de vue de la perte qui en résulterait pour le Trésor, mais au point de vue du trouble général.

Actuellement, nous louvoyons. La Banque de France, par suite de l'accumulation du numéraire

[1] Soetber, de Berlin, indique 3 milliards ; Newmann Spallart de Vienne, 3,135 millions ; Burchard, directeur de la monnaie aux États-Unis, 3,473 millions.

dans ses caves, est devenue la grande régulatrice
de notre circulation : elle possède plus d'un milliard
en or et plus d'un milliard en argent. Il y a quelques
années, au moment de nos très mauvaises récoltes,
son stock d'or était tombé à 600 millions et cette
diminution commençait déjà à être un sujet d'inquiétude. En 1887, le marché de New-York a ré-
clamé de l'or à l'Europe : il en a puisé d'abord
à la Banque d'Angleterre, qui en un mois a élevé
son escompte de 2 à 4 0/0 : elle n'a pas en effet
d'autre moyen de défendre son encaisse or que de
chercher à élever le loyer des capitaux à Londres
pour les retenir ou les attirer ; car tout porteur
d'une traite sur l'Angleterre, après l'avoir con-
vertie en bank-notes, peut immédiatement exiger,
en échange de son papier, le même nombre de souverains en or que son billet indique de livres sterling.

Les demandes d'or s'adressent aussi à la Banque
de France, qui grâce au bimétallisme, peut ne payer
qu'en argent. En fait, et pour empêcher la dépréciation du change sur France à l'étranger, elle donne
de l'or : elle n'en donne que des quantités limitées,
et à de certaines conditions. Mais les hommes éminents qui la dirigent sentent bien que le métal
jaune est aujourd'hui le véritable instrument des
échanges et qu'il n'est pas possible d'en inter-

rompre complètement la circulation dans un pays, sous peine de l'exposer à de graves mécomptes. C'est en grande partie la prudence et la sagesse des gouverneurs et des régents de la Banque qui nous a permis, depuis la guerre, de traverser une série de difficultés : mais nous avons vécu d'expédients. Notre situation monétaire est illogique. Elle se complique encore des conventions intervenues entre nous et l'Italie, la Belgique, la Suisse et la Grèce, sous le nom d'Union latine, et dont l'examen nous mènerait trop loin.

Notre devoir était de signaler, une fois de plus, aux méditations des hommes d'Etat la question des métaux précieux. Peut-être que la découverte de nouveaux gisements d'or, comme on semble en annoncer à cette heure dans l'Afrique australe, viendra, un de ces jours, simplifier le problème : si on tirait des entrailles de la terre des quantités considérables de métal jaune, l'âpre « lutte pour l'or » qui sévit en ce moment perdrait aussitôt de son intensité, et un certain nombre de pays bimétallistes pourraient, sans sacrifices exagérés, démonétiser l'argent et adopter l'étalon unique.

En tout cas, il est deux gros périls qu'il faut envisager courageusement, en cherchant les moyens de les conjurer. Le premier est celui de la contrefaçon possible de nos monnaies d'argent, qui donnerait à l'heure qu'il est aux faussaires un bénéfice de plus de 30 0/0. Ce péril est encore aggravé par l'Union latine, grâce à laquelle nous sommes tenus d'admettre dans notre circulation les écus de cinq francs belges, suisses, grecs et italiens. Car, s'il est difficile à nos caissiers de distinguer nos propres monnaies, frappées au coin officiel, de monnaies d'une composition identique fabriquées par d'habiles contrefacteurs, ce départ est encore bien plus malaisé lorsqu'il s'agit de monnaies étrangères. Nous n'aimons pas à insister sur ce point délicat, mais nous pensons qu'il doit constituer un grave sujet de préoccupation et qu'il y a certainement là un des gros arguments qui pourraient nous pousser à l'adoption de l'étalon or.

L'autre danger provient uniquement de cette Union latine, qui a été renouvelée le 12 décembre 1885 pour cinq ans, c'est-à-dire jusqu'au 1er janvier 1891. Lors de ce dernier accord, on y a introduit une clause de liquidation, qui nous a donné l'occasion de déployer une fois de plus notre incorrigible générosité. Nous nous sommes en effet engagés à garder à notre compte, au jour de la dissolution de l'union, la moitié du stock d'écus étrangers qui resteront entre nos mains : un échange préalable aura naturellement d'abord rapatrié dans nos caisses ceux de nos écus de cinq francs qui circulent chez les autres membres de l'union, lesquels reprendront en retour un nombre égal de leurs pièces nationales. M. Cochut calcule que de ce chef il nous restera au moins 115 millions de francs en écus belges, 135 millions en écus italiens. La confédération suisse, qui a eu la sagesse de ne pas frapper plus d'une dizaine de millions de pièces de cinq francs en argent, aurait le droit de nous renvoyer nos propres écus qui circulent chez elle jusqu'à concurrence de 60 millions de francs et de recevoir de l'or en échange : elle ferait une affaire merveilleuse. Quant à nous, nous subirions sur 250 millions d'écus étrangers une perte d'au moins 50 millions de francs.

Est-il trop tôt pour songer aux périls qui pourront résulter un jour de ces diverses circonstances [1] ?

---

[1] Le nickel est décidément le métal des pays jeunes. L'Assemblée nationale bulgare a voté, le 4 novembre dernier, la frappe de trois millions en monnaies de nickel.

TROISIÈME PARTIE

REMÈDES

CHAPITRE VIII

SINCÉRITÉ BUDGÉTAIR

Nous venons de parcourir la liste de nos principales dépenses : nous en avons signalé qui nous semblent inutiles, d'autres que nous nous croyons en droit de qualifier d'excessives. Ces deux catégories appellent des remèdes différents : là l'amputation, ici la réduction. Nous avons aussi, chemin faisant, indiqué que la gestion proprement dite de nos deniers publics, indépendamment de la question de savoir quel emploi nous leur réservons, laisse à désirer. C'est à cette dernière qu'il convient d'appliquer ce que nous appellerons les remèdes techniques ou financiers proprement dits, par opposition aux remèdes généraux, qui consistent avant tout dans une réduction universelle des dépenses.

Nous demandons d'abord la suppression. radicale et définitive du budget extraordinaire. Et cela, non seulement dans la phraséologie officielle, comme c'est le cas depuis le budget de 1887, mais de fait. A quoi sert-il d'avoir fait disparaître le titre de « budget sur ressources extraordinaires », si on rétablit au budget ordinaire des ministères de la Guerre, des Travaux publics et de la Marine 240 millions de crédits dits extraordinaires[1] ? Cela a été une des dispositions d'esprit les plus fâcheuses qui aient guidé les Chambres et les ministres depuis quelques années, que celle qui leur a fait

[1] Le budget rectifié pour 1888, déposé par M. Rouvier, constitue déjà un progrès, en ce sens qu'il supprime le budget extraordinaire des travaux publics et ne laisse subsister que ceux de la guerre et de la marine pour lesquels il demande respectivement 91,500,000 et 30,705,000 francs. Il a en outre proposé les réductions suivantes au budget pour la même année, primitivement déposé par M. Dauphin : 19 millions à la guerre, 2 1/2 aux travaux publics, 3 à la marine, 6 à l'instruction, 2 1/2 à l'agriculture, 31 aux finances. Nous approuvons hautement toutes ces économies. Nous ne faisons de réserve que pour la dernière, qui provient presque en totalité de la réduction de l'amortissement, et qui n'est par conséquent qu'une décharge du présent aux dépens de l'avenir. — Depuis la réunion de la commission du budget (octobre 1887), les ministres de la guerre et de la marine ont encore réduit les chiffres de leurs demandes pour leurs budgets extraordinaires et les ont ramenées au total de cent millions (voir plus loin, chap. xiv).

considérer comme anormales, certaines dépenses de travaux publics et d'armement. Ces dernières devront probablement, ainsi que nous avons essayé de le démontrer, se renouveler à des intervalles de plus en plus rapprochés. Quant aux travaux publics, on aurait pu dire à la rigueur que c'étaient des dépenses de premier établissement, faites une fois pour toutes et devant par conséquent être portées au compte capital (si tant est que l'État puisse avoir un pareil compte ouvert) ; mais c'eût été à la condition qu'elles eussent été véritablement profitables, c'est-à-dire destinées à faire rentrer, aussitôt achevées, des revenus annuels dans les caisses publiques ; si, par exemple, les nouvelles lignes de chemins de fer, les nouveaux canaux avaient produit des recettes kilométriques laissant un excédant, ou du moins suffisant au paiement des dépenses d'entretien et à l'amortissement du capital. Mais de quel droit demander à l'emprunt des capitaux destinés à percer des canaux et à construire des lignes ferrées productives à rebours, c'est-à-dire ne couvrant même pas leurs frais d'exploitation ? En admettant qu'il y ait des circonstances où l'on peut grever ainsi la génération présente, ce n'est pas à coup sûr lorsqu'il s'agit de léguer à celles qui la suivront, le double fardeau des intérêts à payer sur les capitaux empruntés et des déficits d'exploitation à combler.

Notre outillage industriel est à peu près complet. Lorsqu'il n'existait pas et que par conséquent sa création devait rendre de véritables services au public, il s'est trouvé assez d'esprit d'entreprise parmi les particuliers pour faire ce qui était véritablement utile. L'État n'a dû construire, garantir et surtout payer du chef de sa garantie que le jour où les travaux inutiles ont commencé. Or, ce sont ceux-ci surtout qu'en bonne administration on n'aurait dû se permettre qu'avec des excédants budgétaires, si tant est qu'on eût jamais dû les entreprendre. Mais la néfaste idée, qu'on ajoutait ainsi un véritable capital à la richesse nationale, s'est implantée dans les cerveaux et a été la source première de tous nos mécomptes. Cette même idée s'est étendue à d'autres domaines que celui des travaux publics proprement dits. On a cru que les constructions scolaires faisaient partie de ces dépenses dont une série de générations doit supporter le fardeau et on a institué une caisse spéciale destinée à fournir les centaines de millions que réclamaient les écoles-palais. .

Quant à remplir cette caisse, c'est toujours aux ressources extraordinaires qu'on en laissait le soin. C'est ainsi qu'on en est arrivé aujourd'hui, comme le disait spirituellement M. Henri Germain dans un de ses excellents discours financiers, à devoir chercher le budget hors du budget. Il n'est pas de chapitre, pour ainsi dire, qui n'ait gonflé démesurément depuis quinze ans.

En comparant les chiffres de 1868 et de 1887, nous trouvons qu'en ces vingt années nos dépenses ont suivi la progression que voici :

	Millions de francs.	
	1868	1887
Finances proprement dites, Dette publique, dotations................	584	1,317
Affaires étrangères.............	13	44 [1]
Intérieur	235	322
Justice	33	37
Instruction publique et beaux-arts	56	161
Travaux publics, commerce, agriculture	181	222
Guerre........................	461	747
Marine et colonies	197	264
Frais de régie et de perception des impôts.....................	227	333
Remboursements, restitutions, non-valeurs....................	114	210
Cultes........................	54	46
Totaux.........	2,155	3,700

Un seul chapitre a diminué, celui des cultes.

[1] Y compris les protectorats.

Ajoutons au total de 1868 les 3 millions que coûtait le ministère d'Etat, les 41 millions portés alors au budget spécial de l'Algérie, dont les services sont répartis aujourd'hui entre les budgets des divers ministères, et nous aurons 2199 millions, soit environ les quatre septièmes de nos dépenses actuelles. Mentionnons encore que nous avons perdu plus de trois départements et que, pour faire une comparaison mathématiquement proportionnelle, il faudrait majorer les chiffres actuels de 3 à 4 0/0. Ce serait le cas de rappeler à l'Etat l'exemple de ces mêmes compagnies de chemins de fer qui, grâce à la garantie d'intérêt, lui coûtent si cher et qui pourtant viennent de réaliser des prodiges d'économie. En trois ans, de 1884 à 1886, les recettes totales des grandes compagnies ont baissé de 85 millions de francs (26 en 1884, 38 en 1885, 21 en 1886), malgré une augmentation kilométrique énorme, qui chargeait d'autant la proportion des frais d'exploitation. Or, l'année dernière, le Lyon a fait 8,400,000 francs d'économies, tandis que ses recettes baissaient de 7,900,000. Le Nord a diminué ses dépenses de 4 1/2 millions et ramené son coefficient d'exploitation à 46,50 0/0, au lieu de 53,97 0/0 qu'il était en 1883.

Ne pourrait-on obtenir dans les administrations publiques des résultats non pas analogues (ce rêve serait trop beau), mais qui représentent une faible fraction de ceux qu'ont produits l'énergie et la vigilance de sociétés particulières ? Et quel argument, soit dit en passant, n'y a-t-il pas à tirer de là contre les idées de ceux qui voudraient voir l'Etat racheter les chemins de fer et les exploiter ! Le déficit qui en résulterait dans notre budget est incalculable.

La seconde réforme doit consister à ne plus augmenter sous aucun prétexte les dotations de ces caisses spéciales, qui faussent la comptabilité publique et empêchent les députés et les électeurs de voir clair dans les chiffres qu'on leur soumet, à tarir, par conséquent, la source unique au moyen de laquelle on les a trop longtemps alimentées, c'est-à-dire l'emprunt. Aucune caisse semblable ne devra plus être instituée à l'avenir, et celles qui existent devront être peu à peu amorties.

Il est inadmissible qu'on subvienne aux services même les plus intéressants avec d'autres ressources que celles qu'on tire directement de l'impôt, aujourd'hui surtout que nous plions sous le faix et que nous devrions faire des efforts héroïques pour diminuer nos charges. Or l'emprunt est le pire des expédients : car il n'est pas seulement l'impôt présent, celui que le contribuable paie dans une année difficile, et qu'il pourra voir diminuer demain, si les temps deviennent meilleurs ; c'est l'impôt à perpétuité, qui se glisse dans le budget, sous forme d'une annuité indéracinable, c'est l'impôt qui ne diminuera jamais, à moins que l'Etat fasse banqueroute et cesse de payer ses rentiers. Mais emprunter un milliard, qu'est-ce que cela au gré de nos financiers modernes? Trouver quarante millions de ressources annuelles leur semble un jeu d'enfant, au prix duquel ils obtiennent immédiatement la libre disposition de capitaux qui vont s'engloutir dans des entreprises improductives.

Nous avons chiffré plus haut à six milliards les sommes empruntées depuis dix ans. La pompe aspirante a fonctionné sans relâche et versé des flots d'or au minotaure budgétaire sans jamais réussir à le rassasier. Et malgré tous ces emprunts publics, l'Etat s'endettait encore d'une autre manière, puisqu'il doit aujourd'hui, entre autres, 26 millions aux Chambres de commerce qui les lui ont avancées pour divers travaux, et 35 millions au Crédit foncier du chef de constructions scolaires. Il est temps de s'arrêter. Un dernier emprunt est peut-être nécessaire pour liquider les fautes du passé, pour rembourser les bons du Trésor qui circulent en quantité exagérée. Mais il faudra ensuite fermer inexorablement le Grand-Livre de la Dette publique.

Une autre plaie à extirper de nos budgets est celle des crédits additionnels ou supplémentaires que le Parlement vote en cours d'exercice et qui viennent, à l'heure du réglement de comptes, grossir le total des dépenses. C'est par eux qu'un budget présenté en équilibre finit par se solder en déficit. Ces crédits n'ont pas été inférieurs à :

252 millions pour l'année 1881.
335   —   1882.
196   —   1883.
163   —   1884.
202   —   1885.
116   —   1886.

L'initiative parlementaire est la principale source de ce fléau. Nous voudrions que ni députés ni sénateurs n'aient jamais le droit de déposer une proposition de loi qui implique une dépense nouvelle. Ce privilège devrait être réservé aux seuls membres du gouvernement qui, eux, du moins, lorsqu'ils demandent un crédit, ont le souci de créer une ressource correspondante, c'est-à-dire, en dernière analyse, de grever le contribuable. Les projets de dépenses nouvelles soumises au Parlement, à l'heure même où nous écrivons, s'élèvent déjà à plus de 150 millions, que coûteraient, si on les votait, les projets d'unification des pensions militaires, de réorganisation de l'assistance publique, d'ex-

tension du réseau de l'Etat, de dégrèvement des
régions phylloxérées, d'augmentation de traitement des instituteurs et *tutti quanti.*

Il faudra en même temps réintégrer dans les
chapitres des dépenses ordinaires les travaux restant à faire pour les canaux, les ports, les chemins
de fer, les maisons d'école. La France est une société
trop vieille pour avoir son compte de premier établissement encore ouvert. Cela peut être permis aux
jeunes républiques de l'Amérique, comme celle de
la Plata. Là tout est à créer, l'augmentation rapide
et certaine des revenus peut être escomptée de
façon à gager des emprunts, d'ailleurs rapidement
remboursables [1] ; chaque rail posé sur le sol, chaque
digue immergée dans la mer vaudra son pesant
d'or au pays. Mais nous avons cette période der-
rière nous. D'ailleurs, la richesse générale est
aujourd'hui assez grande, les particuliers posses-
seurs de gros capitaux assez nombreux, pour que
toute entreprise vraiment profitable puisse être
exécutée par l'initiative privée. Si nous croyons
que des travaux utiles restent à faire, imitons les
Anglais qui, en ce moment même, n'hésitent pas
à confier à une société particulière, au capital de
200 millions de francs, le creusement du canal de

---

[1] La République argentine amortit en ce moment, par an, environ 4 0/0 de sa dette, exactement 3,58 0/0 en 1886.

Manchester à la mer, canal à écluses, plus large et plus profond que celui de Suez et qui permettra aux plus grands paquebots d'arriver jusqu'à la métropole industrielle de la Grande-Bretagne.

Mais il semble qu'en matière de transports de marchandises et de voyageurs, nous ayons le droit de nous borner à cette heure à étudier les perfectionnements de détail. Dans un domaine qui paraît devoir être celui de l'avenir le plus proche, celui de l'électricité, soit pour l'éclairage, soit pour la transmission de la force, nous voyons des sociétés particulières se fonder et s'occuper de l'étude de la question. Le jour où elle sera mûre, il est peu probable que l'intervention financière de l'Etat soit nécessaire. (Société Marcel Desprez pour la transmission de la force. — Société lyonnaise, Continentale Edison, Compagnie électrique, etc., pour l'éclairage.)

Donc arrêt absolu des travaux dit extraordinaires : ceux qui seront utiles devront être payés par les ressources annuelles et régulières ; à plus forte raison les mêmes ressources devront-elles suffire à l'entretien des ouvrages existants, et ne permettrons-nous plus jamais qu'on mentionne comme imprévue et anormale une dépense d'entretien de routes ou de curage d'un port.

Lors donc que le budget extraordinaire et les

caisses spéciales auront été supprimés, que les crédits supplémentaires en cours d'exercice auront disparu ou du moins auront été exclusivement réservés aux cas vraiment urgents, lorsque le principe que l'impôt doit payer les dépenses normales de l'Etat, présidera à la confection de nos budgets, un grand pas aura été accompli : le chapitre des dépenses ne pourra plus, en effet, être augmenté d'un centime sans que le contribuable voie immédiatement grossir le total de la note à payer au bureau des contributions. N'est-ce pas là la meilleure garantie contre les entraînements possibles de ceux qui ont mission de parler et d'agir en son nom?

Il y aurait encore d'autres modifications de forme à introduire dans notre budget, où beaucoup de dépenses et de recettes ne figurent pas à la place qu'elles devraient logiquement occuper. M. le Trésor de la Roque s'est livré à ce sujet à des recherches très intéressantes, dans le détail desquelles nous ne pouvons le suivre et à la conclusion desquelles nous ne nous associons pas sans réserves, mais qui n'en constituent pas moins un redressement raisonné et instructif de la comptabilité publique. Nous n'irons pas jusqu'à dire avec lui qu'il faudrait mettre au budget de la Guerre le service de tous les emprunts contractés pour dépenses militaires, au budget des Travaux publics celui des emprunts contractés pour les grands travaux, et réduire en conséquence le budget du ministère des Finances à 60 millions en portant celui de la Guerre à 1,523 et celui des Travaux publics à 804. Mais nous croyons avec lui qu'il conviendrait de porter au compte de chaque ministère le service des pensions lui ressortissant, aux ministère de la Guerre et de la Marine celui des pensions des membres militaires de la Légion d'honneur, au compte de l'Instruction publique toutes les dépenses de constructions d'édifices scolaires, au ministère des Travaux publics les annuités dues aux compagnies de chemins de fer, le montant annuel des garanties d'intérêt, les subventions pour les chemins vicinaux, les travaux exécutés par les grandes compagnies pour compte de l'Etat, les travaux complémentaires des mêmes compagnies sur leurs réseaux au compte de la garantie d'intérêt.

A titre de curiosité, nous donnons, d'après les travaux du même auteur, la décomposition des sommes que l'Etat aura à payer à 1888 pour les divers services, chaque dépense étant classée d'après son origine propre :

Finances : dette publique	60,572,222 fr.	
— pouvoirs publics...	13,257,360	
— service général... — frais de régie.....	225,497,529	
Justice......................	42,548,133	
Affaires étrangères	13,276,720	
Intérieur..............	67,353,655	
— Algérie..............	7,509,375	
Cultes	45,834,388	
Postes et télégraphes	205,644,044	
Guerre......................	1,523,544,548	
Marine......................	260,027,466	
Colonies....................	59,802,673	
Instruction publique	181,186,508	
Beaux-arts..................	12,166,129	
Commerce...................	13,701,261	
Agriculture	18,081,380	
Forêts	16,969,585	
Travaux publics..............	803,682,904	
Total.............	3,570,652,874 fr.	

CHAPITRE IX

CONVERSION DES RENTES ET AMORTISSEMENT

Notre budget une fois débarrassé des dépenses extraordinaires, le cours de nos rentes s'en ressentira promptement. L'essor de la hausse ne s'est, en effet, arrêté que depuis 1881, c'est-à-dire depuis que nous nous sommes avisés, d'emprunter à tout instant et à tout propos. Le Grand-Livre fermé, notre trois doit s'élever au cours du trois pour cent belge ou du trois pour cent hollandais; nous ne parlons pas des consolidés anglais, qui, grâce à l'admirable administration des divers cabinets libéraux aussi bien que conservateurs, sont aujourd'hui à 103, se capitalisent ainsi à moins de 2 7/8 0/0, en tenant compte de l'impôt sur le revenu qu'ils acquittent, et nous offrent le type enviable, mais difficile à égaler, d'un fonds d'Etat modèle. Quant à nos rentes 4 1/2 0/0, nous espérons bien qu'on ne leur laissera pas le loisir de s'élever beaucoup au-dessus des cours actuels et qu'on se hâtera de les rembourser dès que ce sera légalement possible.

C'est ce que vient de commencer à faire le ministre des finances en déposant un projet de loi portant conversion du 4 1/2; le moment est donc venu de discuter les diverses façons dont pouvait s'accomplir l'opération. Il s'agit du vieux fonds 4 1/2, provenant encore de la conversion Bineau effectuée en 1852 : c'est la portion de ce 4 1/2 qui n'a pas accepté en 1862 la conversion en 3 0/0 (conversion Fould).

Le capital nominal s'élève à 831,849,600 fr.

et la rente à. . . . . 37,433,232 fr.

Deux solutions se présentaient : 1º conversion en 3 0/0, 2º conversion en 4 0/0. La première solution pouvait s'appliquer de deux façons différentes, avec soulte ou sans soulte :

1º CONVERSION EN 3 0/0.

A, Conversion en 3 0/0 moyennant une soulte.

Dans ce système, le revenu des porteurs n'est pas réduit. L'Etat leur offre du 3 0/0 à 80 par exemple, soit avec une marge de 2 0/0 sur le cours du jour (82), et demande à chaque propriétaire d'un titre de rente 4 50 (fr. 100 capital nominal), une soulte de

20 francs, puisque 4 fr. 50, en 3 0/0 à 80, coûteraient 120 francs. Il ne diminue pas le revenu des porteurs, et augmente même leur fortune, puisqu'il se reconnaît leur débiteur de 150 francs au lieu de 100 francs. Il ne leur fait payer qu'une petite partie de cette augmentation (les 2/5); un versement de vingt francs en espèces leur vaut en effet une augmentation de capital nominal de cinquante francs.

Le Trésor encaisse autant de fois 20 francs qu'il existe de fois 4 fr. 50 de rente en 4 1/2 ancien, soit 20 multiplié par 8,318,496, c'est-à-dire 166,369,920 francs.

Le service annuel d'intérêts resterait le même.

Ce serait évidemment une magnifique rentrée pour le Trésor, mais ce serait une rentrée *unique*. Par contre, le capital de la dette serait augmenté de moitié, puisque 831,849,600 fr. en 3 0/0 représentent un capital nominal de 1,247,774,400, créé ainsi en remplacement du capital nominal actuel du 4 1/2 qui est 831,849,600 : d'où une augmentation de 415,924,800 fr.

Les administrations financières françaises ont malheureusement toujours été trop peu préoccupées de cette question du capital *nominal* de la dette, qui est cependant de la plus haute importance. Car ce capital *nominal* devient un capital *réel* le jour où l'on veut convertir, c'est-à-dire rembourser.

Notre dette serait beaucoup moins considérable, non seulement en capital, mais en intérêts, si les ministres avaient eu la sagesse d'emprunter, sauf circonstances exceptionnelles, aux environs du pair. En payant un taux élevé à l'époque où son crédit est moins bon, l'État se réserve la faculté d'en payer un moindre lorsque ce crédit s'est amélioré, ou de rembourser. Mais il n'a intérêt à rembourser que s'il a reçu une somme égale ou presque égale à celle dont il s'est reconnu débiteur.

B, *Conversion en 3 0/0 sans soulte.*

L'État réduit le revenu des porteurs, mais ne leur demande pas de soulte. Il leur donne du trois à 80. Il bonifie ainsi, en réalité, 2 fr. 50 (le cours du trois se maintenant à 82), à chaque porteur de 4 fr. 50 de rente pour le décider à convertir. C'est une prime qu'il offre pour éviter les demandes de remboursement.

Chaque porteur de 4 fr. 50 de 4 1/2 recevrait 3 fr. 75 de 3 0/0, soit un capital nominal de 125 fr.

Le capital nominal de la dette serait augmenté de 207,962,400, puisque de 831.849,600 il deviendrait 1,039,812,000.

Le service d'intérêt tomberait de 37,433,232 à 31,194,360 francs, soit une économie annuelle de 6,238,872.

Ce système amènerait la plus forte économie annuelle, dans le présent.

L'inconvénient de ces deux procédés de conversion en 3 0/0 est bien démontré par l'expérience.

A. Les conversions avec soulte effraient le rentier, qui les comprend mal et a une tendance à vendre son titre, alors même que le versement de la soulte constituerait pour lui une opération excellente. (Voir la conversion Fould en 1862.)

B. Le deuxième mode de procéder amènerait une économie notable ; mais en jetant sur le marché une certaine quantité de 3 0/0, elle ferait baisser la cote de ce fonds. Cette baisse, tout en étant beaucoup moindre que dans le cas de conversion avec soulte, puisque la quantité de 3 0/0 créée serait moins forte, pourrait compromettre le succès de l'opération, alors même qu'une marge initiale considérable eût été réservée. Le dernier emprunt en 3 0/0 perpétuel, émis par M. Sadi-Carnot à 79 50, a mis neuf mois à se classer et n'est entré véritablement dans les portefeuilles qu'au mois de janvier 1887, à la faveur de la grande baisse qui se produisit à cette époque.

L'inconvénient commun des deux solutions est d'augmenter le capital de la dette.

2° CONVERSION EN 4 0/0.

C'est la vraie solution, conforme à la définition même de l'opération : c'est en effet l'acte d'un débiteur qui met son créancier en demeure d'opter entre le remboursement ou la réduction d'intérêt, sans altération du capital. En offrant le nouveau 4 0/0 au pair, on aurait un succès assuré. Tout le monde convertirait. Le capital de la dette ne serait pas augmenté. Le service des intérêts serait diminué du neuvième, soit de 4,159,248 francs.

On préparerait ainsi le terrain pour la conversion du nouveau 4 1/2 remboursable en 1893, et dont l'échange en 4 0/0 se ferait à cette échéance tout naturellement. D'ici là, le 4 0/0 se serait acclimaté sur nos marchés. C'est un type simple, de nature à séduire le rentier, qui voit la plupart des États européens de premier ordre ne plus offrir à leurs créanciers qu'un 3 1/2 aux environs du pair : les 3 1/2 belge, hollandais, allemand, danois, suédois, norwégien, suisse, valent tous 100 0/0, à une ou deux unités près. Il est certain que personne ne viendrait demander le remboursement et que les cours du 4 1/2 et surtout du 3 s'en ressentiraient très favorablement.

Ce n'est toutefois pas le parti auquel s'est arrêté le ministre. Voici en effet les principaux articles du projet qu'il vient de soumettre aux Chambres et dans l'exposé des motifs duquel nous sommes heureux de relever ces mots, qui résument toute la doctrine des conversions :

« Le juste respect des droits des rentiers n'im-
» plique pas que l'État paye plus qu'il ne doit. Il
» se rendrait coupable envers la masse des contri-
» buables s'il ne savait pas mettre à profit l'amé-
» lioration du crédit public pour alléger les charges
» de la dette. »

Le plan ministériel est un mélange ingénieux des deux premiers systèmes que nous venons d'exposer. Il laisse, en effet, le rentier libre de payer ou de ne pas payer la soulte, selon qu'il pré-férera subir une réduction de l'intérêt qu'il reçoit ou s'assurer, au contraire, la continuation du même revenu. Dans le premier cas, comme il recevra, en échange de son capital de 100 francs en 4 1/2, un capital équivalent en 3 0/0, il ne tou-chera plus annuellement que 3 fr. 75 de rente, c'est-à-dire le taux auquel se capitalise le 3 0/0. — S'il veut conserver son revenu de 4 fr. 50 avec le nouveau fonds 3 0/0 qui lui est octroyé, il devra payer 20 fr. de soulte, puisque, au cours de 80, 4 fr. 50 de rente en 3 0/0 coûtent 120 francs.

Le ministre s'entendra avec un groupe financier et en particulier avec la Banque de France pour aliéner, au profit du Trésor, celles des nouvelles rentes 3 0/0 qui ne seront pas demandées par les porteurs actuels de 4 1/2.

Nous persistons à croire que la simple réduction des intérêts à 4 0/0 eût été préférable. Par la conversion en 3 0/0 nous mangeons notre blé en herbe ; nous renonçons à l'économie que nous pourrions faire sur tous nos budgets à venir, pour avoir la jouissance immédiate d'un capital de 166 millions. Nous devons en ce moment un capital de 831,849,600 fr. pour le 4 1/2 et de 11,152,400 francs pour le 4 0/0 [1]. Du jour au lendemain, nous allons nous reconnaître débiteurs de 1,254,433,233 francs. Enfin, nous nous ôtons, pour une période incalculable, tout espoir de faire une conversion ultérieure du fonds créé maintenant : car il faut rêver une Europe et une France nouvelles pour s'attendre à ce que notre 3 0/0 dépasse le pair.

« En faisant disparaître deux types de nos fonds d'État », dit l'exposé des motifs, « la combinaison réalise un progrès marqué dans le sens de l'unification de notre dette publique ». Nous allons essayer de démontrer que, même pour arriver à ce but, le chemin tracé n'est pas le plus court. Tout d'abord, la réduction à un type unique de la dette peut être un *desideratum* théorique; nous ne croyons pas

---

[1] La conversion en 3 0/0 a été également votée pour le 4 0/0.

téméraire d'affirmer qu'au point de vue pratique la diversité des types n'offre pas d'inconvénients sérieux.

La Hollande, qui a longtemps passé pour un modèle d'administration financière, avait encore l'année dernière quatre sortes de rente pour une dette relativement peu importante, si on la compare à la dette française : un 4 0/0 perpétuel, un 4 0/0 amortissable, un 3 0/0, un 2 1/2. Ce n'est que par la conversion des deux 4 0/0 en 3 1/2 qu'elle a dernièrement ramené à trois le nombre de ses types.

L'Allemagne a eu à la fois un 4 1/2, un 4 et un 3 1/2 : elle n'a supprimé le premier que tout récemment.

L'Autriche a une dette 4 0/0 or, libre d'impôt ; 5 0/0 papier, libre d'impôt ; 5 0/0 papier, soumise à la taxe de 16 0/0 ; 5 0/0 argent, soumise à la taxe de 16 0/0.

L'Amérique a eu un 4 1/2, un 4 0/0, un 3 0/0, ce qui n'empêcha pas ces types d'atteindre les prix énormes que l'on sait. Elle se prépare à créer un 2 1/2.

La Belgique a un 3 1/2, un 3 0/0, un 2 1/2 : son 4 0/0 vient seulement d'être converti ; son 3 1/2 est au pair ; son 3 0/0 à 92, c'est-à-dire 12 points plus haut que le nôtre.

La Russie a des rentes 6 0/0, 5 0/0, 4 1/2, 4 0/0 en or, 5 0/0 en papier.

L'exemple des autres pays prouve que nous ne serions pas celui qui, proportionnellement au chiffre colossal de sa dette, aurait le plus grand nombre de types. D'ailleurs, en convertissant le 4 1/2 ancien en 4 0/0, nous ne créerions pas un type nouveau, puisque le 4 0/0 existe déjà ; au contraire, nous ferions disparaître le 4 1/2, dit ancien, qui se cotait sous une rubrique distincte du 4 1/2 nouveau, non remboursable avant 1893. Nous ne conserverions à notre cote que quatre espèces de rentes nationales au lieu de cinq qui y sont actuellement inscrites.

La conversion en 4 0/0 aurait eu, nous le répétons, l'immense avantage de préparer la conversion des 7 milliards de 4 1/2. On lui reproche de créer, ou du moins de revivifier un type qui n'avait qu'une existence nominale. Mais, cette création ne retarde en rien l'unification finale de notre dette ; elle constitue, au contraire, un des échelons indispensables à franchir pour arriver à ce résultat : car, quelle que doive être la prospérité de nos budgets en 1893, nous ne pensons pas qu'on puisse réduire alors d'un seul coup, de plus de 35 millions, l'annuité que l'État sert aux porteurs de 4 1/2, c'est-à-dire, ramener 315 millions de rente 4 1/2 à un taux inférieur à 4 0/0. En admettant donc que le but final de nos efforts doive être la réduction en 3 0/0 de toute notre dette, nous ne jugeons pas que l'obtention de ce résultat soit retardée d'une heure par la conversion que nous préconisons. Nous affirmons, au contraire, qu'elle est la voie indispensable pour y parvenir, et que les plus chauds partisans de l'unité de type auraient dû voter à l'heure qu'il est la conversion du 4 1/2 en 4 0/0.

Les Anglais, nos maîtres en fait de gestion financière, ont mis un demi-siècle à passer du type 5 0/0 au type 3 0/0, au moyen de six conversions successives, qui ont parfois réduit l'intérêt d'un quart pour cent seulement ; par exemple, en 1884, lorsque le 3 1/2 fut converti en un 3 1/4 irréductible pendant dix ans. Ils ne croient donc pas nécessaire de procéder par bonds et de ramener tout d'un coup un 4 1/2 au type de 3 0/0. C'est par étapes qu'ils ont avancé. Nous avons tout à gagner à suivre ce sage exemple.

La conversion en 3 0/0 ayant été votée par les deux Chambres, un certain désarroi ne pourra manquer de se produire, comme toujours, en pareille circonstance, parmi les rentiers. Le choix même qui leur est laissé de subir simplement une réduction dans le service de leurs intérêts ou de verser une somme d'argent à fixer par décret, pour s'assurer la continuation du même service, les troublera. Nous ne doutons pas que la Banque de France et d'autres grandes sociétés de crédit ne soient prêtes à acquérir la portion du 3 0/0 non réclamée par les porteurs de 4 1/2 0/0 auxquels un droit de préférence a été réservé ; mais encore ces établissements n'achèteront-ils cette rente qu'avec l'idée de la revendre un jour ou l'autre. Ils le feront évidemment avec prudence et discrétion, de façon à ne pas peser mal à propos sur le marché de nos fonds publics, mais en dernière analyse, c'est une marchandise qui devra toujours finir par chercher acquéreur, c'est-à-dire par faire baisser la cote.

Avec la conversion en 4 0/0, rien de semblable. Tous les porteurs de 4 1/2 acceptent d'emblée la réduction d'intérêt. Le cours des autres fonds n'est nullement affecté, et le 3 0/0 continue la marche ascensionnelle qui lui est naturelle aussi longtemps qu'il est au-dessous du pair. Si nous avions besoin d'emprunter 160 millions, il fallait le faire en 4 0/0. Ce type représente à peu près le taux actuel de notre crédit : il est même probable qu'il se placerait avec une légère prime, si on le garantissait pendant quelques années contre le remboursement. Cet emprunt au grand jour, et au taux véritable de notre crédit, aurait beaucoup mieux valu que l'emprunt occulte. Il laisserait la porte ouverte à des conversions futures et prochaines : notre 3 0/0 se capitalisant déjà aujourd'hui à 3 65 0/0, le 4 0/0 ne pouvant manquer de s'établir au-dessus du pair, l'époque viendrait bientôt où nous pourrions transformer le 4 0/0 en un 3 3/4, puis en un 3 1/2 0/0. Ce dernier à son tour deviendrait plus tard un 3 1/4, puis enfin un 3 0/0. Mais ce résultat ne pouvait être atteint que par une série d'opérations successives.

D'ailleurs, la conversion en 3 0/0 une fois votée et accomplie, quelle sera notre situation en 1893 vis-à-vis des sept milliards de 4 1/2 (fonds nouveau) irréductible jusque-là ? Nous maintenons qu'à ce moment il faudra adopter le type 4 0/0 ; car il ne se trouvera pas un ministre des finances assez téméraire pour augmenter de près de *deux milliards* le capital de notre dette. En admettant, par impossible, qu'on veuille opérer à ce moment comme nous venons de le faire aujourd'hui, on offrirait à chaque porteur de 4 fr. 50 de 4 1/2 0/0, 3 fr. 75 en rente 3 0/0, c'est-à-dire qu'on créerait 8 milliards 750 millions de trois pour rembourser sept milliards de 4 1/2. Comment le marché supporterait-il cette avalanche ? Cela nous paraît difficile à estimer, car la quantité de 3 0/0 existante serait plus que doublée du jour au lendemain, et la simple loi de l'offre et la demande fait assez pressentir la baisse qui se produirait sur le principal de nos fonds d'État. Ce serait une opération sans précédent dans l'histoire financière d'aucune nation.

De quelque façon que nous envisagions la question, nous trouvons que nous ne pourrons échapper, pour convertir le 4 1/2, à l'échelon du 4 0/0. Nous avions donc tout avantage à acclimater, dès aujourd'hui, un fonds dont nous aurons, avant six ans, un si grand besoin.

Mais il ne suffit pas de convertir : il faut amortir. Un budget comme le nôtre exige qu'un excédant annuel soit réservé au rachat d'une partie de la dette. Les générations ne peuvent pas traîner à travers les siècles un fardeau de 30 milliards sans essayer de l'alléger. Nous avons, il est vrai, déjà la rente amortissable, qui, si elle n'a pas été tout d'abord appréciée par le public à sa pleine valeur, a l'immense mérite de porter dans ses flancs son propre remède. Mais, en dehors de cet amortissement forcé, il conviendrait d'employer tous les ans une somme au rachat de titres de rentes sur le marché des fonds publics.

La plupart des pays font à l'amortissement une place bien autrement large que nous. Nous avons vu plus haut avec quelle rapidité vertigineuse procèdent les États-Unis d'Amérique. Nous venons de constater que la République argentine rembourse annuellement près du vingt-cinquième de sa dette. En Europe et dans les plus petits pays, on se préoccupe également de diminuer cet écrasant fardeau : la Roumanie, par exemple, a déjà remboursé plus de 100 millions sur les 867 qu'elle avait empruntés depuis 1864 jusqu'en 1887. L'Espagne possède un 4 0/0 amortissable analogue à notre 3 0/0 du même nom. Le Portugal convertit en ce moment une partie de son 3 0/0 perpétuel en un 5 0/0 amortissable, conversion peu compréhensible en elle-même, puisqu'elle remplace un type à intérêt modique par un autre à intérêt élevé, mais qui a du moins le mérite de créer des titres de rente remboursables par tirages périodiques et de préparer les voies à une autre conversion, rationnelle cette fois et conforme aux véritables principes, lorsque le 5 0/0 aura dépassé le pair et pourra être transformé en 4 1/2.

Les Anglais, dont la dette n'atteint pourtant pas les deux tiers de la nôtre, consacrent des ressources importantes à cet objet. Elles s'élèvent encore à 125 millions de francs pour l'année prochaine, après que M. Goschen, le nouveau chancelier de l'Échiquier, les a réduités notablement, pour pouvoir diminuer d'un huitième l'impôt sur le revenu,

abaisser les droits sur le tabac, et retirer aux comtés et aux communes la charge de certaines dépenses reprise par l'État. En admettant que cette
dotation annuelle de 125 millions ne soit pas augmentée, ce qui nous étonnerait fort de la part des
ministres anglais, elle suffirait à éteindre toute la
dette britannique en une soixantaine d'années.

Nous n'osons croire qu'il soit procédé chez nous,
au moins dans un avenir prochain, avec la même
énergie. Nous exprimons cependant la ferme espérance que l'amortissement s'installera d'une façon
définitive dans notre budget. A bien des reprises
déjà, sous la Restauration, sous la monarchie de
juillet, sous le second empire, des caisses d'amortissement ont fonctionné. Mais les quelques bons
résultats qu'elles avaient donnés ont été annihilés
par les nouveaux emprunts contractés. On conçoit
en effet qu'il n'est utile à un débiteur de désintéresser ses créanciers que le jour où il est bien décidé à ne plus s'adresser à eux.

Nous trouvons l'écho mélancolique de cette patriotique préoccupation au début du rapport fait
au Sénat et à la Chambre des députés par la commission de surveillance de la Caisse d'amortissement
et de la Caisse de dépôts et consignations, sur les
opérations de l'année 1885 et sur la situation au
31 décembre 1885 de ces deux Etablissements. Ce

document est dressé en exécution des articles 114 et 115 de la loi du 28 avril 1816 et de l'article 234 du décret du 31 mai 1862 :

« Nous avons expliqué, dans nos précédents rap-
» ports, comment, depuis la loi du 16 septembre
» 1871 et l'aliénation des rentes acquises de 1867 à
» 1870, la Caisse d'amortissement a cessé de fonc-
» tionner ; nous avons ajouté qu'à partir de cette
» époque, son action avait été limitée à l'annulation
» des rentes achetées avec les fonds déposés à la
» Caisse des retraites pour la vieillesse, et rayées
» du Grand-Livre au fur et à mesure de l'inscrip-
» tion des pensions viagères ; enfin nous avons
» fait connaître, dans le rapport concernant les
» opérations de 1884, que ce système d'amortisse-
» ment avait disparu par suite des dispositions de
» la loi du 31 janvier 1884. Cette loi a, en effet, at-
» tribué à cette Caisse de retraites une dotation
» en rentes destinée à lui permettre d'assurer le
» paiement de ses charges. La Caisse d'amortisse-
» ment n'a donc plus qu'une existence *absolument*
» *nominale* ; car c'est en dehors de son interven-
» tion, et par d'autres procédés, que s'opère au-
» jourd'hui la réduction de la partie de la dette
» publique pour laquelle l'amortissement fonc-
» tionne encore (emprunt Morgan et 3 0/0 amor-
» tissable, etc.). En constatant cet état de choses,

» qu'il nous soit permis d'exprimer le vœu que la
» situation financière du pays lui permette bientôt
» d'affecter des ressources nouvelles à l'amortis-
» sement de sa dette. »

Le système des bons du Trésor à long terme,
par exemple dés bons sexennaires, c'est-à-dire à
six ans d'échéance, ou des bons trentenaires,
c'est-à-dire à trente ans d'échéance, devra être
complètement abandonné. Les dépenses publiques
ordinaires, dont nous n'exceptons que celles qu'entraînerait une guerre européenne, devant être
couvertes par les produits des impôts directs et
indirects, il n'y aura pas lieu de recourir à ces
expédients. Les bons à courte échéance, à un an au
maximum, seront seuls admis : ils constituent un
moyen de trésorerie indispensable pour des services aussi importants que ceux de nos finances :
ils se placent d'ailleurs à un taux généralement
favorable pour l'Etat (actuellement 1 0/0 à trois
mois, 1 1/2 à onze mois, 2 0/0 à un an) et lui per-
mettent d'attendre la rentrée des impôts, qui ne
se répartit pas également sur les douze mois de
l'année, et ne suit pas toujours une marche parallèle à celle des paiements que doit faire le Trésor [1].

---

[1] M. Rouvier, dans son discours du 3 novembre, s'est élevé
contre l'abus des bons sexennaires, dont 529 millions sont émis
et 169 restent à émettre.

CHAPITRE X

LES CAISSES D'ÉPARGNE

Il nous paraît possible d'abaisser le taux servi aux déposants des caisses d'épargne. Ce taux est de 3 1/2 0/0 à Paris et de 3 60 à 3 75 en province, pour des sommes que le propriétaire peut retirer à tout moment. Il n'est pas un établissement de banque privé qui bonifie aujourd'hui un taux semblable pour des dépôts à vue. En accordant, comme en Belgique ou comme en Angleterre, 3 ou 2 1/2 0/0, il semble qu'on tiendrait encore suffisamment compte de la qualité particulièrement intéressante de ces dépôts, inférieurs dans leur immense majorité à 200 francs, et qui méritent évidemment d'être traités avec une faveur spéciale.

Il n'est peut-être pas inutile d'exposer ici la façon dont se gèrent les fonds des caisses d'épargne, afin de faire comprendre comment l'abaissement du taux d'intérêt pourrait servir les finances publiques. Les diverses caisses d'épargne de France, qui sont d'ailleurs des établissements privés, soumis à la surveillance du ministre du commerce et de l'industrie, sont tenues de verser leurs fonds disponibles à la Caisse des dépôts et consignations, qui leur bonifie un intérêt fixe et gère ensuite lesdits fonds à ses risques et périls, de façon à en tirer un intérêt au moins égal à celui qu'elle sert aux caisses d'épargne. C'est ici que le Trésor se jette sur cette proie si tentante, et emprunte, ou plutôt empruntait, à la Caisse des dépôts et consignations la plus grosse part de ces fonds, qui ont atteint et dépassé deux milliards de francs. Le Trésor accordait pour cette avance 4 0/0 d'intérêt à la Caisse des dépôts, qui payait à son tour le même taux aux caisses d'épargne. Celles-ci prélèvent leurs dépenses d'administration, fixées, au maximum, à 1 0/0, et servent le surplus à leurs déposants : à Paris 3 1/2, en province jusqu'à 3 3/4 0/0, les frais y étant moins élevés que dans la capitale.

Nous avons montré ailleurs comment les yeux se sont peu à peu ouverts sur le danger qu'il y a à laisser des sommes aussi colossales en compte courant au Trésor : la Caisse des dépôts a dû, en vertu de lois, employer à l'achat de rentes sur l'Etat 1,600 millions des fonds déposés par les caisses d'épargne, et le Trésor ne peut plus emprunter au compte de ces dépôts une somme supérieure à cent millions. Mais, pour que la caisse des dépots pût continuer à servir 4 0/0 aux caisses d'épargne, il a fallu lui vendre les rentes à un cours qui lui assurât un revenu égal, et ce cours s'est trouvé, notamment en 1882, inférieur à celui du marché. Le sacrifice ainsi fait par l'Etat n'a pas été considérable, mais on peut envisager l'hypothèse d'une hausse de nos fonds publics qui amènerait une véritable disproportion entre le revenu qu'ils donneraient et le taux de 4 0/0. Il faudrait donc tout au plus adopter, comme taux maximum à servir aux caisses d'épargne, celui même de la capitalisation de nos fonds publics : espérons que, de ce chef, un prompt abaissement ne se ferait pas attendre.

Il est un autre motif pour lequel l'Etat devrait ne céder ses rentes qu'au prix du marché à la Caisse des dépôts : c'est que celle-ci détient un fonds de réserve considérable, de plus de 39 millions de francs, qui appartient aux caisses d'épargne. Cette réserve provient des excédants d'intérêt touchés pendant longtemps par la caisse des dépôts, en sus du taux qu'elle bonifiait aux caisses d'épargne. Jusqu'en 1862, elle avait gardé

pour elle ce bénéfice. Depuis lors, elle a dû le porter au crédit des caisses d'épargne ; elle-a là une
ressource puissante, qui lui permettrait de parfaire
les insuffisances d'intérêts et lui donnerait aussi
le moyen, en cas de déficit d'une caisse d'épargne,
de faire sans retard les avances nécessaires pour
rembourser les déposants. Observons, en passant,
que les rares sinistres de certaines caisses, objet
d'une émotion peut-être exagérée du public, ne
représentent qu'une fraction infinitésimale des
énormes capitaux aujourd'hui concentrés dans
ces administrations. Il n'est pas de service public
de recette qui présente des déficits moindres, même
là où les agents de l'Etat sont placés sous la
surveillance directe des inspecteurs de finances.

A côté des caisses d'épargne privées, existe
une Caisse d'épargne postale, établissement public,
géré directement par des fonctionnaires et qui coûte
plus gros à l'Etat que les contribuables ne se l'ima-
ginent généralement. Personne, depuis que chaque
bureau de poste a été autorisé à recevoir des versements au crédit de cette caisse d'épargne postale,
n'a fait le compte des nouveaux employés, des installations agrandies, que ce surcroît de besogne a
rendus nécessaires. On a critiqué, non sans apparence de raison, les primes accordées aux facteurs,
chaque fois qu'ils obtiennent l'ouverture de nou-

veaux livrets, les remises faites aux percepteurs sur les sommes par eux encaissées au crédit des mêmes livrets. Cette façon de récompenser des fonctionnaires semble contraire à l'esprit de notre administration. De plus, la facilité donnée aux porteurs de livrets de la caisse d'épargne postale de retirer sur n'importe quel point du territoire les sommes versées par eux a, paraît-il, amené certains abus véritablement plaisants. Ainsi de riches propriétaires parisiens, à la veille de se rendre dans quelque station balnéaire des Vosges ou des Pyrénées, versent au crédit de divers livrets qu'ils ont fait ouvrir à leur nom et à celui des membres de leur famille, des sommes, qu'ils touchent ensuite sans aucun frais au lieu de leur séjour temporaire. Non seulement ces virements ne leur coûtent rien, mais ils leur rapportent quelques francs d'intérêt, pour le temps pendant lequel ils n'ont pas retiré leur argent. C'est évidemment un emploi de la caisse d'épargne postale auquel son fondateur n'avait pas songé !

Les frais d'administration de cette caisse ne sauraient d'ailleurs être calculés avec la moindre exactitude. Elle est, en effet, gérée par les employés des postes, et, chaque fois qu'une augmentation de personnel devient nécessaire, les comptes financiers ne nous indiquent pas si elle a eu pour cause une extension du service postal proprement dit ou de la caisse d'épargne.

Aussi, bien que l'Etat ne bonifie que 3 1/4 0/0 aux dépôts de la Caisse d'épargne postale[1], les capitaux qu'il en retire lui coûtent en réalité plus cher. Il devrait abaisser à 2 1/2 ou à 2 0/0 le taux servi aux déposants : il réaliserait ainsi une économie immédiate de plusieurs millions, en diminuant à la fois les sommes payées à titre d'intérêt et les frais d'exploitation du service des postes, puisque l'accroissement des dépôts serait sans doute considérablement ralenti.

L'abaissement du taux servi à leurs déposants par les autres caisses d'épargne profitera à l'Etat dans la mesure où l'intérêt bonifié à ces caisses par la caisse des Dépôts et consignations, c'est-à-dire par l'Etat, sera réduit. Maintenant que la plus grande partie de leur avoir est consolidé en rentes et qu'elles ne peuvent avoir plus de cent millions en compte courant à la caisse des Dépôts, l'Etat ne gagnerait donc immédiatement qu'un ou deux millions à cette réduction. Mais il n'en est pas moins sage de la décréter : car elle permettra dans l'avenir, lorsqu'il s'agira de consolider un nouveau capital en rentes, de les donner à un cours qui

---

[1] Le Trésor paie pour ces fonds 3 1/4 à la caisse des Dépôts et consignations, mais les déposants ne reçoivent que 3 0/0.

représente un .revenu inférieur à 4 0/0, et elle
empêchera le montant des dépôts d'augmenter trop
rapidement. Nous ne croyons pas désirable, en effet,
de voir ce chiffre colossal s'élever encore. Aujour-
d'hui que de nombreux. titres mobiliers de tout
repos, tels que fonds d'Etat, obligations municipales, obligations de chemins de fer, sont à la
disposition des bourses les plus modestes, la Caisse
d'épargne n'est indispensable qu'aux tout petits
pécules, insuffisants par exemple pour acquérir la
plus faible coupure de rente. Il n'est pas nécessaire que ce soit la caisse d'épargne qui achète des
rentes en bloc pour le compte commun des déposants. Il vaut mieux que chacun de ceux-ci le
fasse pour soi-même, à ses risques et périls. Le
marché des fonds publics y gagnerait certainement
en solidité, car il cesserait d'être exposé à l'offre
brutale d'une quantité considérable de titres, le
jour où les déposants viendraient réclamer des
espèces. Le titulaire d'une inscription hésitera beaucoup plus à la vendre qu'à réclamer l'argent qu'il
aurait en compte-courant.

Dans l'état actuel de notre société, les caisses
d'épargne ont atteint presque le maximum de
leur utilité ; non pas qu'elles doivent disparaître :
nous serions ingrats envers ces institutions éminem-
ment philanthropiques et les hommes de bien qui

les administrent avec autant de dévouement que
de désintéressement, si nous ne rendions pleine
justice aux services qu'elles ont rendus et rendront
encore. Mais il nous semble qu'en matière financière
comme ailleurs, l'éducation populaire a fait quelques progrès ; les individus sont plus capables que
par le passé de gérer sagement leur patrimoine ou
leurs économies ; ils ont moins besoin de tutelle.
D'autre part, nous voyons un intérêt public sérieux
à ce que l'Etat ne soit pas encombré, plus qu'il ne
l'est aujourd'hui, de capitaux qu'on lui apporte en
temps de paix et qu'on viendrait lui réclamer aux
heures troublées, c'est-à-dire lorsqu'il lui serait le
plus malaisé de les restituer.

Dès aujourd'hui, tout en cherchant, par les
mesures que nous avons indiquées, à ralentir
l'ardeur des déposants, l'Etat doit se préoccuper
du meilleur emploi possible de leur fonds. « Les
caisses », dit excellemment M. Denormandie dans
son dernier rapport à l'assemblée générale des
administrateurs et directeurs de la caisse d'é-
pargne et de prévoyance de Paris, « ne doivent
rechercher et ne recherchent aucun bénéfice.
L'intérêt de 4 0/0 qu'elles reçoivent de la Caisse
des Dépôts leur permet de servir, suivant les
charges qu'elles supportent, 3 3/4 ou 3 1/2 à leurs
déposants. Elles conservent 25 ou 50 centimes

pour leurs frais d'administration. Si l'on met en regard du produit de cette retenue, les dépenses auxquelles elles doivent pourvoir afin d'assurer la marche régulière de leurs services, il est difficile de ne pas reconnaître qu'elles sont gérées avec la plus stricte économie et que leur administration est peu coûteuse. »

Mais, si les caisses ne recherchent aucun bénéfice pour elles-mêmes, les capitaux dont elles disposent représentent une part assez importante de la fortune publique pour que le législateur doive se préoccuper de l'emploi qui en est fait, non seulement au point de vue de la sécurité des déposants et du revenu maximum à leur assurer, mais aussi de l'utilité publique, à laquelle il est possible de faire concourir ces sommes considérables. Au 31 décembre 1886, il y avait en dépôt 2,307,025,131 francs, dus à 5,090,132 déposants, auprès des 1,679 caisses d'épargne du pays. Or, celles-ci ne peuvent aujourd'hui qu'acheter des rentes nationales, pour tout ce qui dépasse les cent millions qu'elles sont autorisées à laisser en compte-courant à la Caisse de dépôts. Ne conviendrait-il pas, à l'exemple de ce qui se pratique dans d'autres pays, de les autoriser à faire des prêts hypothécaires, à escompter des effets de commerce, à consentir des avances à des établissements publics ? L'exposé des motifs du projet de loi, déposé le 2 juin 1887 par M. Lockroy, député, ancien ministre, contient des données intéressantes sur les emplois que font de leurs dépôts les caisses d'épargne belges, autrichiennes, prussiennes, et conclut à la proposition suivante : les caisses d'épargne qui en feront la demande pourront être autorisées, par le ministre du commerce et de l'industrie, à employer une partie des fonds qui leur sont versés par les déposants en prêts à l'agriculture, à l'industrie et au commerce.

Il y a là le germe d'une idée utile. Peut-être pourrait-on étendre encore le champ d'action des caisses d'épargne en les autorisant à acheter, pour une petite fraction de leur avoir, des fonds d'Etat étrangers de premier ordre, choisis naturellement avec le plus grand soin, de façon à les constituer pour une certaine somme créancières de l'étranger : ce serait suivre l'exemple des Trésors danois et suisse, qui ont en portefeuille des titres de rentes étrangères, et de la Banque nationale de Belgique, qui emploie une partie de ses fonds disponibles à l'achat de papier sur France, Allemagne, Angleterre, ou Italie.

Dans un temps de crise, il serait d'un grand intérêt d'avoir ainsi l'étranger pour débiteur, et de pouvoir réunir instantanément des ressources, par la réalisation de ses réserves sur les marchés restés à l'abri de la secousse. Cet intérêt est double pour un pays bimétalliste comme le nôtre, dans lequel, en temps de crise, l'or ne tarderait pas à valoir une prime notable par rapport à l'argent et au billet de banque. Il serait donc fort avantageux qu'une caisse publique fût créancière d'or, en vertu de titres payables en or dans un pays monométalliste. Il ne faut pas oublier qu'à l'heure qu'il est l'or vaut 20 0/0 de prime en Autriche, 15 0/0 en Roumanie, 42 0/0 à la Plata, et que la Banque d'Angleterre est obligée d'élever le taux de son escompte, pour défendre les cinq cents millions d'or qu'elle a en caisse, dès qu'un pays ou l'autre paraît vouloir pratiquer des saignées trop abondantes à cette réserve relativement modique. La Banque de France, continuant le système d'atermoiement qui, en somme, lui a bien réussi jusqu'ici, profite de la faculté qu'elle a de payer en or ou en argent pour ne délivrer en échange de ses billets qu'une quantité d'or limitée, et pour exiger même des preneurs une prime atteignant parfois près d'un pour cent. Mais notre circulation monétaire est boîteuse; et une crise politique, ou même simplement économique, pourrait amener une grande rareté et une grande cherté du métal jaune. Nous avons déjà signalé ce danger en traitant, au chapitre VIII, de l'étalon monétaire.

Nous ne voudrions pas conclure, parce que nous
avons rangé la question des caisses d'épargne
parmi celles qui intéressent à un haut degré nos
deniers publics, à leur rattachement au ministère
des finances. Celui-ci embrasse déjà une masse
assez considérable de services ; il a la gestion de la
caisse d'épargne postale, depuis que le ministère
des postes et télégraphes a été supprimé et remplacé par une direction générale ressortissant au
département des finances ; il a, de plus, eu toujours une tendance trop naturelle à alimenter sa
trésorerie au moyen de l'argent des déposants des
caisses particulières, pour qu'il ne soit pas préférable de laisser l'ordre de choses actuel subsister, c'est-à-dire les caisses d'épargne privées
relever du ministère du commerce et de l'industrie. Agir autrement serait se contredire, au moment où l'on vient de prendre une série de mesures destinées à retirer au ministre des Finances
la disposition de l'avoir de ces caisses, par son
emploi en rentes, par la limitation de leur compte-
courant au Trésor. Il y aurait peut-être seulement
lieu de chercher à soumettre d'une façon plus efficace la comptabilité des caisses d'épargne privées
à l'utile contrôle de l'inspection des finances. On
connaît assez la composition remarquable et les traditions de science et d'honneur de ce corps, pour

souhaiter le voir apporter ici le concours de ses lumières et de sa haute compétence administrative.

La commission du budget paraît, du reste, disposée, d'une façon générale, à réduire l'intérêt que le Trésor sert directement ou indirectement à diverses catégories de déposants. Au chapitre xx du budget du ministère des finances, elle propose d'abaisser de 3 à 2 0/0 l'intérêt servi par le Trésor aux établissements publics de la ville de Paris et des départements, tels que monts-de-piété, bureaux de bienfaisance, fabriques d'églises, etc., pour les sommes qu'ils lui versent en compte courant : il en résulterait une économie de 780,000 francs.

Au chapitre xxi, la commission a décidé en principe de réduire l'intérêt des capitaux de cautionnement, mais sans donner d'effet rétroactif à la mesure. Ce taux est de 3 0/0. Il avait été fixé à 5 0/0 par la loi de floréal an X, réduit à 4 0/0 en 1816 et à 3 0/0 en 1844. Un nouvel abaissement d'une unité, nullement exagéré si l'on tient compte de la baisse générale de la valeur de l'argent, procurerait une économie de 3 millions.

Rappelons, en terminant, l'importance considérable du rôle que remplit la Caisse des dépôts et consignations. Au 31 décembre 1885, son bilan s'élevait à 3,689,847,721 fr. 34. Les consignations judiciaires et administratives figuraient dans ce

total pour 389,199,795 francs, et les dépôts des
caisses d'épargne pour 2,239,622,095 fr. Ce dernier solde était représenté par les valeurs suivantes, supputées d'après leur prix d'achat :

3 0/0 perpétuel (7,685,965 fr. de rente)	180,378,663	fr.	48 c.
3 0/0 amortissable (47,546,550 francs de rente).................	1,269,760,555		06
4 1/2 nouveau (745,997 fr. de rente)........................	18,875,112		75
Obligations de chemins de fer (nombre 29,374)............	10,268,249		51
Obligations du Trésor émises pour la conversion de l'emprunt Morgan........................	295,356,198		55
100,000 obligations du Trésor à long terme....................	50,000,000		»
Fonds en compte courant au Trésor à 4 0/0..................	414,983,345		78
Total égal.........	2,239,622,095	fr.	13 c.

Le solde des dépôts de fonds des sociétés autorisées de secours mutuels était de 17,068,175 francs,
sur lesquels la Caisse sert l'intérêt excessif de 4 1/2
0/0 ; et le solde des versements des mêmes sociétés
pour fonds de retraite, de 29,055,155 francs.

La Caisse gère en outre divers services spéciaux,
qui lui ont été successivement annexés :

La Caisse de retraites pour la vieillesse a son
existence propre depuis la loi du 30 janvier 1884,

qui lui a assuré une dotation, de nature à compenser les pertes qu'elle avait subies depuis 1850, date de sa fondation, et qui l'a mise à l'abri de pertes semblables dans l'avenir, en disposant que le taux de capitalisation des retraites varierait en raison du cours des rentes perpétuelles : le solde, au 31 décembre 1885, était de 653,553,841 francs, représenté par des rentes ayant coûté 582,929,760 francs et par le solde du compte-courant avec le Trésor : 70,624,081.

Caisses d'assurances en cas de décès et en cas d'accidents. — Solde 53,502 francs, plus une réserve, représentée par des rentes sur l'Etat, de 4,137,916 francs.

Caisse de la dotation de l'armée, dont la liquidation se poursuit.

Caisse des offrandes nationales, dotée de 2,007,211 francs en rentes 3 et 4 1/2 0/0 et possédant un solde en numéraire de 303,171 francs.

Caisse des chemins vicinaux (fondée en 1869) qui avait consenti des prêts pour 388,418,500 francs et alloué des subventions pour 112,167,615 francs. Les opérations futures de la caisse devront figurer dans les comptes du Trésor (loi du 22 juillet 1885). La Caisse n'est plus chargée que de suivre l'emploi des fonds de la dotation *pour prêts* distribués antérieurement au 31 décembre 1884 et ceux de la dotation extraordinaire de 128 millions *pour subventions*. Le paiement des annuités par les départements et communes, en remboursement des emprunts contractés, se fait régulièrement : il s'est élevé en 1885 au chiffre de 14,608,970.

Caisses des lycées, collèges et écoles primaires. — La même loi du 22 juillet 1885 a prescrit le rattachement, au Trésor, des opérations futures de cette caisse, sauf en ce qui concerne l'emploi de la portion encore disponible des crédits ouverts, qui s'élevaient à 542,600,000 francs.

Les soldes à distribuer étaient :

à titre d'avances	33,097,100 fr.
— de subventions...............	108,542,823
— de subventions extraordinaires	4,545,192
Total.........	146,185,115 fr.

La majeure partie de cette somme (121,771,672) doit être couverte par une émission d'obligations du Trésor.

Quant à l'emploi de ses fonds, la Caisse de dépôts et de consignations le fait principalement en rentes, en valeurs d'Etat ou en versements en compte-courant au Trésor. Elle consent, en outre, des prêts aux départements, aux communes et aux établissements publics. En 1885, elle a prêté ainsi, au taux de 4 1/2, 12,274,312 francs, ce qui porte le total des fonds engagés par elle dans ces opérations à 111,514,766. — Les communes sont en général très exactes à se libérer. Il n'en est pas de même des associations syndicales, débitrices d'un arriéré de 1,527,799 francs.

Le total des fonds employés de la Caisse, au 31 décembre 1885, était le suivant :

Fonds propres (avances et placements divers)......................	500,332,634 fr.
Fonds de la réserve des caisses d'épargne.........................	36,601,264
Fonds des caisses d'épargne.....	2,239,622,095
Fonds de la caisse d'épargne postale (placés au Trésor à 3 1/4 0/0)..	28,478,128
Fonds de la caisse des retraites pour la vieillesse...................	70,614,081
Total...............	2,875,648,199 fr.

CHAPITRE XI

RÉFORME DES CHEMINS DE FER DE L'ÉTAT

La vente du réseau des chemins de fer de l'État,
en partie à la compagnie d'Orléans et en partie à
la compagnie de l'Ouest, nous paraît devoir être
également un des articles nécessaires du programme de réformes à exécuter. La France elle-
même n'est pas assez riche pour conserver plus
longtemps cet objet de luxe extraordinaire qui
s'appelle un chemin de fer exploité à 83,77 0/0
(chiffre officiel). En 1886, il a, en effet, encaissé
32 et dépensé 28 millions, pour une longueur d'environ 2,500 kilomètres. La compagnie de chemin
de fer du Nord, pendant la même année, a exploité à 46 1/2 0/0, c'est-à-dire à peu près à moitié
meilleur marché que l'État. Encore faut-il observer que ce dernier n'a aucun capital à rémunérer,
ni actions ni obligations ; s'il devait payer seule-

ment 1 0/0 sur la somme qu'ont coûté ses 2,500 kilomètres, son bilan se solderait pas un effroyable déficit. Car le réseau, une fois complété jusqu'à sa longueur projetée de 2,951 kilomètres (et il en compte déjà 2,598 aujourd'hui), aura coûté 916 millions, y compris les subventions, et 831, les subventions non comprises. Le prix d'achat a été couvert au moyen d'émissions de rentes amortissables, dont le service représente une charge annuelle de 37,395,000 francs, lesquels devraient figurer au débit du compte du réseau de l'État, si on voulait comparer sa comptabilité à celle des autres lignes de chemins de fer.

Pour 1888, le budget prévoit une recette de.............................. 32,870,000 fr.
Et des frais d'exploitation de....... 26,926,205

Ce qui laisse un excédant apparent de... 5,943,795 fr.

Mais si on tient compte des 37,395,000 ci-dessus, on voit que le bilan se solde par une perte de 31,451,205. Nous savons fort bien que toute la faute n'en incombe pas à l'administration actuelle, et qu'on aurait mauvaise grâce à vouloir établir un parallèle mathématique entre un chemin de fer, qui a eu pour 1886 un produit kilométrique de 12,232 francs, et les autres compagnies : le Nord encaisse

45,606, le Lyon 39,319, l'Ouest 30,274, l'Orléans
28,137, l'Est 29,716, le Midi 31,934 et les chemins
secondaires 18,136 francs par kilomètre. Les lignes
qui forment le réseau de l'État ne sont pas productives, et il ne serait au pouvoir de personne de les
rendre telles ; car elles ne constituent pas un tout
homogène comme celles de chacune des grandes
compagnies ; celles-ci ont pour principales artères
des voies à grand trafic autour desquelles se sont
groupées peu à peu des voies secondaires et ter-
tiaires, vivant en somme, grâce à la surabondance
de recettes des premières. Le réseau de l'État n'est,
au contraire, que l'agglomération, due en quelque
sorte au hasard, d'un certain nombre de petits
systèmes locaux : on a malheureusement voulu en
faire une septième grande compagnie, ayant son
entrée à Paris, et se frayant une route indépen-
dante jusqu'à la capitale à travers les mailles ser-
rées des deux réseaux voisins de l'Orléans et de
l'Ouest. L'ambition de ses partisans a même été un
moment jusqu'à vouloir le faire aboutir en pleine capitale, en lui édifiant, sur l'emplacement de la Halle
aux vins, une gare qui eût coûté quelque 50 millions. Ils ont reculé devant la dépense, mais ils
s'efforcent encore aujourd'hui d'organiser des services directs qui détournent à son profit le trafic
des compagnies voisines. Or, l'État étant désor-

mais le principal associé co-intéressé des grandes compagnies, toute perte subie par celles-ci retombe sur ses propres épaules, nous le rappelons une fois de plus.

La remise à l'Orléans et à l'Ouest de l'exploitation du réseau de l'État amènerait des économies dans l'état-major, une grande simplification dans le service, une réduction de matériel et de personnel. Nous ne croyons pas qu'aucune administration publique soit capable de réduire ses dépenses comme l'ont fait depuis quelques années les Compagnies de chemins de fer. Nous avons vu que, l'année dernière, le Paris-Lyon a fait pour 8,400,000 francs d'économies, alors que ses recettes ont baissé de 7,900,000 francs. La perte a donc été plus que compensée. Le Nord, dont les recettes ont au contraire légèrement augmenté, présente un chiffre d'économies de plus de 4 millions 1/2, ce qui élève à 18 millions les réductions de dépenses opérées en trois ans sur ce réseau.

Mais ce n'est pas seulement au point de vue de l'économie à réaliser que nous demandons la vente du réseau de l'État ; c'est au point de vue de l'amélioration du service. On pourrait croire, en effet, qu'une exploitation aussi coûteuse est en mesure de satisfaire pleinement la population des territoires traversés. Or voici le texte de la délibération prise, lors de sa dernière session, par le Conseil général d'Eure-et-Loir :

« 1° Le Conseil général adresse à Monsieur le » Ministre des Travaux Publics les plaintes les plus » vives au sujet de l'organisation des services des » chemins de fer de l'État et prie M. le Préfet de » lui transmettre le présent rapport ;

» 2° Il prie M. le Préfet de demander un rapport » à M. le Directeur des Postes sur les plaintes » relatives aux retards que le nouveau service du » réseau de l'État a apportés dans les correspon- » dances ;

» 3° Il charge la commission départementale » d'examiner quelle subvention serait nécessaire » pour rétablir des services de *voitures publiques*, » notamment entre Vendôme et Mondoubleau et » entre Savigny et Courtalain, dans le cas où l'état » de choses actuel se prolongerait. »

Cette demande de rétablissement d'un service de voitures publiques, à la fin du XIX° siècle, n'a-t-elle pas un côté piquant, et peut-on faire une plus jolie critique de l'administration d'un chemin de fer que celle-là ?

Il paraît en effet, d'après le rapport du conseiller général, M. de Sonnier, qu'il était jadis facile, au moyen des diligences, d'aller et de revenir dans la même journée de Blois à Mondoubleau, de Blois à

Vendôme et aux cantons voisins, en disposant d'un espace de temps très suffisant pour vaquer à ses affaires dans l'après-midi. Aujourd'hui on met sept heures pour franchir les 60 kilomètres qui séparent Blois de Mondoubleau, quatre heures pour les 26 kilomètres qui forment la distance de Mondoubleau à Vendôme. Les voyageurs ne sont pas seuls à souffrir : les correspondances subissent des retards considérables. Dans beaucoup de communes les lettres n'arrivent plus qu'au bout de deux jours. Aussi les réclamations sont-elles incessantes.

Renonçons donc, une bonne fois, à ce legs coûteux de la grande époque de construction et d'exploitation par l'État. Donnons ce réseau à bail à l'Ouest et à l'Orléans, ou bien concédons-leur en la propriété pour une période égale à la durée moyenne de leurs autres concessions. Cette vente ferait rentrer dans les caisses du Trésor une partie des millions qu'il a maladroitement déboursés pour l'achat des divers tronçons du réseau.

CHAPITRE XII

ALCOOL

La question de l'alcool est mûre aujourd'hui pour une solution. D'un bout à l'autre de l'Europe, les gouvernements s'en préoccupent, les économistes et les hygiénistes l'examinent, au double point de vue de la santé et de la fortune publiques [1].

Le 17 septembre 1887, le président du conseil, ministre des finances, adressait au président de la République un rapport pour lui demander la nomination d'une commission extraparlementaire, chargée d'étudier le problème sous toutes ses faces et de rechercher les éléments de la solution.

Dès le début de ce volume, nous avons dit que

[1] L'Allemagne vient de voter une loi nouvelle sur la matière ; la Suisse, d'établir une sorte de monopole. Les dépêches de Pest nous apprennent que M. Tisza, pour équilibrer son budget, va soumettre un projet sur l'alcool aux chambres hongroises. L'Espagne, à un point de vue un peu différent, ne se préoccupe pas moins de la question.

l'alcool nous paraissait être une des rares matières imposables, susceptibles d'être frappées d'une augmentation de droits, ou tout au moins de rapporter davantage à l'Etat, par une simple modification dans la perception du droit actuel. M. Rouvier, aboutit à la même conclusion : car ici, par une coïncidence heureuse, les intérêts du Trésor se trouvent dans une certaine mesure d'accord avec ceux de la santé publique. La plupart des alcools, en effet, qui circulent sans acquitter les droits, proviennent soit de distillations clandestines, soit de l'importation de vins étrangers préalablement soumis au vinage, c'est-à-dire fortement additionnés d'alcool. L'Espagne importe chez nous d'énormes quantités d'alcool allemand par le stratagème suivant : en vertu du traité de commerce qui nous lie à cette puissance, nous devons laisser entrer chez nous ses vins en ne leur imposant qu'un faible droit de deux francs par hectolitre, à condition que les vins ne contiennent pas plus de 15 0/0 d'alcool. Or, la plupart de ses vins naturels sont bien loin d'en titrer autant : on les en additionne donc jusqu'à concurrence de 15 0/0 et on importe ainsi en France des quantités considérables d'alcool, qui se trouvent indemmes de droits et qui ont été, presque en totalité, distillées en Allemagne, puis vendues aux Espagnols par les Hambourgeois.

Avant de rechercher le meilleur parti à prendre dans les nombreuses difficultés que soulève cette question, rappelons-en brièvement l'historique :

Dégrevé de toute taxe en 1791, l'alcool y fut de nouveau soumis par la loi du 25 février 1804, qui organisa un inventaire annuel chez tous les propriétaires récoltants, et les soumit au modique tarif de 46 centimes par hectolitre de vin et 16 centimes par hectolitre de cidre. L'alcool provenant de la distillation de ce vin et de ce cidre n'acquittait plus de taxe nouvelle. En 1806, les droits de vente en gros et en détail furent rétablis et ajoutés aux droits créés en 1804. En 1808, on abolit l'*inventaire* et le *droit de gros*. Ils furent remplacés par le *droit de circulation*, uniformément fixé pour toute l'étendue du territoire à 1 fr. 20 par hectolitre d'eau-de-vie ou d'esprit en cercles, à 5 francs par hectolitre d'eau-de-vie ou d'esprit en bouteilles, ou de liqueurs composées d'eau-de-vie ou d'esprit. Les distilleries de grains, pommes de terre et autres substances farineuses paieront une mensualité de 20 francs par hectolitre de la contenance des chaudières en activité. Un *droit d'entrée* est établi au profit du Trésor sur les vins et l'alcool, dans les villes d'au moins 2,000 âmes Jusque-là, on voit que le législateur assimilait plus ou moins l'alcool aux boissons fermentées. En 1812 il commence à distinguer et assujettit exclusivement les spiritueux au tarif de détail de 15 0/0 *ad valorem*. La loi de 1814 remplaça ce droit de détail par le *droit général de consommation*, auquel la loi du 24 juin 1824 vint donner sa forme définitive. Elle substitua, aux diverses taxes qui se combinaient et étaient souvent une cause de difficultés, une seule *taxe spécifique*, de 50 francs par hectolitre d'alcool pur.

Dès lors, la législation est fixée, l'assiette de l'impôt établie d'une façon qui n'a plus varié. Seule, la quotité du droit a subi de nombreuses fluctuations. Elle est aujourd'hui de 156 fr. 25 et s'applique universellement à tous les liquides alcooliques, eaux-de-vie, liqueurs, absinthe, esprit de vin, etc., en fûts ou en bouteilles. Les droits d'entrée et d'octroi ne sont pas compris dans ces 156 fr. 25. Car les droits qui pèsent sur l'alcool sont de trois sortes : *Taxe de consommation*, dont nous venons de parler, *droits d'entrée*, *droits de dénaturation*. La première était, en vertu de la loi du 24 juin 1824, de 55 francs par hectolitre d'alcool pur; elle fut portée à 90 francs en 1860, à 156 fr. 25 en 1873. A ce droit général s'ajoute un droit d'entrée dans toute commune d'au moins 4,000 habitants. Les communes peuvent en outre être autorisées à percevoir une taxe d'octroi supplémentaire.

Toutes les villes d'une population de 4,000 âmes
et au-dessus peuvent se placer sous un régime
spécial, dit de la *taxe unique* ; toutes celles de
10,000 âmes et au-dessus y sont obligatoirement
soumises, en vertu de la loi du 9 juin 1875. Les
deux droits de consommation et d'entrée se perçoi-
vent alors simultanément aux portes de la ville
sur tous les spiritueux, que leur destinataire soit
un débitant ou un simple particulier ; ce mode
d'encaissement est beaucoup plus simple que l'exercice à domicile.

Les *droits d'octroi*, que 1,536 communes sont
autorisées à percevoir, s'ajoutent au droit d'entrée
perçu au profit de l'Etat. Ils dépassent souvent
l'importance de ce dernier : par exemple, l'octroi
de Paris perçoit 79 fr. 80, celui de Lille 45 francs,
de Lyon 31, de Rouen et du Havre 44, alors que
le droit d'entrée au profit de l'Etat n'est, dans chacune de ces cinq villes, que de 30 francs.

Enfin, Paris est soumis à un régime spécial dit
« *taxe de remplacement* », qui diffère du régime
de la taxe unique en ce que les débitants de Paris
ne sont pas assujettis au *droit de licence*, que
la fabrication et la distillation des eaux-de-vie
et esprits sont prohibées dans la capitale (loi du
1er mai 1822). Non seulement l'*exercice* est
supprimé à Paris chez les débitants, mais aussi le

recensement chez les marchands en gros : ceux-ci ne peuvent recevoir chez eux que des produits ayant acquitté l'impôt ; s'ils veulent ne pas le payer immédiatement, ils laissent les fûts dans les entrepôts de Bercy et du quai Saint-Bernard. En résumé, l'alcool est tarifé, comme suit, dans la capitale :

Droit général de consommation....	156	25
Droit d'entrée	30	»
Total au profit du Trésor....	186	25
Tarif d'octroi au profit de la Ville..	79	80
Total...................	266	05

Les droits de consommation et d'entrée ne s'appliquent qu'aux alcools consommés comme boissons. Ceux qui servent à certains emplois industriels : vernis, alcools blancs d'éclaircissage, matières tinctoriales, gazogènes, éthers, fulminates, alcaloïdes, etc., ne paient qu'un droit de dénaturation de 37 fr. 50 par hectolitre. Ce droit a rapporté, en 1885, 1,847,138 francs pour 49,254 hectolitres.

En 1830, 365 mille hectolitres étaient imposés et rapportaient 20 millions. En 1885, 1,444 mille hectolitres, imposés *comme boisson*, rapportaient 238 millions. Mais la production et la consommation sont bien supérieures à 1,444 mille hectolitres : une très forte quantité est soustraite à la perception du droit, grâce au privilège des bouilleurs de cru, c'est-à-dire la permission donnée à *tout propriétaire du sol de distiller les vins, cidres ou poirés, marcs et lies, cerises et prunes, récoltés par lui sur son domaine, afin d'en retirer une modique quantité, qu'il est supposé consommer lui-même.* Il faut bien observer que cette définition du bouilleur de cru exclut du privilège la distillation des grains, maïs et betteraves, même quand elle s'alimente exclusivement des produits de la récolte du distillateur.

Or les bouilleurs de cru n'ont accusé pour 1885 qu'une production de 69 mille hectolitres. Mais il est certain que beaucoup d'entre eux fabriquent de l'alcool, non pas seulement avec les fruits récoltés sur leur domaine, mais avec des matières d'achat, tels que vins étrangers, raisins secs, figues, caroubes, et deviennent ainsi de véritables bouilleurs de profession.

La loi du 2 août 1872 avait sagement supprimé ce privilège et prescrit de les exercer comme les autres distillateurs. Mais, en 1875, l'Assemblée nationale crut devoir les affranchir de nouveau. Le résultat se fit immédiatement sentir : dans les 31 départements qui comptent le plus grand nombre de bouilleurs de cru (239,626), la quantité d'alcool soumise au droit général de consommation était, en 1875, de 287,417 hectolitres; dès que le privilège est rétabli, elle tombe, en 1876, à 261,997 hectolitres. Aussi le rapporteur de la commission d'enquête sur le régime des boissons, M. Pascal Duprat, évaluait-il, déjà en 1881, les quantités d'alcool qui échappent aux perceptions du fisc à plusieurs centaines de mille hectolitres. La direction des contributions indirectes, rendant compte de la production des alcools, déclare que l'augmentation de rendement de l'impôt eût été beaucoup plus importante en 1884, si l'abondance exceptionnelle de la récolte de pommes en 1883, en favorisant la distillation chez les bouilleurs de cru, n'était venue jeter dans la consommation des quantités considérables d'eau-de-vie de cidre échappant à l'impôt.

M. Sadi-Carnot, dans l'exposé des motifs du projet de réforme de l'impôt des boissons qu'il déposait à la Chambre le 16 mars 1886, après avoir parlé du contrôle et de la surveillance de la Régie dans les distilleries industrielles, ajoutait : « Cette garantie fait complètement défaut à l'égard de l'alcool que produisent de nombreux propriétaires et fermiers..., une notable partie de la consommation est ainsi frauduleusement alimentée par l'alcool des bouilleurs de cru, et dans les années de bonne récolte, la contrebande prend des proportions que nous avons souvent entendues qualifier de

scandaleuses. Il est difficile d'évaluer exactement
l'importance du dommage, mais il atteint certainement un chiffre très élevé. » En présence de ces
témoignages unanimes, on ne s'explique vraiment
pas le maintien, dans notre législation, d'un privilège pareil. Il ne se justifie ni par des raisons
d'humanité, car les bouilleurs de cru n'ont pas
plus droit que les autres citoyens à une aumône de
la part du Trésor, — ni par des raisons d'hygiène,
car il ne s'agit pas d'une denrée dont on doive
chercher à augmenter la consommation. Au contraire, il y a là un véritable encouragement à la
fraude, et, par suite, une source de légitime irrita-
tion pour les fabricants honnêtes qui se voient
évincés du marché par des concurrents déloyaux.
A de certaines époques de l'année, des industriels
ambulants, porteurs d'un alambic, se promènent
dans les villages, dans les fermes, et offrent leurs
services pour distiller. Lorsque les agriculteurs
ont ainsi obtenu des eaux-de-vie de fruits, ils les
échangent souvent, moyennant soulte, contre des
alcools de grains ou de substances farineuses,
d'une qualité bien inférieure, beaucoup plus dangereuses pour la santé publique, mais qu'ils con-
somment ou vendent clandestinement. On voit la
série d'abus et de périls qui naissent de là.

A cette production indigène s'ajoute une importation, qui n'a cessé de croître et qui a été en moyenne de 220,000 hectolitres dans les dernières années, alors qu'elle n'était que de 61,000 hecto-litres de 1870 à 1874, et de 111,000 de 1875 à 1879. Dans la même période, notre fabrication nationale moyenne annuelle s'élevait de 1,537 à 1,823 hecto-litres, c'est-à-dire que les importations triplaient, tandis que la fabrication n'augmentait que d'un cinquième. Encore faut-il remarquer que ces chif-fres officiels d'importation ne comprennent pas les quantités d'alcool auxquelles les vins espagnols servent de véhicule, comme nous l'avons expliqué tout à l'heure.

Sur les 1,935,000 hectolitres d'alcool pur, cons-tatés en France comme fabrication de l'année 1884, 100,000 provenaient de la distillation de fruits; 779,000 des mélasses, 569,000 de la betterave, 485,000 de substances farineuses.

Le prix moyen de ces alcools ordinaires, produit d'une première distillation, connus dans le commerce sous le nom de flegmes, étant d'à peu près 55 francs, les 1,883,000 hectolitres ont une valeur d'environ .... 100,000,000 fr.

Les 102,000 hectolitres d'alcool de vin, de cidre, au prix moyen de 200 fr., représentent 20,000,000

On peut donc évaluer l'importance de la production française à .... 120,000,000 fr.

Les impôts acquittés en France par l'alcool, se divisent comme suit, pour la même année 1884 :

	Milliers d'hectol.	Quotité des droits par hectolitre.	Produit des droits.
Droit général de consommation constaté par exercice dans les petites localités...............	307	151 fr. 57 c.	47,000,000 fr.
Droit général de consommation à l'entrée des villes rédimées..........	1,033	156 25	161,000,000
Taxe de remplacement à Paris	148	186 25	28,000,000
Total........	1,488		
Divers droits d'entrée s'élèvent à..			10,000,000
			246,000,000 fr.
Il est perçu en droits de douane..			3,000,000
En taxes locales (octroi)...........			24,000,000
Total..............			273,000,000 fr.

soit trois fois la valeur intrinsèque de la marchandise.

Ces droits sont cependant inférieurs à ceux que l'alcool supporte en Angleterre (477 fr.), en Russie (455 fr.), en Norwège (252 fr.), en Hollande (239 fr.), aux États-Unis d'Amérique (245 fr.)

Dans le premier de ces pays, la consommation moyenne annuelle n'est que de 2 litres 54 par tête, alors qu'elle est chez nous de 3 litres 83, et en même temps le Trésor anglais encaisse 440 millions de francs (chiffre de 1886), alors que nous n'en percevons que 273. Encore convient-il d'ajouter à ces 440 millions les 40 millions que rapportent les droits de licences relatives aux spiritueux : distillateurs, rectificateurs, chimistes usant d'alambics, marchands en gros, débitants, fabricants et détaillants d'esprits méthylés, restaurateurs, marchands de liqueurs.

Nos voisins ont donc obtenu le double résultat que nous indiquions comme *desideratum* au début de ce chapitre : concilier les intérêts du fisc et ceux de la santé publique. Le droit énorme de 477 francs arrête le développement de la consommation, tout en assurant au budget une rentrée toujours considérable, bien qu'elle ait décru de plus de cent millions de francs depuis dix ans (elle était de 544 millions en 1876). Mais les chanceliers de l'Echiquier s'enorgueillissent à bon droit de cette décroissance : ils mettent en regard avec satisfaction le constant progrès fait par la consommation des boissons saines. Le tableau suivant indique la consommation moyenne d'alcool, des principales boissons fermentées et non fermentées par tête d'habitant, en Angleterre, à trente-trois ans d'intervalle.

*Quantités moyennes par tête des diverses espèces de bois-
sons consommées dans la Grande-Bretagne,
en 1852 et en 1885.*

	Année 1852.	Année 1885.
	POPULATION 27,500,000	POPULATION 36,325,115
Spiritueux : hectolitres d'alcool pur.	787,760,000	906,000,000
— litres par tête	2,86	2,49
Vins : hectolitres...............	288,148	624,977
— litres par tête.............	1,04	1,72
Bière : hectolitres...............	27,440,000	44,310,000
— litres par tête.............	0,99	1,21
Thé : kilogrammes...............	24,840,000	82,734,000
— grammes par tête...........	898	2,278
Café : kilogrammes...............	15,846,000	14,814,000
— grammes par tête...........	547	407
Cacao : kilogrammes...............	1,511,000	6,624,000
— grammes par tête..........	54	190

Ces beaux résultats ne s'obtiennent qu'à l'aide
d'une législation sévère. Le fisc anglais note d'abord
les quantités de matières premières mises en fermentation, puis successivement toutes les phases
de la fabrication. Il prend ensuite en charge les
produits imposables au réservoir des esprits dis-
tillés, vaisseau spécial dans lequel le fabricant doit
conduire la totalité de ses alcools, et dont aucune
partie ne peut être extraite sans le concours des
agents fiscaux. L'installation de l'usine est minu-

tieusement réglementée en vue du contrôle auquel
elle est soumise. La forme, la construction, l'a-
gencement des tuyaux, cuves, alambics, robinets,
etc., sont prescrits. Les principaux passages que
parcourt le liquide sont fermés par des cadénas.
Enfin, une contenance minimum de 18 hectolitres
est exigée pour les alambics. Cette dernière disposition a pour objet et pour effet de ne rendre
possibles que les usines d'une grande importance.
Le contrôle est ainsi concentré dans un certain
nombre de vastes établissements : aussi n'existe-t-il
que 11 distilleries en Angleterre, 27 en Irlande et
127 en Ecosse. Il n'est, bien entendu, question d'aucun privilège analogue à celui dont jouissent nos
bouilleurs de cru. Seuls les alcools destinés à
l'industrie (vernis, laques, poudre fulminante, savons transparents, alcaloïdes, liniments et médica-
ments vétérinaires, conservation d'objets d'histoire
naturelle, chauffage et éclairage) sont admis à la
dénaturation et exemptés du droit.

Sauf le cas d'exportation directe ou de mise en
entrepôt réel, les droits sur les spiritueux sont
payés à la sortie même de la distillerie. L'État n'en
fait pas, comme chez nous, crédit. Il résulte de cette
disposition une lourde charge pour les distillateurs,
obligés d'avancer les droits et de perdre ainsi les
intérêts d'un gros fonds de roulement. Mais comme,

d'autre part, la législation que nous venons de décrire constitue une sorte de monopole de fait pour les grands industriels, ils sont en mesure de triompher de la difficulté.

Aux États-Unis, l'alcool fournit à peu près 400 millions de francs de recettes au budget.; en Russie, 615 millions, soit plus du tiers du budget total. La moyenne par tête des perceptions effectuées sur l'alcool dans un certain nombre de pays est la suivante :

France	6 fr. 35 de perception par tête.		
Angleterre	13	—	—
Etats-Unis	7 50	—	—
Russie	6 40	—	—
Allemagne (ancienne législation)	1 75	—	—
Bavière	0 57	—	—
Wurtemberg	0 40	—	—
Bade	0 50	—	—
Autriche-Hongrie	1 11	—	—
Pays-Bas	11 80	—	—
Belgique	3 65	—	—

A première vue, il résulte de ce tableau que l'alcool peut encore supporter chez nous une élévation de droits. Les ressources nouvelles que, d'un commun accord, les hommes d'État semblent disposés à lui demander aujourd'hui, s'obtiendront aisément sans un remaniement fondamental de notre législation. Une double conséquence jaillit en effet de ce que nous venons d'exposer. C'est d'abord que le privilège des bouilleurs de cru soustrait annuellement à l'impôt des quantités considérables de produits et qu'il doit, par suite, être supprimé sans retard ; ensuite, que le montant même des droits peut être sans danger augmenté dans une forte proportion. Il en résultera sans doute une diminution dans la consommation, diminution dont la morale et l'hygiène pourront également se féliciter : mais le total des sommes perçues par le fisc sera notablement grossi. L'exemple de l'Angleterre nous indique avec évidence ce qui se passera chez nous si on élève à 400 francs, c'est-à-dire à un taux inférieur de 16 0/0 à ce qu'il est outre-Manche, le droit sur l'hectolitre pur d'alcool. La consommation moyenne tombera peut-être à 3 litres par tête, soit 1,200,000 hectolitres environ ; mais ces 1,200,000 hectolitres rapporteront à l'État 480 millions au lieu des 273 qu'il encaisse aujourd'hui.

Nous résumons donc notre conclusion :

1° Suppression du privilège des bouilleurs de cru ;

2° Élévation à 400 francs des droits sur l'alcool.

Sur le premier point, nous avons la satisfaction de voir la commission de l'alcool se prononcer dans le même sens que nous. Nous espérons fermement qu'elle persévérera dans sa résolution et ne cherchera pas à laisser indemne de droits, comme il semble en avoir été question, la consommation personnelle des bouilleurs de cru. Il ne faut pas oublier que telle était précisément la définition première du privilège, qui est devenu la source de tant d'abus. Nul ne doit être autorisé à boire un petit verre d'eau-de-vie, pas plus qu'à fumer un cigare, avant qu'alcool ou tabac aient acquitté l'impôt.

Quant à l'élévation des droits, nous la justifions par l'exemple de pays étrangers, où le climat plus froid que le nôtre, rend cependant la consommation des spiritueux plus nécessaire et peut-être moins nuisible que sous nos latitudes, et où le législateur n'a pas hésité à demander à cet impôt une part énorme des ressources budgétaires.

Nous voyons à cette solution le grand mérite de nous épargner l'essai d'un des nombreux systèmes qui sont discutés et essayés à cette heure en Europe. Aujourd'hui, moins que jamais, avec une situation politique et financière instable, il convient de se lancer dans les aventures. Laissons d'autres peuples tenter l'expérience : nous pourrons peut-être en profiter quelque jour ; servons-nous, en attendant, de l'exemple de nos voisins anglais, dont la législation n'a pas varié depuis

1860. Une fois que nous aurons déjoué la fraude et augmenté nos revenus, nous aurons tout le loisir de suivre de près les expériences qui se poursuivent ou se préparent ailleurs, d'en observer les résultats et d'en tirer des enseignements.

Le peuple suisse a voté, le 15 mai 1887, le monopole de la vente des alcools par la Confédération, dont il avait déjà admis le principe deux ans plus tôt. Les considérations qui l'ont décidé à restreindre, en ce qui concerne les alcools, les garanties fondamentales accordées par la constitution helvétique à la liberté du commerce et de l'industrie, sont de deux ordres : un intérêt sanitaire et un intérêt financier. L'intérêt sanitaire n'était que trop évident. La Suisse consomme surtout de l'alcool de pommes de terre; et les effets toxiques de cet alcool, à cause des impuretés qu'il contient, et notamment de l'éther amylique, sont hors de doute. Quant à l'intérêt fiscal, il consistait à procurer par l'alcool, qui est la matière imposable par excellence, les ressources nécessaires pour supprimer les octrois cantonaux et municipaux. Dès le 25 octobre 1885, le peuple avait adopté le principe du monopole, qui du reste ne s'applique qu'aux alcools de grains, de betteraves et de pommes de terre, à l'exclusion des alcools de vin, de marc, de gentiane, de cerises, de genièvre, etc. Le Conseil fédéral a proposé, par message du 8 octobre 1886, et le conseil des États a approuvé, à la date du 23 décembre de la même année, les dispositions législatives qui fixeront le nouveau régime, et qui viennent d'être favorablement accueillies par le vote populaire.

Bien que l'article premier de la loi du 23 décembre 1886 attribue à la Confédération le privilège exclusif de fabriquer et d'importer les spiritueux soumis au monopole (alcools de grains, de betteraves et pommes de terre) la Confédération n'en fabriquera pas. Car, aux termes de l'article 2, la part de la consommation totale qui peut être couverte par la production indigène (un quart environ de la consommation totale) est abandonné par la Confédération à l'industrie privée, au moyen de contrats de livraison que la Confédération conclura avec les producteurs indigènes.

Les livraisons seront mises au concours, aux conditions établies par un cahier des charges, par lots de 150 hectolitres au moins, et de 1,000 hectolitres au plus, d'alcool absolu ; chaque lot sera adjugé à l'entrepreneur qui, tout en présentant des garanties suffisantes, fera les offres les plus favorables. On donnera la préférence, lors de l'adjudication, à la mise en œuvre des matières premières indigènes et aux distilleries exploitées par des

associations agricoles. Une distillerie ne pourra
obtenir qu'un seul lot. Le surplus de la consommation sera importé par la Confédération, qui
en fera la vente, par quantité de 150 litres au
moins, contre paiement au comptant. « Le prix de
» vente est fixé de temps en temps (dit l'article 4),
» par le Conseil fédéral, et publié dans la feuille
» fédérale. Il ne doit être ni inférieur à 120 francs
» ni supérieur à 150 francs par hectolitre d'alcool
» absolu, fût non compris. »

Aux termes de l'article 8, le commerce des spiritueux, aussi bien des alcools inférieurs provenant
de la Confédération, que des alcools de fruits produits par la distillerie libre, ne peut s'opérer librement que par livraison de 40 hectolitres au moins.
Une exception est faite pour les petites distilleries,
qui ne fabriquent pas, dans une seule et même
année, plus de 40 litres de spiritueux, non soumis
à l'impôt fédéral : celles-là pourront vendre librement la quantité produite, à condition de ne pas la
livrer par parties inférieures à 5 litres. Au-dessous
de ces chiffres, c'est la vente au détail, ou débit,
qui est subordonnée à une autorisation spéciale
des autorités cantonales; celles-ci percevront un
droit de vente proportionné à l'importance du
commerce et à la valeur des marchandises vendues : jusqu'à l'entrée en vigueur d'une loi fédé-

rale, ce droit de vente sera fixé par les cantons.

L'alcool destiné aux besoins domestiques et industriels sera livré dénaturé par la Confédération, en quantités de 150_litres au moins, au prix de revient, ou, pour les marchandises importées, avec adjonction du droit d'entrée. Les propriétaires des distilleries existantes seront indemnisés pour la moins-value de leur industrie, résultant de l'établissement du monopole.

Il faut reconnaître que cette loi rencontrera, dans l'application, de sérieuses difficultés. En premier lieu, la Confédération est tenue de pourvoir à ce que les spiritueux destinés à être transformés en boisson soient suffisamment rectifiés. Mais l'état actuel de la science ne permet pas encore de fixer la condition d'innocuité absolue des alcools, bien que les très intéressants travaux publiés récemment par M. Grandeau aient fait faire un grand pas à la question.

Un autre point noir, c'est la fraude. La Confédération vendra l'alcool de pommes de terre, qui fait le fond de la consommation indigène, à un prix à peu près triple du prix de revient. C'est une prime énorme pour les distilleries illicites. La surveillance sera d'autant moins aisée que, les alcools de fruits n'étant pas soumis au monopole, les distillateurs auront un excellent prétexte pour conserver leurs alambics. Le régime compliqué des quantités minima, imposées pour les livraisons du commerce en gros, ne rendra pas le contrôle moins difficile. Mais, malgré ces inconvénients et même à cause de ces difficultés, le régime nouveau que la Suisse s'est donné, et qui lui permet dès à présent de supprimer ses octrois, constitue une expérience hardie et intéressante.

Les Allemands ont suivi une autre voie, non que M. de Bismarck ne désirât ardemment, lui aussi, établir un monopole, mais le Reichstag n'a pas voulu l'accorder au Chancelier de fer pour l'alcool et ne le lui accordera probablement pas pour le tabac. Voici la loi bizarre, votée le 24 juin 1887, qui, depuis le 1er octobre suivant, régit l'alcool chez nos voisins.

L'impôt se compose de deux parties : 1º Un droit sur la circulation, fixé à 62 centimes 1/2 par litre sur une quantité équivalente à une consommation de 4 litres 1/2 d'alcool pur par tête, et à 87 centimes 1/2 par litre sur tout ce qui dépassera cette quantité [1]. Pour les distilleries existant au 1er avril 1887, la quantité d'alcool sur lesquelles

---

[1] Le gouvernement allemand se flatte ainsi de réduire la consommation, qui était arrivée, dans les derniers temps, pour l'Allemagne du Nord, à neuf litres par habitant. En Bavière, elle n'est que de 2 l. 6 ; en Wurtemberg, de 3 l. 4 ; dans le Grand-Duché de Bade, de 6 l. 5.

elles n'acquitteront que 0 marc 50 (0 fr. 62 centimes 1/2) sera fixée d'après la moyenne de leur production depuis 1879. Tous les trois ans, on fixera à nouveau pour les distilleries existantes, pour les distilleries *agricoles* établies dans l'intervalle, ainsi que pour les distilleries nouvelles travaillant les substances non farineuses, la quantité qu'elles pourront produire au taux minimun d'impôt : cette quantité sera fixée d'après la moyenne de la production pendant les trois années précédentes. Les distilleries agricoles qui se transformeraient en distilleries industrielles sont exclues du bénéfice de la taxation au taux inférieur. Au contraire, les distilleries qui paient l'impôt sur la matière *(Materialsteuer)*, distilleries de fruits, de marc, peuvent être admises au bénéfice du minimum pour toute leur production. La loi organise une protection spéciale pour les distilleries agricoles *(landwithschaflliche Brennereien)*, c'est-à-dire celles qui « travaillent uniquement les céréales et » pommes de terre, et dont les résidus sont » employés exclusivement à nourrir le bétail des » propriétaires de l'établissement », ainsi que pour les distilleries qui travaillent les betteraves et mélasses (§ 38 de la loi). Ces deux catégories paient l'impôt sur la capacité des cuves de fermentation, à raison de m. 1,31 (fr. 1,65) l'hectolitre.

2° L'impôt sur la matière (*Branntweinmaterial-steuer*), s'élève à :

M. 0,35 par hectolitre de marc de raisin ;
    0,45 par hectolitre de fruits à pépins et de baies
        de toutes sortes ;
    0,50 par hectol. de résidus de brasserie, lies de
        vins et racines de toutes sortes ;
    0,85 par hectol. de vin de raisin ou de fruits, lie
        de vin liquide, fruits à noyaux.

Pour les distilleries industrielles, l'impôt sur la capacité des cuves est supprimé et remplacé par une surtaxe de 20 pfennigs par litre d'alcool pur.

Un des principaux objets de la loi a été de restreindre la consommation de l'alcool. Le gouvernement croit que l'établissement des nouveaux droits, qui ressortent en moyenne à 67 marcs par hectolitre, fera baisser la consommation à 2,125,000 hectolitres.

Cette législation nous paraît offrir de nombreux inconvénients. La différence du traitement auquel on soumet les distilleries industrielles et les distilleries agricoles provient de la tendance du gouvernement allemand à favoriser les propriétaires ruraux, mais ne repose pas sur une idée de justice. La complication est extrême : en combinant les diverses dispositions, on arrive à trouver que l'alcool sera taxé à 50, 52, 54, 70, 72, 74 ou 90 marcs l'hectolitre. Quant au produit de l'impôt nouveau, on l'évalue à 147 millions de marcs, c'est-à-dire 96 de plus que celui de l'impôt antérieur. En effet, la loi limite à 4 litres 1/2 par tête la production imposée au taux minimum de 50 marcs : pour 38 millions d'habitants on obtient ainsi 1,710,000 hectolitres, payant 85,500,000 marcs. Pour arriver à 147 millions, il suffirait de 415,000 hectolitres à 70 marcs, soit 29,050,000 marcs, ce qui donnerait 114,550,000 marcs comme produit de *l'impôt de consommation*. L'impôt perçu dans les distilleries produira 32,350,000 marcs.

Certains économistes indiquent un chiffre bien plus considérable : ils évaluent la consommation actuelle à 3,490,000 hectolitres ; ils admettent que l'élévation des droits la fera baisser de 15 0/0 et la réduirait à 2,965,000 hectolitres, sur lesquels :

1,710,000 à 50 marcs paieraient..	85,500,000 m.
1,255,000 à 70 — — ..	87,850,000
Total...........	173,350,000 m.

Si, par suite des transformations et de la diminution de la production, l'impôt actuel *sur la fabrication* donnait une moins-value de 14 millions, il resterait toujours un produit net de 160 millions de marcs.

Mais cette loi ne suffisait pas à M. de Bismarck.

Avec son appui tacite on essaya de former, en
août 1887, une compagnie qui aurait centralisé
l'achat, la vente et l'exportation de l'alcool. Des
financiers promirent leur concours sous condition
que des distillateurs payant 80 0/0 de l'impôt et les
trois quarts des rectificateurs s'obligeraient pour
trois ans à vendre leur production exclusivement
à la compagnie future. Malgré de vigoureux efforts,
on ne put réunir cette proportion d'adhérents, et
le projet a été provisoirement abandonné.

Cette tentative faite pour monopoliser la vente
de l'alcool ne nous semble pas appelée à réussir
chez nos voisins. Nous en dirons autant, pour
notre pays, des projets d'établissement du monopole, présentés et défendus avec talent par M. Alglave. Il en a été assez question dans les derniers
temps pour qu'il ne soit pas nécessaire d'en faire
l'exposé détaillé. Bornons-nous à en rappeler les
traits principaux : l'Etat n'interviendrait en rien
dans la fabrication des liqueurs, ni dans le commerce de détail ; les marchands en gros continueraient à commercer entre eux et avec l'étranger
comme aujourd'hui. Seulement, avant d'arriver au
débitant ou au consommateur privé, les liqueurs
devraient passer par les mains de l'Etat, et encore
pourraient-elles échapper à cette obligation en
payant une taxe un peu plus élevée.

L'Etat achèterait l'alcool par voie d'adjudications très multipliées et très fractionnées, faites chaque semaine dans tous les centres de fabrication. Il n'accepterait que l'alcool pur, dégagé des principes toxiques, que M. Grandeau déclare pouvoir être éliminés sans trop grandes difficultés. Une fois l'alcool acheté, l'Administration se bornerait à l'étendre d'eau au degré voulu et à le mettre dans des bouteilles d'un quart de litre, portant des signes distinctifs, faciles à reconnaître à première vue et aussi difficiles que possible à contrefaire. Ces bouteilles seraient vendues un franc aux particuliers et aux débitants. Ceux-ci vendraient le petit verre dix centimes, à raison de dix par quart de litre, et recevraient une remise considérable. Ils ne pourraient transvaser l'eau-de-vie dans d'autres bouteilles que celles de l'Etat, lesquelles constitueraient la quittance de l'impôt. L'obstacle à la fraude serait cette obligation de ne conserver l'alcool que dans ces bouteilles. Tout autre récipient porterait en lui-même la preuve du délit et serait suspect au consommateur.

Sur ces bases, M. Alglave calcule que l'impôt rendrait un milliard de francs. En effet, dit-il, un hectolitre d'alcool produirait 250 litres d'eau-de-vie à 40 0/0, force moyenne de celle qui se consomme aujourd'hui : ces 250 litres, à raison de

4 francs le litre, donneraient mille francs. Or la
régie taxe environ un million et demi d'hectolitres.
En chiffrant à un demi-milliard le prix d'achat de
l'alcool, la remise aux débitants et les autres frais,
on écarte tout aléa. Le produit net atteindrait donc
au moins le chiffre indiqué.

On a fait à ce projet de nombreuses objections,
auxquelles la réponse a semblé jusqu'ici difficile.
Cette intervention écrasante de l'Etat devenant le
seul acheteur à l'intérieur de tout l'alcool produit,
constitue déjà une révolution économique, dont il
est difficile de mesurer la portée. Le danger de la
fraude paraît beaucoup plus sérieux que ne le dit
M. Alglave. En admettant que les effets du boule-
versement qu'entraînerait la constitution du monopole puissent être atténués, l'heure n'est pas
venue de nous lancer dans cette aventure. Nous
avons tout intérêt à laisser les autres peuples
poursuivre leurs expériences et à nous contenter
d'élever les droits sur l'alcool sans modifier essen-
tiellement notre législation : la seule réforme radicale qui s'impose est la suppression complète du
privilège des bouilleurs de cru.

CHAPITRE XIII

RAPPEL DES VALEURS ÉTRANGÈRES EN FRANCE

Parmi les réformes que nous demandons, et qui doivent être en général pour le Trésor une source d'augmentation de revenus ou de suppression de dépenses, il en est cependant une qui se traduirait peut-être d'abord par une diminution de recettes : mais elle aurait, croyons-nous, assez de conséquences utiles, directement aux particuliers et indirectement à l'État, pour que nous n'hésitions pas à la recommander à l'attention du législateur. Il s'agit de la diminution des divers droits fiscaux que doivent acquitter les titres des Sociétés étrangères pour pouvoir être négociés et circuler en France. C'est dans l'hésitation croissante des Sociétés à payer ces droits qu'il faut chercher en partie l'explication de l'amoindrissement de ce merveilleux marché financier de Paris, qui est peut-être encore le plus riche du monde, mais où l'activité diminue dans une proportion qui commence à être appréciable.

On sait qu'afin de rendre leurs titres négociables en France, les Sociétés étrangères paient au fisc, pour leurs actions et leurs obligations, un ensemble de droits annuels, dont voici le résumé :

1º *Droit de timbre* (loi du 5 juin 1850). Six centimes par cent francs sur le capital *nominal* (par exemple, une action de cinq cents francs libérée du quart paiera trente centimes, bien que 125 fr. seulement soient versés).

2º *Droit de transmission* (loi du 23 juin 1857, modifiée par la loi du 29 juin 1872). Vingt centimes par cent francs sur le capital versé réellement, calculé au cours moyen de la bourse de l'année précédente : une action de 500 francs, cotée 800 francs, paiera 1 fr. 60. Si les titres sont nominatifs, ce droit annuel est remplacé, pour les Sociétés françaises [1], par un droit de $\frac{1}{2}$ 0/0 qui se perçoit à chaque mutation.

3º *Taxe de 5 0/0 sur le revenu distribué*, en vertu de là loi du 29 juin 1872, qui frappe de cet impôt les revenus des valeurs mobilières.

---

[1] Les Sociétés étrangères paient ce droit sur les titres nominatifs aussi bien que sur les titres au porteur, parce que, leurs registres de transferts n'étant pas contrôlés par les agents du fisc français, celui-ci ne pourrait saisir les mutations.

Il y a là une source de recettes considérables pour le Trésor, qui, en 1886, a encaissé :

du chef du droit de timbre....... 18,623,000 fr.

   —   —   de transmission.. 36,960,500 fr.

   — de la taxe de 3 0/0......... 47,425,500 fr.

Les différences entre les Sociétés françaises et étrangères sont : 1° l'abonnement au droit de timbre n'est pas obligatoire pour les Sociétés françaises, qui peuvent toujours l'acquitter au comptant [1] ; 2° elles acquittent les droits sur la totalité de leurs titres, tandis que les secondes ne les sup-

---

[1] On entend par paiement des droits au comptant celui qui se fait une fois pour toutes et qui se constate par l'apposition d'une griffe humide ; par paiement à l'abonnement celui qui consiste en une somme versée au fisc tous les ans : la constatation de ce dernier mode de libération résulte, pour les sociétés étrangères, d'une publication faite au *Journal officiel.* A ce propos, on réclame généralement une publication régulière de la liste des Sociétés abonnées, au moins une fois par an, à date fixe, au *Journal officiel.* Jusque dans ces derniers temps, il fallait remonter à plusieurs années en arrière pour trouver cette liste, qui naturellement était devenue inexacte sur bien des points. Au mois d'octobre dernier, la Direction générale de l'Enregistrement, des domaines et du timbre, après un long silence, a publié « *le relevé officiel des Sociétés et villes étrangères qui payent en France, par voie d'abonnement, le droit de timbre afférent à des titres d'actions ou d'obligations, pour lesquels la présente insertion tient lieu de l'apposition du timbre, conformément aux articles 11 du décret du 17 juillet 1857, 4, § 2, de la loi du 29 juillet 1872, et 4 du décret du 6 décembre 1872.* »

Une annexe à ce relevé contient l' « *état des Sociétés et des villes étrangères qui ont payé par voie d'abonnement le droit de timbre afférent à leurs titres d'actions et d'obligations, et qui, ayant cessé de payer ce droit, ne peuvent plus profiter, du jour où le paiement a cessé, de la dispense de timbre accordée par l'article 11 du décret du 17 juillet 1857.* »

portent que sur la partie qui circule en France.

Ces trois impôts font peser une lourde charge sur toute Société, mais particulièrement sur une Société étrangère, qui peut déjà avoir des contributions importantes à acquitter dans son propre pays. Il faut qu'elle ait un intérêt bien considérable à voir les marchés français s'ouvrir à ses titres pour accepter cette dépense, d'autant plus qu'en le faisant elle ne peut pas se borner à acquitter l'impôt d'une année. Elle prend l'engagement de le payer pendant toute la durée de l'existence des titres : afin de donner à cet engagement une sanction au moins temporaire, elle désigne au ministre, qui doit préalablement l'agréer, une maison ou une Société française, notoirement solvable, qui la représente en France, et garantisse l'acquittement des impôts pendant une durée minimum de trois années.

Il importe, du reste, de bien préciser la situation, avant de chercher dans quel sens la législation actuelle pourrait être améliorée. Les Sociétés étrangères, dont les titres circulent en France, sont loin de payer, toutes sans exception, les taxes d'abonnement. Il en est beaucoup dont les titres ne sont pas cotés officiellement aux Bourses de Paris et de province, et donnent cependant lieu à des échanges. Parmi celles-ci, la plupart ne sont pas abonnées et ne prennent vis-à-vis du fisc aucun engagement :

car, si elles le prenaient, elles auraient tout intérêt à en profiter pour avoir la cote officielle. Il n'en faut excepter que les cas où les titres ne sont pas susceptibles d'être cotés, comme par exemple lorsque chaque action d'une Société, dont le capital est supérieur à un demi-million, est d'un montant inférieur à cinq cents francs. Ces actions ne peuvent se négocier qu'en coulisse, en dehors du parquet. Il arrive donc que le fisc n'a pas la Société en face de lui : les titres se bornent à acquitter le timbre au comptant, qui est de 1 fr. 20 0/0, qui est payé une fois pour toutes, et dont l'acquit est constaté par l'apposition d'une griffe humide. Le fisc prétend bien que, dès que les titres d'une Société circulent en France, celle-ci doit s'abonner. Mais, en fait, si la Société n'a aucun établissement sur notre territoire, aucun bien mobilier ou immobilier sur lequel les revendications fiscales puissent avoir prise, cette prétention reste vaine et dépourvue de sanction. Tout ce que l'administration peut faire, c'est de s'attaquer, non pas à la Société qui est insaisissable, mais au titre, qu'elle timbre, dès qu'il apparaît à la vitrine d'un changeur ou qu'il est produit dans un acte judiciaire ou notarié quelconque.

Les fonds d'Etat étrangers, en vertu d'une disposition libérale de la loi du 25 mai 1872, ne supportent qu'un droit fixe de soixante-quinze centimes par

500 francs de capital nominal, soit 1,50 0/00, payé une fois pour toutes, et constaté par l'apposition d'un timbre humide sur le titre lui-même. Ceci est un droit raisonnable, analogue ou même inférieur à celui que prélèvent d'autres gouvernements, et qui n'est pas de nature à empêcher l'introduction d'un titre nouveau sur notre marché[1].

Nous-mêmes nous n'y sommes arrivés qu'après une série de tâtonnements. Car la loi du 13 mai 1863 avait établi ce droit à 1/2 0/0. Celle du 8 juin 1864 l'avait élevé à 1 0/0. Et ce fut cependant au lendemain de la guerre de 1870, à une période où nous cherchions des ressources de tous côtés, où nous augmentions la plupart de nos impôts, que nous réduisîmes ce droit à moins d'un sixième de ce qu'il était. N'y a-t-il pas là une démonstration éclatante de cette vérité qu'en de pareilles matières on ne saurait se laisser guider exclusivement par l'esprit fiscal, c'est-à-dire par le désir d'assurer au Trésor une rentrée immédiate aussi forte que possible.

Grâce à la modicité de cette taxe, lorsque les capitalistes français se portent vers tel ou tel fonds étranger, celui-ci passe aisément la frontière et

---

[1] L'Angleterre a récemment élevé de 1/8 à 1/2 0/0 le droit de timbre sur les titres étrangers ; l'Allemagne les impose à 2 0/00, sans compter l'impôt des transactions (*Umsatzsteuer*) qui les frappe chaque fois qu'ils font l'objet d'un échange.

acquitte avec la plus grande facilité ses quinze centimes de droits par cent francs de capital. C'est ainsi qu'il y a un an nous avons vu les fonds portugais, et que nous voyons en ce moment même les fonds russes s'empiler dans les ateliers du Timbre avant d'entrer dans les portefeuilles des rentiers. Si, à une autre époque, les cours des places du dehors redeviennent supérieurs aux nôtres pour les fonds russes et portugais, ceux-ci émigreront de nouveau. Et lorsqu'une nouvelle oscillation les rappellera à Paris, comme il est peu probable que les arbitragistes retrouvent précisément tous les titres qui ont déjà été timbrés en France, un nouvel arrivage de fonds russes et portugais, puisque nous les avons choisis comme exemple, viendra acquitter les droits. C'est ainsi que le Trésor réussit à frapper une quantité de titres certainement supérieure à la moyenne de ceux qui circulent réellement chez nous.

Il en est tout autrement des taxes supportées par les Sociétés particulières, taxes qui ont fini par constituer un véritable droit d'entrée prohibitif sur d'excellents titres étrangers. Comme exemple, nous dirons que, si les trois Sociétés fermières des chemins de fer italiens, dont il a été question au premier chapitre de ce volume, voulaient faire admettre à la cote officielle de Paris la moitié, ou même moins, disons 500,000 de leurs obligations nouvelles, elles devraient acquitter de ce chef un impôt annuel d'environ 659,000 francs, qui se décomposerait ainsi :

Droit de timbre à 0,06 0/0 . . . . 150,000 fr.

Droit de transmission (en supposant le cours à 320) 320,000

Taxe de 3 0/0, en calculant le coupon à 12 fr. 60 seulement, c'est-à-dire en déduisant préalablement l'impôt italien 189,000

Cette somme croîtrait à mesure que le cours des titres s'élèverait.

On comprend que les Sociétés reculent devant une dépense pareille, surtout aujourd'hui où le marché de Paris ne jouit plus d'un monopole, où d'autres places offrent aux entreprises nouvelles des capitaux assez considérables pour leur suffire. A Londres et à Berlin, une maison de banque honorable présente au comité de la bourse le prospectus de la valeur nouvelle qu'il s'agit d'introduire, et, pourvu qu'il n'y ait pas d'objection essentielle de fond ou de forme à faire à la Société, ses titres sont, du jour au lendemain, admis aux négociations [1]. Certes, nous ne nous plaignons pas

[1] Nous apprenons qu'on prête au gouvernement allemand l'in-

des enquêtes minutieuses auxquelles les Chambres syndicales d'agents de change se livrent avant d'admettre une valeur aux négociations de leurs parquets. Mais nous voudrions que les frais de cote fussent, sinon supprimés, au moins notablement diminués. Nous sommes convaincus qu'on retrouverait bien vite, dans l'augmentation du nombre des titres cotés et, par suite, des transactions, une compensation à la diminution des droits. Après la guerre, on avait doublé le timbre sur les effets de commerce, que la loi du 5 juin 1850 avait fixé à 1/2 0/00 (loi du 23 août 1871). La loi du 19 février 1874 le tripla et le porta à 1 1/2 0/00. On constata un tel ralentissement des transactions qu'on dut revenir au taux de 1/2 0/00. (Loi du 22 décembre 1878.)

Mais il y a mieux. A l'époque même où on surélevait ainsi les droits sur les effets de commerce créés en France ou payables en France, on réduisit à 1/4 0/00 les droits de timbre sur les effets tirés de l'étranger sur l'étranger et circulant en France

---

tention de prélever un impôt sur les titres étrangers qui se négocient dans l'Empire. Nous ne savons pas si cela est exact, à plus forte raison quelles seraient les dispositions de la loi : mais nous croyons que cet impôt devra être très modéré, sous peine d'entraver singulièrement l'essor des marchés d'outre-Rhin. Une taxe spéciale de 3 0/0 sur le revenu des valeurs étrangères, dont certains « ruraux » (*agrarier*) de là-bas ont eu l'idée, ne donnerait d'ailleurs, estime-t-on, pas deux millions de francs.

(loi du 20 décembre 1872) : or c'était une véritable circulation de valeurs mobilières étrangères qu'on entendait favoriser ainsi.

Une certaine école approuve les droits fiscaux élevés, non pas seulement à cause des ressources qu'ils apportent au budget, mais parce qu'elle considère comme dangereux les placements faits en valeurs mobilières et particulièrement en valeurs étrangères. Or, nous croyons au contraire que rien ne consolide la fortune d'un pays comme d'avoir, parmi ses citoyens, un très grand nombre de créanciers de l'étranger. C'est une sorte de contre-poids préparé d'avance pour les mauvais jours, alors qu'une catastrophe quelconque viendra déprécier brutalement la valeur de tous les fonds et de toutes les entreprises indigènes. C'est une véritable réserve, une ressource disponible, au moyen de laquelle chacun pourra faire venir du dehors les capitaux qu'il y aura placés. Il ne convient évidemment pas d'exagérer cette tendance, comme on l'a fait parfois dans les derniers temps, sous l'empire de craintes politiques intérieures ou extérieures. Nous ne citons pas en exemple les peureux qui ont déposé leurs titres à Londres, d'où la dynamite des fenians les a chassés à Bruxelles, où des grèves récentes viennent de les terroriser, et d'où ils finissent par rapatrier leur portefeuille à Paris [1].

Mais, dans un pays aussi riche que le nôtre, où il y a tant de richesse accumulée, il est très juste d'en consacrer une partie à faire des avances à des pays plus jeunes, qui nous paient un intérêt rémunérateur : c'est même une partie essentielle du rôle économique réservé dorénavant aux nations relativement vieilles, telles que l'Angleterre et la France, en possession d'un excès de capitaux, qu'elles ont peine à employer fructueusement sur leur propre territoire. Elles y trouvent, par surcroît, en dehors du profit matériel, l'avantage de maintenir et d'étendre leur influence, en mettant un certain nombre de leurs nationaux à la tête d'entreprises étrangères de banque, de chemins de fer, ou autres. Nous avons indiqué, à propos des caisses d'épargne, l'intérêt accessoire que nous pouvons encore avoir à être créanciers de pays monométallistes-or, nous qui, dans un moment de crise, sommes exposés à voir la pièce de 5 francs en argent et le billet de la Banque de France former à peu près les seuls éléments de notre circulation intérieure. Affecter de craindre que l'exportation

---

[1] Du reste, il ne s'agissait pas là de véritables placements faits au dehors : c'étaient généralement de simples dépôts de titres, souvent français, et qui n'ont rien de commun avec l'emploi de capitaux indigènes dans des entreprises étrangères.

de nos capitaux n'amène un renchérissement de
l'argent sur notre propre marché n'est évidemment pas sérieux, dans un pays où le taux d'escompte officiel ne s'est pas élevé au-dessus de
3 0/0 depuis le 22 février 1883 et où l'escompte
entre particuliers se pratique à 2 0/0 et au-dessous. Demander une réduction ultérieure, ce serait
proclamer, avec les théologiens, qu'il est coupable
de percevoir un intérêt quelconque.

On parle souvent des pertes subies par notre épargne dans les fonds turcs, péruviens et *tutti quanti :*
on n'a malheureusement que trop raison, et il est
cruel de penser que bien des petits pécules, longuement et péniblement amassés, se sont engouffrés
dans ces emprunts. Mais si l'on dressait la liste complète des Sociétés françaises qui ont ruiné leurs actionnaires et même leurs obligataires, n'arriverait-
on pas à un chiffre de millions bien supérieur ?
L'ancien Crédit mobilier et sa création, la Compagnie
immobilière, les Chemins de fer de la Vendée, des
Charentes, le Crédit viager, l'Union générale et ses
dérivés, les innombrables Compagnies d'assurances
qui se sont fondées de 1876 à 1879, et dont les actions sont tombées à rien, après avoir valu des
primes fantastiques, n'ont-ils pas absorbé des milliards ? Des mécomptes partiels sont évidemment
à craindre : mais on ne les évite pas dans les en-

treprises indigènes. Nous avons vu plus haut ce que seraient devenus les capitaux engagés dans les Chemins de fer français, ce palladium de l'épargne prudente et raisonnée, si l'État n'était venu à leur secours.

Nous ne croyons pas nécessaire de nous étendre sur les avantages considérables qu'il y a pour un pays à être le siège d'un grand marché, qu'il s'agisse de matières premières, de matières fabriquées ou de valeurs mobilières. C'est une source constante d'influence et de bénéfices, que nos voisins anglais connaissent bien, eux qui ont réussi à faire de Londres l'entrepôt d'une partie des marchandises du monde, et qui, comme armateurs, transporteurs et courtiers, prélèvent des sommes incalculables sur la consommation des autres peuples. Les Allemands, qui s'en rendent compte, essayent peu à peu de conquérir les mêmes avantages.

Il y aurait de la naïveté de notre part, lorsque nos voisins se lancent dans cette voie, à faire leur jeu, en laissant-enlever à nos marchés financiers une partie des éléments de leur activité. Or, chacun peut, en consultant la cote officielle, publiée par la Chambre syndicale des Agents de change de Paris, constater qu'un certain nombre de titres de Sociétés étrangères en ont été rayés dans les dernières

années, et cela uniquement parce que leurs administrateurs ne trouvaient pas que l'avantage de
pouvoir se négocier en France compensât l'énormité
des frais à supporter. C'est ainsi que nous avons
successivement vu, ou verrons d'ici à quelques
mois, disparaître (nous citons au hasard) : les actions
du Chemin de fer Nord-Ouest d'Autriche, celles de
la Banque du Crédit Italien, celles de la grande Société des Chemins Russes, les Obligations des Chemins de fer Nord-Est Suisse, celles des Chemins de
fer autrichiens Archiduc Rodolphe, les actions des
Chemins de fer italiens de la Sicile occidentale, du
Chemin de fer Vienne-Pottendorf, les diverses séries des obligations de la Banque centrale du Crédit
foncier de Russie ; nous savons de source certaine
que la même question s'agite dans le sein des conseils d'administration de diverses autres Sociétés,
et qu'il s'en faut de bien peu que cet exemple ne
soit suivi par elles. Il nous serait en tout cas facile
de citer des Sociétés considérables, créées à l'étranger dans les derniers temps, et qui ont renoncé à
introduire leurs titres chez nous, toujours arrêtées
par la dépense.

Le moment paraît donc venu de modifier notre
législation. Cela est d'autant plus nécessaire que,
comme nous le rappelions tout à l'heure, comme
nous avons essayé de le démontrer au chapitre Ier,

la place de Paris ne jouit plus de l'espèce de privilège qu'elle partageait avant 1870 avec celle de
Londres. A cette époque, le marché de Berlin n'a-
vait qu'une importance secondaire, celui de New-
York luttait contre les difficultés du papier-mon-
naie. Toute entreprise nouvelle venait forcément
s'adresser aux deux grands réservoirs de capitaux,
anglais et français. Et pourtant, les droits à payer
en France étaient alors inférieurs à ce qu'ils sont
aujourd'hui. Il est évidemment difficile de toucher
à cette heure à une source quelconque de nos revenus ; mais, lorsque cette réduction doit donner
une chance nouvelle de développement à l'activité
de nos transactions, il faut, croyons-nous, l'accepter avec courage.

La seule question est de savoir comment procéder. Il y aurait plusieurs voies à suivre : ou bien
diminuer d'une façon générale les droits de circulation et de transmission (on ne saurait toucher à
la taxe de 3 0/0 sur le revenu, qui ne frappe pas
seulement les revenus des titres de Sociétés, et
qui fait partie intégrante de notre organisme financier) : mais nous croyons ce système inappli-
cable à l'heure actuelle ; ou bien, sans rien modifier
à la quotité des droits, ne les percevoir que sur une
fraction telle du nombre total des titres des Sociétés
étrangères, que celles-ci ne soient pas tentées d'a-

bandonner notre marché. Aujourd'hui, elles sont taxées proportionnellement au nombre réel de leurs titres qui circulent en France ; et, pour fixer ce nombre aussi exactement que possible, les agents du fisc recourent à tous les modes d'information : ils se font notamment présenter, par les maisons françaises chargées en France du paiement des coupons, les états de-paiements de ces derniers. Il y a là, entre l'administration et les Sociétés, une occasion de conflits, que tranche finalement le ministre des finances, après avoir consulté une commission dont font partie : le président de la section des finances au Conseil d'État, le directeur général de l'enregistrement, des domaines et du timbre, le directeur du mouvement général des fonds, un régent de la Banque de France, le syndic des agents de change de Paris.

Pour appliquer ce second système, il conviendrait tout d'abord d'autoriser la révision annuelle du nombre de titres imposables, au lieu de ne la permettre que tous les trois ans. On pourrait aussi, lorsqu'une Société fait une émission en France, ne pas exiger immédiatement l'impôt sur la totalité des titres souscrits : car il arrive souvent qu'une partie en émigre au dehors, peu de temps après la souscription. On laisserait ainsi à la Société un répit, une période transitoire pendant laquelle la situation se dessinerait : si les titres s'acclimataient définitivement, le poids des impôts paraîtrait ensuite plus naturel, moins pénible à supporter ; si, au contraire, ils ne restaient pas dans les portefeuilles de nos nationaux, le fisc abaisserait ses exigences, dès qu'il y aurait présomption d'émigration.

Cette solution a le grand avantage de ne pas toucher à la loi, aux principes qui y sont inscrits. Il suffirait d'abroger l'article 2 du décret du 24 mai 1872, qui stipule que « le nombre des titres assujettis aux droits de timbre et de transmission [1] ne peut être inférieur pour les actions à un dixième et pour les obligations à deux dixièmes du capital ». Si, au bout de quelques années, la réforme ainsi essayée n'avait pas donné de résultats satisfaisants, rien ne serait plus facile que de revenir à l'ancien état de choses. Point ne serait besoin de mettre en mouvement la machine législative.

On pourrait enfin examiner une troisième solution et voir s'il ne serait pas préférable de traiter franchement les titres des sociétés étrangères comme les fonds d'États étrangers, c'est-à-dire renoncer à leur imposer l'abonnement obligatoire,

---

[1] Le décret ne mentionne pas l'impôt sur le revenu, parce que celui-ci n'a été établi que postérieurement, par la loi du 29 juin 1872.

et frapper leurs titres d'un timbre au comptant, en remplacement des trois impôts qu'ils acquittent aujourd'hui [1]. Il va de soi que la quotité de ce timbre devrait être supérieure à ce qu'elle est pour les fonds d'État. On pourrait, par exemple, la fixer à 1 0/0 ou 1/2 0/0. Cette solution aurait le grand avantage d'engager toutes les sociétés à rechercher notre marché, à demander leur inscription à la cote officielle, qu'elles obtiendraient sans bourse délier, puisque ce seraient les porteurs des titres et non les sociétés qui seraient débiteurs des droits. Le fisc commencerait par encaisser une somme considérable, car la cote officielle des parquets de Paris et de province serait demandée sans délai pour beaucoup de titres qui circulent aujourd'hui en coulisse, souvent sans être timbrés. Les agents de change, officiers ministériels, ne laisseraient jamais passer un titre par leurs mains sans qu'il fût en règle. On serait donc moins exposé que maintenant à voir les droits payés par un nombre de titres inférieur à la circulation réelle.

Notre législation actuelle ne se défend même pas au point de vue protectionniste, car les droits sont identiques pour les sociétés françaises et pour

---

[1] Au moins pour celles qui ne font pas d'émissions publiques en France et qui se bornent à demander l'admission de leurs valeurs aux négociations officielles.

les sociétés étrangères, tandis que les fonds d'État étrangers jouissent d'une véritable faveur, non pas vis-à-vis des fonds nationaux qui n'acquittent naturellement aucune taxe, mais vis-à-vis des autres valeurs mobilières, aussi bien françaises qu'étrangères. D'aucune façon il n'est efficace de chercher à élever par des droits fiscaux une barrière contre les valeurs étrangères : il ne faut pas qu'on s'imagine protéger ainsi l'épargne nationale. Les émetteurs des mauvaises valeurs ne reculeront pas devant le paiement des taxes, si lourdes qu'elles soient : ils ne cherchent qu'à placer leur marchandise, à n'importe quel prix ; les frais généraux ne les arrêtent jamais ; ou bien encore ces valeurs circuleront clandestinement, dans les bas-fonds de la coulisse, en échappant précisément à tout paiement d'impôts. Si, en effet, la société n'a aucun siège en France, et que les négociations se fassent en dehors des marchés officiels, le fisc, nous le répétons, n'a point de prise et chercherait vainement à percevoir les droits. Au contraire, les administrateurs de sociétés, jouissant d'un crédit honorable, ayant placé leurs titres en dehors de notre marché ou pouvant espérer le faire, hésiteront souvent à prendre l'engagement d'acquitter les taxes en France : c'est donc un aliment sérieux dont nos Bourses sont privées, et qu'il convient de chercher à leur restituer.

Nous ajouterons que la part contributive des sociétés étrangères, dans le total des taxes acquittées par l'ensemble des sociétés, est assez faible (moins de 10 0/0 des 104 millions payés en 1886), pour que l'on puisse remanier ce chapitre de nos recettes sans compromettre l'équilibre budgétaire. Voici, en effet, le tableau des droits perçus pendant les deux derniers exercices : nous trouvons en même temps dans ces chiffres un argument de plus à l'appui de notre thèse, puisqu'ils montrent que le produit des taxes a diminué de 7 0/0 d'une année à l'autre ; la nécessité d'enrayer ce mouvement est ainsi mise en évidence.

	Sociétés étrangères.	
	1885.	1886.
Timbre	1,725,820	1,695,949
Transmission	4,813,395	4,602,813
Taxe sur le revenu..	3,738,665	3,260,952
Totaux......	10,277,850	9,559,714

CHAPITRE XIV

ÉCONOMIES ET RÉFORMES POSSIBLES

Ce dernier chapitre ne doit être que le résumé des précédents. Economies ! économies ! tel est en effet le *delenda Carthago* que nous avons redit sans relâche et que nous répéterons sur tous les tons et dans toutes les circonstances. Ajoutons toutefois « possibles » : il faut se garder, ici comme ailleurs, des tentatives téméraires ou prématurées.

On peut chercher des solutions et les trouver concurremment dans trois voies différentes :

Suppression des dépenses inutiles ;

Exploitation à meilleur compte de certains services publics ;

Perception aussi régulière que possible des impôts et des taxes, de façon à en assurer la répartition la plus équitable et à empêcher un certain nombre de citoyens de s'y soustraire, en aggravant la situation du reste des contribuables.

Par exemple, la nouvelle évaluation des propriétés bâties (maisons et usines), prescrite par les lois
des 8 août 1885 et 8 juin 1887, doit préparer une
assiette plus rationnelle de l'impôt foncier et éga-
liser les charges entre les propriétaires. Nous ne
pouvons qu'applaudir à cette mesure, parce qu'elle
ne saurait diminuer les revenus de l'Etat, et qu'elle
en assurera au contraire la meilleure rentrée.

Mais lorsqu'on nous apporte un projet de loi
sur les mines, qui non content de modifier pro-
fondément la législation fondamentale de 1810,
propose encore diverses innovations dans la perception des droits, il convient de nous demander si
la réforme augmentera les revenus de l'Etat et si,
tout en les augmentant d'abord, elle ne les compro-
met pas pour l'avenir par une injuste répartition
des charges.

Les propriétaires de mines acquittent aujour-
d'hui une redevance fixe de dix centimes par hectare de leur concession, et une redevance proportionnelle de 5 0/0 du produit net. Ces deux droits
ont procuré à l'Etat, en 1884, 2,346,439 francs,
dont 106,994 seulement provenaient de la redevance
fixe. Le projet de M. Baïhaut augmente celle-ci et la
rend progressive, en la fixant à cinquante centimes par hectare jusqu'à cinquante hectares, deux
francs jusqu'à 500 hectares, trois francs jusqu'à

1,500 et quatre francs au-dessus de ce chiffre. Au contraire, la redevance proportionnelle sur le bénéfice est réduite à 3 0/0. L'auteur du projet estime que la diminution de recettes de ce chef sera couverte par l'augmentation de la redevance fixe.

Nous le croyons volontiers. Nous admettrons même, si l'on veut, que le Trésor doive en retirer un petit avantage. Mais quel sera le résultat pour les compagnies ? Celles qui sont prospères et réalisent des bénéfices pourront trouver dans la nouvelle loi une source de profits : car la diminution de 2 0/0 sur la redevance proportionnelle compensera, et bien au-delà, dans certains cas, l'élévation de la redevance fixe, surtout si le périmètre de la concession n'est pas étendu. Au contraire, les compagnies peu prospères pourront être arrêtées dans leurs travaux par l'obligation de payer une taxe élevée, alors qu'elles ne gagnent absolument ment rien.

Ainsi, dans le bassin du Pas-de-Calais, le plus riche de France, douze mines ont versé au Trésor, en 1885, du chef de la redevance proportionnelle aux bénéfices, 578,028 francs. Sept mines du même bassin étaient en perte et ne payaient pour ainsi dire rien, puisqu'un droit de dix centimes par hectare ne saurait jamais constituer une charge sérieuse. Or, l'application de la loi proposée leur imposerait une charge de 24,862 francs. Dans le bassin du Nord, huit mines ont payé 160,404 francs; six autres, qui sont en perte, devraient maintenant payer 28,433 francs. En résumé, 190 mines, qui sont en bénéfice, profiteraient d'un dégrèvement de 257,322 francs, et 117 mines, qui ont travaillé à perte, seraient grevées de 193,508 francs.

Les compagnies prospères profiteraient des nouveaux sacrifices imposés aux compagnies faibles, luttant contre de nombreuses difficultés et s'efforçant souvent, par des sondages et des travaux de recherche, de découvrir de nouveaux filons, c'est-à-dire de nouvelles sources de richesse et pour elles-mêmes et pour le pays. C'est donc là une réforme qui nous paraîtrait aller à l'encontre du but que nous devons viser, c'est-à-dire le développement de la fortune nationale et de toutes les sources de production. Ce serait le contraire d'une économie.

Une autre objection grave, au point de vue moral plutôt encore qu'au point de vue financier, qu'on peut faire au projet de loi, c'est qu'il édicte de nouvelles conditions de déchéance, non seulement pour les concessions futures, mais pour les concessionnaires actuels. Ceux-ci ont travaillé jusqu'à ce jour sur la foi d'une loi qu'ils considéraient,

à juste titre, comme un contrat liant l'Etat envers
eux aussi bien qu'eux-mêmes envers l'Etat, et l'ont
pris comme base de tous leurs calculs et du développement de leurs travaux.

Nous n'adresserons pas les mêmes reproches à la
proposition de M. Lesguillier, tendant à fusionner
le service des routes nationales, qui dépend du ministère des Travaux publics, avec celui des chemins
vicinaux, qui relève du ministère de l'Intérieur. On
se demande, en effet, s'il est nécessaire d'avoir un
double personnel d'ingénieurs des ponts et chaussées pour les routes nationales, et d'agents-voyers
pour les chemins vicinaux. Quant aux routes
départementales, il appartient aux conseils généraux, ou plutôt aux commissions départementales
qui en sont l'émanation, de décider, dans chaque
département, si elles seront confiées aux ingénieurs
de l'Etat ou bien aux agents-voyers. L'unification
semblerait rationnelle, surtout aujourd'hui où la
construction des diverses catégories de routes est
fort avancée et où il ne s'agit, la plupart du temps,
que de pourvoir à leur entretien. La difficulté est
de décider entre quelles mains on centralisera le
service.

M. Lesguillier estime qu'actuellement l'entretien
par mètre et par an coûte :

0 fr. 72 pour les routes nationales ;

0 fr. 38.   —   départementales ;

0 fr. 34 p. les chemins de grande communication ;

0 fr. 25   —   d'intérêt commun ;

0 fr. 14   —   vicinaux.

Il en conclut que, si l'on réduisait le tarif des routes nationales à celui des routes départementales l'économie annuelle pour les 38,000 kilomètres de routes nationales serait de plus de dix millions de francs. Ce calcul nous étonne : car il ne suffira pas de classer les routes nationales comme routes départementales pour abaisser du même coup le prix d'entretien de ces routes. L'idée de M. Lesguillier nous semble fort bonne, mais elle ne peut guère amener qu'une économie de personnel, économie considérable et digne déjà à elle seule d'attirer l'attention du Parlement sur le projet.

La véritable solution consisterait à réunir, dans la main des ingénieurs des ponts et chaussées, et de leur personnel si expérimenté de conducteurs, le service des routes nationales et départementales, et celui des chemins vicinaux d'intérêt commun et de grande communication ; on laisserait tout au plus aux communes les chemins vicinaux proprement dits, qu'elles seraient libres d'ailleurs de confier également à l'administration des ponts et chaussées. La question est de savoir si l'unification dans ce sens serait adoptée volontiers, malgré les idées de décentralisation qui ont cours aujourd'hui. En tout cas, une réduction notable du personnel semble très facile, soit que l'État confie aux divers départements l'entretien des tronçons de routes nationales qui traversent leurs territoires, soit que le personnel des ponts et chaussées centralise au contraire la direction de toutes les voies de communication terrestres. L'État percevrait naturellement, en échange des services rendus par son personnel, des taxes d'abonnement payées par les départements et les communes.

En étudiant la question des chemins de fer, nous avons montré combien il est urgent d'arrêter les constructions lorsque cela est encore possible. Nous avons répété, d'après le témoignage des hommes compétents, qu'à l'heure qu'il est, et bien que les travaux aient été commencés de toutes parts, on pourrait encore renoncer complètement à l'exécution d'au moins 2,000 kilomètres de voie concédés. Pour le restant des lignes qu'on ne saurait abandonner, soit à cause des services qu'elles doivent rendre aux populations, soit parce qu'elles relient entre eux des tronçons déjà terminés, et destinés sans cela à rester absolument stériles, on pourra le plus souvent transformer les tracés primitifs à voie large en chemins à voie étroite, et réaliser une économie des deux tiers ou des trois quarts de la dépense prévue. C'est en vertu de cette idée que le Ministre des Travaux publics vient d'annoncer à la commission du budget qu'il déposerait un projet de loi ayant pour objet la transformation en ligne à voie étroite du réseau des chemins de fer de la Dordogne, concédé à la Compagnie d'Orléans par la convention de 1883, et qui devait être construit à voie normale.

En matière de bâtiments publics, il convient de changer nos errements : nous avons signalé ailleurs le luxe avec lequel certains ministères ont été construits ou restaurés. Là encore, on peut alléguer comme excuse le désir d'installer les services publics dans des édifices dignes de la grande nation à laquelle ils appartiennent. Mais que penser des fantaisies architecturales de la prison de Nanterre, où l'on a dépensé plus de douze millions, et où les malfaiteurs sont logés avec un confort qui ferait envie à la plupart des ouvriers ?

Le Ministère propose de retrancher 72 millions aux budgets extraordinaires de la guerre et de la marine, tels que les comportait le premier projet déposé pour 1888. Les réductions seraient les suivantes :

1° MARINE.

Salaires pour constructions neuves...	1,000,000 fr.
Achats à l'industrie de bâtiments et de matériel pour constructions.....	13,186,893
Travaux hydrauliques extraordinaires.	505,000
Total pour la marine...	14,694,893 fr.

2° GUERRE.

Artillerie.

Fabrication du nouvel armement....	31,500,000 fr.

Cette réduction porte sur les équipages de campagne, le matériel des équipages militaires, le harnachement, les dépenses diverses, l'armement des places, l'armement des côtes, les équipages de siège, les armes portatives et les munitions pour armes portatives.

Génie.

Constructions de casernes et travaux de fortification.....................	23,500,000 fr.
Total général..........	69,694,893 fr.

La seule partie de ces économies qui sera peut-être critiquée à la Chambre est celle qui s'applique à la fabrication du nouveau fusil d'infanterie. On assure toutefois que les sommes votées pour l'exercice en cours (1887), n'auront pas été dépensées au 31 décembre prochain, ce qui permettra de reporter un nombre considérable de millions destinés à ce même objet, à l'année suivante.

Cet excédant provient de ce que les crédits votés il y a quelques mois par le Parlement à l'unanimité, dépassaient notablement les besoins et même les possibilités de dépenses. La situation extérieure commandait cette éloquente manifestation. Nous en recueillons aujourd'hui les fruits, en retrouvant la disponibilité d'une partie des sommes accordées alors au Ministre de la guerre.

Signalons, en passant, l'état financier de la Corse, qui nous coûte encore aujourd'hui 19 millions, alors que nous en retirons à peine 6 [1]. Les insulaires ne paient guère en moyenne plus de 20 fr. d'impôts, soit quatre à cinq fois moins que leurs compatriotes de la terre ferme. Tous les ans, une partie des contributions à percevoir dans l'île, est déclarée irrecouvrable, et décharge en est donnée aux percepteurs, qui ne pourraient, sans cette mesure, continuer leurs fonctions. Sur un million d'amendes que le Trésor avait à percevoir en 1885, il a encaissé 75,000 francs. Le timbre des affiches et des quittances est loin d'être régulièrement payé ; on chasse

---

[1] Nous empruntons la plupart de ces détails à d'intéressantes correspondances publiées par le *Temps* aux mois de mai et de juin 1887.

généralement sans permis ; le domaine de l'État est impunément saccagé : 45,000 hectares de forêts domaniales ont été dévastées par la dent des troupeaux, par le feu que les bergers ne craignent pas d'y mettre pour transformer le bois en pâturages ; elles ne rapportent même plus leurs frais d'entretien.

Or, on pourrait d'autant mieux exiger des Corses le paiement de ce qu'ils doivent, qu'ils jouissent, sous bien des rapports, d'une foule d'exemptions : il existe en leur faveur un régime fiscal spécial, dont l'origine remonte à 1801, lorsque le conseiller d'État Miot, envoyé dans l'île en qualité de commissaire extraordinaire, prit une série d'arrêtés afin de dégrever les habitants, considérés comme trop pauvres pour acquitter les mêmes charges que le reste des Français. En matière d'enregistrement et de timbre, la quotité des droits et la base des perceptions sont de beaucoup inférieures à celles du continent. Certains actes ne sont soumis à aucun droit ni même à la formalité de l'enregistrement. La déclaration des mutations après décès n'est pas obligatoire dans un délai déterminé : dans la pratique, on s'en dispense toujours. Les droits de douane sont très inférieurs à ceux du continent. En fait de contributions indirectes, on ne perçoit que celles qui ont été établies par les lois du 4 septembre 1871 et du 30 octobre 1873. Le monopole des tabacs n'existe point. La poudre se vend trois fois moins cher aux Corses qu'aux continentaux. L'alcool entre en franchise.

N'y aurait-il pas lieu d'examiner à nouveau toute cette législation, motivée jadis par la pauvreté du pays, et qui semble pouvoir être corrigée sur bien des points, aujourd'hui que 1,100 kilomètres de routes nationales sillonnent l'île, et que des chemins de fer, bientôt achevés, vont mettre les habitants dans une situation comparable à celle de beaucoup d'autres de nos départements. Si, d'ailleurs, on jugeait la valeur du terrain en Corse d'après les indemnités d'expropriation qui ont été récemment accordées pour la ligne du chemin de fer de Casamozza à Fiumorbo, on en concevrait une haute idée : un hectare de maquis a été payé 45,000 francs; des parcelles de terre inculte 13,000 et 15,000 francs. Pour 13 hectares stériles, dont l'État offrait 31,000 francs, le jury en a accordé 446,000. En présence de ces chiffres, on comprend l'indignation de la commission du budget, qui propose de supprimer provisoirement tout crédit pour la construction de chemins de fer en Corse. La Chambre ne voudra probablement pas arrêter l'entreprise : mais il faut que des mesures législatives modifient les procédés d'expropriation,

La voie la plus logique semblerait d'intéresser les communes à payer les terrains le moins cher possible : on peut être certain qu'alors les contribuables défendraient leurs deniers.

Le cabinet se préoccupe à juste titre de rendre le moins onéreux possible pour la mère-patrie le gouvernement de notre empire d'extrême-Orient ; il espère y arriver en réalisant l'unité indo-chinoise, de façon à mettre toutes nos possessions sous l'autorité d'un gouverneur général, qui résidera à Saïgon. Ce gouverneur sera assisté d'un lieutenant-gouverneur en Cochinchine et de trois résidents généraux au Tonkin, en Annam et au Cambodge. Chaque pays continuera d'avoir son budget alimenté par ses recettes particulières. Les seuls services centralisés seront la guerre et la marine, les douanes et régies, les postes et télégraphes. Le procureur général à Saïgon sera le chef du service judiciaire.

Cette concentration permettra de réaliser des économies notables, dont le premier effet est de réduire de 30 à 20 millions la subvention demandée à la mère-patrie. Elle met un terme au gaspillage financier dont la Cochinchine donnait le spectacle : le conseil colonial de Saïgon voit ses attributions singulièrement diminuées. Chaque pays conserve d'ailleurs son autonomie, son budget, son organisation propre, telle qu'elle résulte des institutions locales ou des actes diplomatiques passés avec les souverains des territoires placés sous notre protectorat.

Le budget de l'Indo-Chine s'établit alors comme suit :

Recettes.

1º Subvention de la métropole......	20,000,000 fr.	
2º Crédits transférés du budget de la marine (entretien des troupes en Cochinchine)....................	1,770,000	
3º Crédits transférés du budget colonial.............	3,136,150	
4º Recettes des postes et télégraphes..	584,000	
5º Contingent de la Cochinchine.....	18,500,000	
6º — de l'Annam et du Tonkin...................	5,000,000	
7º — du Cambodge.........	1,000,000	
	49,990,150 fr.	

Dépenses.

1º Gouvernement général............	500,000 fr.	
2º Guerre (14,000 Européens à 1,300 fr. et 18,000 indigènes à 600 fr.).....	29,000,000	
3º Marine	10,830 000	
4º Douanes et régies...............	5,789,983	
5º Postes et télégraphes............	3,564,950	
	49,684,933 fr.	

D'ores et déjà on demande à la Cochinchine un

concours de 18 millions et demi de francs : le Tonkin ne tardera pas à fournir une somme égale, de façon à permettre d'arriver à supprimer la subvention de la métropole.

Il faut se féliciter de cette tentative d'unification, qui pourra donner une grande cohésion à nos possessions asiatiques et nous permettra d'y tenter les améliorations désirables, sans grever notre budget. Qui sait si nous ne finirons pas un jour par retirer des revenus de cet empire indo-chinois, à l'exemple d'autres nations européennes enrichies par leurs colonies ?

Nous avons indiqué, au chapitre v, que le ministère de la justice semblait pouvoir contribuer notablement à l'allègement de nos dépenses, par la suppression d'un certain nombre de cours d'appel et de tribunaux de première instance. Les cinq cours d'appel d'Angers, de Bastia, de Bourges, de Chambéry et d'Orléans coûtent plus de 800,000 fr.[1]. La suppression des 101 tribunaux de première instance qui jugent moins de 250 affaires civiles par an, donnerait une économie de près de deux

---

[1] En voici le détail pour chaque cour : 1 premier président à 18,000 francs, 1 procureur général à 18,000, 1 président à 10,000, 13 conseillers à 7,000, 1 avocat général à 8,000, 1 substitut à 6,000, 1 greffier à 4,200, 2 commis-greffiers à 3,500.

millions de francs [1]. Dans les cours d'appel de province conservées, on pourrait aisément supprimer le substitut, dont les fonctions seraient remplies par l'avocat général. Celui-ci est en effet parfaitement désigné pour cette administration du parquet, que concernent principalement les réhabilitations, dispenses de parenté, concessions d'offices, correspondance avec les parquets du ressort, contrôle et surveillance. On gagnerait de ce chef 294,000 francs (49 substituts à 6,000 francs).

Le seul obstacle sérieux aux suppressions de cours et de tribunaux provient de la vénalité des offices ministériels, greffes, études d'avoués, dont les titulaires ne peuvent être dépossédés sans une légitime indemnité. On a calculé que pour les greffes il faudrait rembourser environ 3,700,000 francs. Les cinq greffes de cours d'appel supprimées représentent en effet une valeur moyenne de 40,000 francs, soit en tout 200,000 francs ; et ceux des 101 tribunaux de première instance, une valeur légèrement inférieure, qu'on peut fixer approximativement à 35,000 francs. Une partie de la dépense pourrait être immédiatement couverte par une faible augmentation du prélèvement en faveur du

---

[1] Chaque tribunal comporte 1 président dont le traitement est de 5,000 francs, 1 procureur de la République à 5,000, 2 juges à 3,000, 1 greffier à 1,200, 1 commis-greffier à 2,000.

fisc sur les droits de greffe. Les offices maintenus supporteraient aisément cette charge, puisque le nombre des affaires croîtrait pour eux dans une proportion sensible.

Quant aux offices d'avoués, il conviendrait de rattacher aux juridictions nouvelles ceux des offices ministériels dont, pendant les cinq dernières années, l'exercice aurait été le plus productif. Leurs droits acquis seraient ainsi respectés ; leur clientèle pourrait aisément les suivre dans leur nouvelle résidence. Les autres seraient supprimés, moyennant une juste et préalable indemnité. Voici comment s'établirait le bilan de cette seconde opération : le rachat des quarante offices d'avoués, en fonctions auprès des cinq cours supprimées, ne coûterait pas plus de 1,200,000 francs. Quant aux avoués de première instance, généralement au nombre de quatre auprès de chaque tribunal, il n'en est guère que la moitié qui soient sérieusement occupés. Les charges de leurs confrères moins actifs ne valent certainement pas plus de 35,000 francs l'une ; le rachat en coûterait donc environ 7 millions, dont une bonne part pourrait être fournie par ceux-là même qui seraient appelés à profiter de leur disparition.

Un projet que le garde des sceaux vient de déposer sur le bureau de la Chambre demande la *gémination* des justices de paix, c'est-à-dire la suppression, dans toute la France, d'un juge de paix sur deux. Cette réforme sera unanimement approuvée par les parquets, qui avaient été consultés en 1885 et qui ont tous répondu que le nombre des justices de paix pouvait être réduit sans aucun inconvénient. Les affaires n'en seraient pas moins bien expédiées. Une faible partie de l'économie obtenue serait utilement consacrée à augmenter les traitements des juges de paix conservés.

On pourrait aussi grossir aisément les ressources que fournit au Trésor le ministère de la Justice, en exigeant une plus stricte application des diverses lois sur le timbre. Ainsi, les greffiers des tribunaux de police évitent souvent d'écrire sur timbre les billets d'avertissements et de les envoyer par la voie de la poste : de là une perte de 75 centimes par billet pour le Trésor ; or, plus de deux millions de ces citations sont envoyées par an. Le droit de un franc pour l'inscription au rôle de la justice de paix, par suite de citation directe ou de comparution volontaire, n'est pas non plus acquitté régulièrement : il porte sur un nombre d'affaires encore plus considérable que le précédent. Il a suffi de l'énergie d'un procureur général, l'année dernière, pour faire augmenter sensiblement, dans son ressort, les recettes de ce chef.

L'assistance judiciaire elle-même, cette institution charitable, a donné matière à des fraudes. Quand l'indigent a gagné son procès, l'état des frais doit être remis au greffe et l'exécutoire délivré à l'enregistrement. Or, on cite tel greffier de tribunal qui depuis neuf ans n'a reçu le dépôt d'aucun dossier et n'a donc pas délivré d'exécutoire. Dans le ressort que nous venons d'indiquer, grâce à l'énergie d'un magistrat, cent cinquante de ces dossiers arriérés ont été transmis en 1886.

Il se commet des abus plus graves encore en matière de taxes et de tarifs. Les droits de timbre sont l'objet d'expédients qui enlèvent au Trésor, chaque année, plusieurs millions de recette, sans diminuer d'un centime les frais de justice à la charge des plaideurs. Pour les copies de pièces, les notifications d'avoué à avoué, un usage s'est établi de ne dresser que l'original de ces actes, tout en continuant à percevoir le prix des copies, y compris le papier employé. Les requêtes de défense ne sont pas toujours rédigées : entre la première feuille, sur laquelle l'officier ministériel inscrit les qualités et la dernière sur laquelle il porte les conclusions, il intercale des lambeaux d'anciennes requêtes qui n'ont aucun trait à l'affaire. L'Etat perd le prix de ces feuillets de papier timbré, que paie le plaideur. Le même procureur général qui dans son discours « *de la fraude et de sa répression* » vient de dévoiler si courageusement les abus, a constaté qu'en un an, dans son ressort, la plus-value de la vente du timbre délivré aux avoués et des timbres mobiles avait atteint près de cent mille francs.

Enfin, dans les matières de simple police, qui ne sont pas soumises directement au contrôle du ministère public, l'abandon des frais judiciaires dus à l'Etat est devenu la règle ; le recouvrement est l'exception, grâce aux certificats de complaisance constatant des indigences imaginaires. Ici également une volonté énergique peut aisément faire rentrer dans les caisses du Trésor l'argent qui lui est légitimement dû.

En veillant à la stricte application de la loi, on fera rentrer des sommes qui ne sont nullement à dédaigner. Pour la seule année 1885, sur 10,596,345 francs de frais à percevoir, il n'en a été recouvré que 4,537,404 ; et, sur 7,652,201 francs d'amendes, il n'en a été perçu que 3,526,549.

Il y a de sensibles économies à opérer sur les frais de justice criminelle, principalement en ce qui concerne les frais de citations à prévenus et à témoins. Ces citations se transmettent actuellement par ministère d'huissier, alors que rien ne serait plus aisé que de le faire par la voie postale ou par la voie administrative, qui seraient toutes deux gratuites pour l'État. D'une part, en effet, les parquets jouissent de la franchise postale, et, de l'autre les maires, adjoints, commissaires de police et officiers de gendarmerie sont officiers de police judiciaire et à ce titre relèvent directement des parquets qui disposent d'eux à leur gré.

Tout en réduisant ces frais de justice, on en assurerait le recouvrement plus efficace, si on remplaçait la contrainte par corps, actuellement en usage, par un système de prestations en nature, qui serait appliqué sur les bases d'un tarif établi pour chaque département par le Conseil général. On n'introduirait pas un principe nouveau dans notre législation, puisque le système est appliqué pour certaines contraventions de voirie. Nous ne doutons pas qu'on en retire les plus heureux résultats : car la contrainte par corps est un système doublement funeste, puisqu'il libère le condamné de la peine pécuniaire, et l'empêche de travailler pendant la durée de son emprisonnement. Qu'y a-t-il de plus immoral que l'exemple de ces délinquants, frappés d'une forte amende, qui, préfèrent subir la contrainte par corps plutôt que d'acquitter le montant de leur condamnation ?

Il est urgent d'arrêter le flot toujours montant

des pensions civiles, pour lesquelles on demande en 1888 un crédit de 62,306,000 francs, dépassant de 1,699,000 le chiffre de 1887. Ces augmentations incessantes proviennent des mises à la retraite prématurées de fonctionnaires encore parfaitement capables de rendre d'excellents services à l'État, mais que les ministres arrivant au pouvoir veulent écarter ; tantôt ils ne partagent pas leurs idées, tantôt, et c'est le cas le plus fréquent, ils ont besoin de leurs places pour la curée qui accompagne chaque changement de cabinet. Depuis 1870 le nombre des pensionnaires civils a passé de 44,000 à 78,000 et le montant des sommes qu'ils touchent a doublé. Il faudrait ne jamais s'écarter du principe d'après lequel aucun fonctionnaire ne doit être admis à la retraite avant soixante ans d'âge et trente ans de services accomplis. Bien souvent même cette limite de soixante ans pourrait être prolongée : car tous les jours nous voyons des hommes éminents quitter leur poste en pleine possession de leur énergie physique et intellectuelle, et capables de se rendre encore longtemps utiles au bien général. Parfois ils viennent à peine d'être installés dans la fonction élevée qu'ils occupent et qu'ils ne rempliraient parfaitement bien qu'au bout de plusieurs années, après s'être familiarisés avec tous les détails du service et avoir affirmé leur autorité sur le personnel qui est au dessous d'eux. C'est le moment que choisit pour les mettre à la retraite, un ministre de passage, impatient de caser ses créatures dans un poste lucratif, et peu soucieux d'ajouter quelques milliers de francs aux charges du budget.

Il faut en résumé, par tous les moyens possibles, chercher à diminuer le fardeau des services publics. Mais, s'il est parfaitement vrai de dire que, pour l'État non plus que pour les particuliers, il n'y a pas de petites économies, il convient cependant de s'entendre sur le programme à suivre. Ce n'est pas en rognant quelques milliers ou quelques centaines de francs sur les traitements de fonctionnaires utiles qu'on trouvera l'équilibre du budget. Il faut voir les choses de plus haut : supprimer les emplois sans objet, et fortifier au contraire ceux dont le maintien est indispensable à la bonne marche de l'administration. La rémunération de la plupart des serviteurs de l'État n'a pas suivi la progression ascendante que la dépréciation de l'argent et le renchérissement de la vie eussent justifiée : mais on en a multiplié le nombre. Aussi la somme de travail que fournit chacun d'eux a-t-elle diminué, sans que leur condition se soit améliorée : on aurait pu obtenir de tout autres résultats; en consacrant la moitié ou le tiers des frais occasionnés par des créations d'emplois à élever le traitement des fonctionnaires en place. Lors donc qu'on vient aujourd'hui discuter, à perte de vue, dans les commissions budgétaires, pour attribuer ou retrancher 3,000 ou 2,500 francs à tel sous-chef de bureau, on reste en dehors du vif de la question. Le contraste entre cette minutie, qui part d'un sentiment louable, et la facilité déplorable avec laquelle on vote des crédits de dix ou de vingt millions, ne laisse pas que de nous inquiéter sur le résultat final de tant d'efforts. Ainsi on essaie en ce moment d'opérer quelques réductions dans le personnel des postes et des télégraphes : on arrivera peut-être, à force de recherches, à économiser de ce côté-là une centaine de mille francs. Mais si on avait évité la construction des lignes télégraphiques souterraines, on aurait économisé peut-être 80 millions, c'est-à-dire au bas mot une charge perpétuelle de trois millions, soit trente fois la misérable somme qu'on parviendra peut-être à rogner aujourd'hui.

Ce n'est là qu'un exemple entre mille, choisi au hasard. Chaque ministère en fournirait de semblables. Il faut aller à la source du mal en arrêtant les dépenses improductives, en se faisant surtout

une loi de ne plus en engager de nouvelles. Nos
législateurs doivent avoir constamment présente à
l'esprit cette vérité : que le moindre crédit extraordinaire de dix millions, voté au cours d'une session,
représente plus que la réduction qu'il est possible
d'opérer sur tous les traitements des fonctionnaires
du gouvernement réunis. La conclusion est aisée
à tirer.

Que penser de l'idée qu'on agite de nouveau à
cette heure, à l'occasion d'un voyage du ministre
des Travaux publics, de creuser un canal à grande
section entre Paris et le Pas-de-Calais, de façon
à permettre à nos houillères d'envoyer, dans la
capitale, leurs charbons par cette voie nouvelle?
Est-ce le moment de nous lancer dans la dépense
de 105 millions, que prévoyait le projet de loi
déposé le 14 janvier 1882, par MM. Raynal et
Allain-Targé, à l'effet de faire déclarer d'utilité
publique la construction d'un canal de navigation
du Nord à Paris? On allègue bien que les droits
de tonnage pourraient donner 1,200,000 francs, on
assure que les industries intéressées et les départements fourniront 800,000 francs de subventions
et on s'efforce ainsi d'atténuer les sacrifices demandés à l'Etat. La commission inter-départe-
mentale, constituée par les conseils généraux
des cinq départements intéressés, a reçu des

demandes en concession de capitalistes, disposés
à faire les avances. Mais, en définitive, si l'Etat
se lançait dans cette entreprise, et que même,
chose rare, les devis primitifs ne fussent pas
dépassés, il se grèverait d'une charge de plusieurs millions. S'il voulait rentrer dans l'intérêt
de ses débours, il ne le pourrait qu'à la condition
de prélever des droits de tonnage qui renverraient
bien vite tous les charbons aux gares du chemin
de fer. S'il renonçait à percevoir aucun péage, la
compagnie du Nord, se trouvant privée d'une partie
importante de son trafic, pourrait être contrainte,
malgré l'horreur qu'elle professe pour cet expé-
dient, de recourir, en vertu des conventions de
1883, à la garantie de l'Etat. Celui-ci reperdrait
donc, de ce côté, de nouvelles sommes, en sus de
celles que le canal lui aurait coûté.

Il se passerait dans cette région un phénomène analogue à celui qui se produit aujourd'hui
au sud-ouest. Les recettes du chemin de fer de l'Etat
accusent cette année une augmentation notable,
qui se chiffrait à la fin du troisième trimestre par
4,052,725 francs, et les fanatiques du réseau officiel d'exulter. Mais la compagnie de Paris-Orléans
présente à la même époque une diminution de
2,222,739 francs sur la période correspondante
de l'année 1886. Or, les cinq autres grandes com-

pagnies ont des augmentations, qui s'élèvent à huit millions pour le Lyon, deux et demi pour le Nord, un million pour l'Ouest, trois pour l'Est, trois pour le Midi. L'Orléans n'a donc une perte, que parce que son trafic a été détourné par les abaissements de tarif exagérés du réseau de l'Etat : sinon, il aurait eu une augmentation de recettes, comme les autres lignes. Mais le budget ne ressentira aucun bénéfice des plus-values du réseau de l'État : car ce qui sera porté en moins au titre III (chapitre des chemins de fer de l'Etat), sera porté en plus au titre IV [1] au budget des ressources spéciales, chapitre des avances pour garanties d'intérêt aux chemins français.

Nous n'avons pas une confiance sans réserve dans les essais de directions financières régionales que le ministre des finances a déclaré vouloir inaugurer. Il ne serait pas facile de mener à bonne fin cette tentative de décentralisation financière sans la faire coïncider avec une réforme semblable dans l'ordre politique. Or, personne ne pensera que le moment soit venu de l'inaugurer.

Nous attendons beaucoup plus de la vigueur avec laquelle le gouvernement semble enfin disposé à soutenir ses agents dans l'accomplissement éner-

[1] Voir chap. III, page 76.

gique de leur devoir. Nous inscrivions au début de ce volume, en tête de notre programme, la rentrée intégrale des impôts existants. Le ministère semble prendre à tâche d'arriver à ce résultat et ne saurait être trop encouragé dans cette voie. Jusqu'à ces derniers temps, quand un procès-verbal était dressé en matière de contributions indirectes, le contrevenant était invité à venir transiger et entendait fixer par le directeur le chiffre de l'amende qui lui était imposée. Mais il ne payait pas sur l'heure et s'efforçait bien vite de mettre en œuvre toutes les influences possibles pour se faire exonérer de tout ou partie de cette somme. De nouvelles instructions défendent aux directeurs de transiger, sauf pour les cas où la bonne foi du contrevenant est certaine ou probable, ou bien encore pour ceux qui paraîtraient délicats au point de vue des constatations ou de la régularité du procès-verbal. En dehors de ces circonstances spéciales, le contrevenant sera renvoyé devant les tribunaux : et ce n'est qu'après jugement que les directeurs examineront si la situation du condamné et le peu d'importance du préjudice causé peuvent autoriser la remise d'une partie de la peine pécuniaire.

Nous applaudissons à ces nouvelles instructions : nous croyons même que la dernière partie pourrait en être retranchée. L'administration de-

vrait s'interdir de modifier sur un point quelconque les décisions de la justice. Il était grand
temps de réagir contre la mollesse de la répression : les considérations politiques que faisaient
valoir les membres du Parlement avaient fini par
paralyser les meilleures volontés. Le total des contraventions, en matière de contributions indirectes,
qui était de 46,842 en 1876, était tombé au tiers
de ce chiffre.

En résumé, tâcher de perfectionner les outils
qu'on a dans la main et la façon dont on les
emploie, en changer le moins possible : telle
nous paraît la devise à suivre. Nous partageons
l'avis de ces libéraux espagnols qui recevaient
dernièrement M. Jules Simon, venu pour assister
au congrès littéraire à Madrid, et dont il résumait
l'opinion en disant : « Ils croient qu'il y a beaucoup
d'institutions à améliorer et bien peu à changer [1]. »

[1] Lettre au *Journal des Débats*, 16 octobre 1887.

CONCLUSION

Nous venons de pousser un long cri d'alarme : que le lecteur nous en pardonne la monotonie ! Ce *caveant consules* n'était peut-être pas inutile, car beaucoup de bons citoyens parlent, entendent parler des finances publiques, sans avoir le moyen de toucher du doigt et de contrôler les diverses pièces de ce gigantesque mécanisme qui a nom le budget. Aussi sentent-ils vaguement la nécessité d'un grand changement sans savoir comment l'obtenir. Nous avons voulu les aider dans cette tâche en leur exposant l'emploi qui est fait des milliards par eux versés entre les mains du percepteur. Ils savent déjà qu'ils ont parfois peine à répondre à tous les appels que celui-ci leur adresse. Ils pourront peut-être maintenant indiquer plus clairement à leurs députés comment les économies doivent se faire.

Il est inadmissible qu'avec une dépense annuelle de quatre milliards, un pays de moins de quarante millions d'habitants ne puisse pas assurer largement, très largement, tous ses services publics. Il est inadmissible qu'il ne puisse pas employer une parcelle de cette somme à rembourser tous les ans une fraction de cette dette écrasante, qui dépasse celle des autres nations d'une hauteur bien supérieure à celle dont le Mont-Blanc domine les pics qui l'environnent. Il est inadmissible que la gestion des deniers publics continue à présenter un contraste aussi flagrant avec celle des fortunes particulières. Il n'est pas un pays au monde où les chefs de famille soient aussi prudents dans l'établissement de leurs budgets, aussi réservés dans leurs dépenses, que chez nous : on a célébré à juste titre, et on célèbre tous les jours, cet esprit d'économie, qui maintient et augmente les patrimoines, qui pare aux inconvénients du partage égal des héritages prescrit par le Code civil, et qui, en somme, nous permet d'être les plus forts payeurs d'impôts du monde sans être écrasés par cette charge.

Comment expliquer cette anomalie étrange ? Nous mettons en fait que pas un Français sur mille ne tolérerait que ses affaires privées fussent conduites avec l'imprévoyance qui caractérise

depuis quelque temps la gestion de la fortune nationale ? Il faudrait peut-être en chercher la cause
dans des motifs d'ordre politique; que nous nous
sommes fait un devoir de laisser en dehors de cette
étude. Nous ajouterons toutefois que la conception d'un État chargé d'assurer le bonheur de
chacun, n'est pas étrangère au mal. Nous ne
nous bornons pas à demander au pouvoir de nous
protéger contre les malfaiteurs au dedans et contre les ennemis du dehors, d'organiser les divers
services publics, de façon à ce que l'activité
de chacun de nous puisse s'exercer librement ;
nous voulons que cette activité soit encouragée,
soutenue, protégée par l'Etat de mille façons diverses. De là à demander la perfection, et plus que la
perfection, dans les moyens de transport par exemple, la presque gratuité de la plupart des services
publics, il n'y a qu'un pas. Et, comme on ne peut
exiger de la masse des citoyens une tournure d'esprit assez philosophique et une force de raisonne-
ment assez pénétrante pour sentir que « l'Etat c'est
eux », et que, s'il fait des folies, chacun d'eux s'en
ressent ou s'en ressentira à un moment donné, le
mal empire.

C'est ce qui n'a pas manqué d'arriver. Peut-être
a-t-il déjà fait assez de progrès pour que la conscience du danger couru s'éveille dans les esprits.

Les années de crise qui se sont succédé depuis l'orgie financière de 1881, coïncidant à peu près avec le développement maximum des grands travaux, lesquels n'ont jamais été poussés avec une activité aussi fébrile qu'à ce moment-là, ont dû faire réfléchir les hommes les moins disposés, en général, à rechercher les causes, tout en souffrant des effets. On commence à comprendre ce que les belles formules, ce que les programmes pompeux, conçus en dehors de toute préoccupation pratique, impliquaient de risques. L'industriel s'aperçoit que les impôts à payer diminuent la marge de son bénéfice ; qu'il faudrait donc, pour gagner autant qu'autrefois, relever les prix de vente ; mais la concurrence étrangère l'en empêche. Il demande alors la vaine protection des droits de douane. Il veut pouvoir produire plus cher à l'abri de cette barrière artificielle. Mais, dans un pays comme le nôtre, qui produit moins de blé et de viande [1] qu'il n'en con-

---

[1] Sauf dans les années exceptionnelles, nous importons du blé, bien qu'après les Etats-Unis d'Amérique nous soyons les plus grands producteurs de blé du monde. Sur les 740 millions d'hectolitres qui représentent la production du monde entier, la France, pour 1886, en a donné 105, les Etats-Unis 161, l'Inde 91, la Russie 75, l'Espagne 46, l'Italie 45, la Hongrie 37, l'Allemagne 29, l'Angleterre y compris l'Ecosse et l'Irlande 23, l'Asie-Mineure 15, le Canada 13, la Turquie d'Europe 15, l'Autriche 11, l'Algérie 11, la République Argentine et le Chili 10, la Perse 9, l'Egypte 6, la Syrie 6, le Cap 3.

Les Etats-Unis d'Amérique sont les plus grands exportateurs :

somme, les droits mis à l'entrée sur les produits
étrangers font que la vie augmente de prix. L'ouvrier, qui paie davantage pour sa nourriture et son
vêtement, veut gagner plus, et se retourne vers le
fabricant, pour lui demander une élévation de salaire. C'est un cercle vicieux d'où l'on ne peut sortir
qu'en abaissant le prix de revient ; or, pour cela,
que faut-il? diminuer les impôts, réduire par conséquent les dépenses publiques.

Mais que voyons-nous, au moment où le besoin
d'économie se fait universellement sentir ? Nous
citons au hasard : des ministres intrépides prétendent demander aux Chambres dix millions pour reconstruire le Collège de France, dix millions pour
édifier un monument commémoratif de la Révolution, dix-neuf millions pour reconstruire le palais
du Parlement ; ils viendront demain en réclamer
d'autres encore pour des objets d'une nécessité tout
aussi urgente. Si chaque chef de famille était bien
convaincu que vingt millions, aussi légèrement

depuis 1876 ils ont en moyenne exporté chaque année 26 1/2 millions d'hectolitres, dont l'Angleterre seule a absorbé de 12 à
23 millions.

Mais la culture française ne produit encore que 14 à 15 hectolitres à l'hectare, tandis qu'en Belgique on en obtient 22. Le
jour où nous serions arrivés à ce rendement, notre production
s'augmenterait d'une trentaine de millions d'hectolitres et atteindrait 135 millions (discours de M. Barbe, Ministre de l'Agriculture, au Congrès de meunerie, 8 septembre 1887).

votés, lui retirent de la poche deux ou trois francs, c'est-à-dire pour beaucoup le salaire d'une journée, n'est-il pas à supposer que les mandataires de la nation mettraient un peu plus de réserve dans leurs propositions et leurs votes de dépenses?

D'ailleurs, nous avons fait nos preuves de bonne volonté. Depuis la guerre de 1870 jusqu'à aujourjourd'hui, nous avons augmenté en moyenne de près de cent millions de francs par an, c'est-à-dire de quinze à seize cents millions, le total des sommes que nous versons au fisc. Nous lui payons, en l'an de grâce 1887, deux fois plus d'impôts qu'en 1870. C'est assez dire que le pays ne s'est pas appauvri, que ses habitants n'ont pas cessé de travailler. On calcule que, dans la même période, l'Amérique du Nord et la Russie n'ont vu croître leurs recettes que d'environ 500 millions, l'Autriche de 400, l'Angleterre, l'Allemagne et l'Italie de 150 à 300 millions. Il n'y a donc que des éloges à décerner à nos compatriotes. Or, c'est vers eux, c'est vers cette foule de travailleurs sobres et économes que nous nous tournons aujourd'hui en leur disant: veillez au grain. Votre énergie est grande; mais empêchez qu'on en abuse; votre patience a supporté bien des épreuves : mais tâchez qu'on lui en épargne d'inutiles. Ce n'est plus le temps d'exulter, comme le faisaient en 1871 et 1872 des patriotes sincères,

mais à bien courte vue, lorsque nos emprunts de
« libération du territoire » étaient couverts trente
et quarante fois. Voilà des victoires dont nous nous
serions passés : ces triomphateurs oubliaient à
quoi étaient destinés les milliards apportés par
des souscripteurs empressés. Ils ne prévoyaient
pas surtout que cette facilité à trouver de l'argent sur la signature de la France mènerait nos
législateurs à négliger le devoir essentiel des représentants du peuple, qui est de n'autoriser l'exécutif à dépenser que ce qui est strictement nécessaire au bien général.

Nous ne prétendons pas avoir, dans les pages
qui précèdent, dressé un plan de réformes. Nous
avons simplement essayé de grouper un certain
nombre d'idées qui, reprises et mûries par les
hommes compétents en chaque matière, pourront
amener des changements utiles dans l'administration de notre fortune nationale. Nous nous sommes
efforcés d'examiner chaque question sans aucun
parti pris, et avec le seul souci de trouver, soit
un remède à l'excès des dépenses, soit un moyen
de faire jaillir ou d'alimenter plus abondamment
les sources de revenus. Nous n'ignorons pas la
complexité de chaque question, la difficulté qu'on
trouve à rompre avec des habitudes prises, le

légitime souci qu'éprouve un gouvernement de ne violenter ni les contribuables ni les fonctionnaires. Tout homme de bonne foi reconnaîtra cependant, en considérant l'énorme accroissement subi, depuis un petit nombre d'années, par le coût de la majorité des services publics, que le bien-être général est loin d'avoir augmenté proportionnellement à cette dépense. La conclusion s'impose.

Les applaudissements qui saluent de toutes parts les tentatives d'économie du nouveau ministère doivent l'affermir dans la voie où il est timidement entré, et le rassurer sur l'accueil que trouveraient des réductions de crédit encore plus radicales. L'énergie est toujours récompensée dans ce monde. Les serviteurs utiles de l'Etat, qui verront disparaître les emplois superflus qu'on avait multipliés autour d'eux, reprendront pleine conscience de l'importance de leur propre rôle, et rempliront leur tâche avec une ardeur nouvelle : ils sentiront plus que jamais le poids de leur responsabilité et le prix de la confiance que leurs chefs et le pays tout entier mettent en eux. En sentant les préoccupations des législateurs, du pouvoir exécutif qui émane d'eux, et, dans une certaine mesure, les dirige, se porter avant tout sur la question des dépenses publiques, les fonctionnaires, administrateurs,

comptables ou ordonnateurs, concentreront à leur
tour leurs efforts sur le même point. Lorsqu'ils seront sûrs de trouver en haut lieu un appui et un
encouragement, ils seront aussi ardents à rechercher et à proposer les économies qu'ils le furent
à une autre époque pour faire naître les occa-
sions de dépenses. Que le mot d'ordre soit donné,
que la consigne soit inexorablement maintenue.
Qu'on fasse hardiment machine en arrière, et le
pays tout entier poussera un profond soupir de sou-
lagement, en nous voyant nous écarter du gouffre
où d'aveugles pilotes nous conduisaient.

Les temps sont venus. Il faut mettre la main à
l'œuvre, et passer de la théorie à la pratique. Une
fois dégagé de ces plantes parasites qui, sous forme
de travaux extraordinaires, de crédits supplémentaires, de caisses spéciales, de bons sexennaires et
trentenaires, le rongent et le dévorent, notre budget reprendra son élasticité et sa vigueur d'autrefois. Dès qu'une hache bienfaisante aura élagué
toute cette végétation étrangère, qu'une administration énergique aura ramené vers le but où ils
doivent converger tous les canaux de la richesse
publique, sans permettre qu'aucune part s'en égare
en chemin, l'arbre reprendra son essor. Puisant la
sève dans un sol fécond, il retrouvera son antique
vigueur : à l'ombre de ces rameaux et de ce feuil-

lage tutélaire, les forces vives de la nation se-développeront, et chaque Français, dans la plus humble chaumière comme sous les toits des châteaux, ressentira la bienfaisante influence de ce retour à la santé.

FIN.

TROISIÈME PARTIE.

REMÈDES.

VERSAILLES, IMP. CERF ET FILS, RUE DUPLESSIS, 59.